财政部"十二五"职业教育规划教材·财务会计类

现代财经应用文写作

主　编　余和森　钟新联

副主编　卢　珊　余　秦

大连出版社

内容简介

本书共分为十个项目，主要包括应用文概述、行政公文、条据类应用文、书信类应用文、其他类型应用文、财经应用文概述、财经报告、经济合同、财经论文、财经司法文书等。本书既可以作为高职财经类专业学生的教学用书，也可以作为从事经济类工作的社会人员的参考用书。

图书在版编目(CIP)数据

现代财经应用文写作 / 余和森，钟新联主编. —大连：大连出版社，2015.10

财政部"十二五"职业教育规划教材. 财务会计类

ISBN 978-7-5505-0947-4

Ⅰ.①现… Ⅱ.①余… ②钟… Ⅲ.①经济—应用文—写作—高等职业教育—教材 Ⅳ.①H152.3

中国版本图书馆 CIP 数据核字(2015)第 160330 号

出 版 人:刘明辉
策划编辑:成秉权
责任编辑:侯娟娟 李作鹏
责任校对:乔 丽
封面设计:布洛戈营销策划
版式设计:乔 丽
责任印制:刘正兴

出版发行者:大连出版社
地址:大连市西岗区长白街 12 号
邮编:116011
电话:(0411)83620416/83621075
传真:(0411)83610391
网址:http://www.dlmpm.com
电子信箱:hjj@dlmpm.com
印 刷 者:大连永盛印业有限公司
经 销 者:各地新华书店

幅面尺寸:170mm×240mm
印 张:15
字 数:322 千字

出版时间:2015 年 10 月第 1 版
印刷时间:2015 年 10 月第 1 次印刷
书 号:ISBN 978-7-5505-0947-4
定 价:30.00 元

如有印装质量问题，请与我社营销部联系
购书热线电话:(0411)83620416/83621075

出版说明

高等职业教育既是我国高等教育体系的重要组成部分，也是我国职业教育体系的重要组成部分。近年来，我国高等职业教育蓬勃发展，为现代化建设培养了大批高素质技能型专门人才，展现了其独有的优势。

高等职业教育教材建设是高等职业院校三大基本建设之一，高质量的教材是培养高质量优秀人才的基本保证。为了编写和出版具有高等职业教育特色的教材，满足教学需要，服务高等职业教育事业，我社依据《国家中长期教育改革和发展规划纲要(2010～2020年)》基本指导思想，以及教育部全国职业教育与成人教育工作会议精神，本着“将教材内容与职业相衔接，注重工学结合”的原则，投入大量资源，经过精心策划和多方联络，集中了国家级示范院校等国内知名高职院校的一线教师，隆重推出财政部“十二五”职业教育规划教材。

本系列教材立足于高职高专财务会计类专业，为了使本系列教材既科学、先进，又合理、可行，我们在编写过程中充分吸收了教学改革的最新成果，突出体现了以下几个特点：

1. 教材定位创新。本系列教材主要针对中小微企业的需要，按照任务导向，依照会计工作的实际流程编写。

2. 教材衔接创新。本系列教材紧密结合从业资格考试和职称考试等内容；适当加入专升本考试内容，兼顾高职和本科的衔接，方便专升本考试的辅导学习。

3. 教材体例创新。本系列教材为任务导向式教材，包括“情境导入”、“任务描述”、“任务分析”、“知识准备”、“工作步骤”、“任务评价”、“情境总结”等栏目，体例上更新颖、活泼。

4. 打造网络教学资源包——章后习题答案、每章自测题、模拟试卷及答案、教学课件、多媒体光盘等。

高等职业教育正在快速成长，教学实践日新月异，要使教材建设满足和促进职业教育的发展，需要教育主管部门、教学单位、任课教师和专业教材出版机构的共同努力。我们真诚希望，这套系列教材能满足最新教学改革的需要，为高等职业教育人才培养工作提供教学资源支持，为高等职业教育做出应有的贡献。

大连出版社

前言

应用文是人们在日常生活、工作和学习中经常运用的文体，它对指导人们实践工作、交流沟通、宣传教育、记录实事、记载事物发展变化和反映客观事物过程等都起着非常重要的作用。二十一世纪是知识经济时代，无论是国家工作人员、市场主体还是在校学生，在管理、经营和日常生活中都离不开应用文。财经应用文是应用文的一个分支，二者有着密切的联系，有许多共性；同时，财经应用文以财经活动为主要内容，许多形式还是从财经活动中发展和形成的。作为财经类专业的学生，学习应用文特别是财经应用文，既是拓宽知识面、完善知识结构的要求，也是今后从事实际工作的需要。为了全面提高高校人才的综合素质，满足高校课程教学的需要，我们组织了部分专业老师编写了《现代财经应用文写作》一书。

作为高校财经类专业的基础课程教材之一，我们撰写本书的指导思想是：立足于我国改革开放和社会主义现代化建设的需要，适应现代经济发展的要求，着眼于培养二十一世纪经济发展需要的人才，结合现代高校教学改革的实际情况，力求全面、系统地介绍我国现行的各种财经应用文种，要求学生掌握各种财经应用文的写作并能熟练地运用到实际工作中。

本书重点在于介绍财经应用文的写作，同时也介绍了一些与之相关的知识，教学中可根据教学要求和教学对象进行适当的调整或增删。另外，本书所举实例，多系书本、报刊、网络公开发表的文章或内部印发的文件，仅供学习和写作财经应用文时参考。

本书由余和森、钟新联任主编，卢珊、余秦任副主编。具体编写人员及分工情况是：余和森编写第七章、第八章、第九章、第十章；钟新联编写第一章、第六章；卢珊编写第二章、第三章；余秦编写第四章、第五章。全书由余和森总纂并拟定大纲，由各章节作者撰写初稿，最后由余和森负责定稿工作。

本书在编写过程中，得到了湖北咸宁职业技术学院图书馆杨飏教授的大力支持和帮助，在此一并表示感谢。由于时间仓促，加之编者水平有限，本书难免有不足之处，恳请读者批评指正。

编　者

目 录

上 篇

下 篇

上篇

上篇

项目一
应用文概述

学习目标

知识目标:了解应用文的概念和类型,掌握应用文的特点,认识应用文的重要性。

能力目标:认识应用文的重要性,在提高专业知识的同时,提高动手能力,运用所学知识写出符合规范要求的不同类型的应用文。

【情境导入】

例1

××市十三届人大四次会议主席团公告(第2号)

《××市地方性法规制定条例》已由××市第十三届人民代表大会第四次会议于××××年×月×日通过,现予公布,自公布之日起施行。

××市第十三届人民代表大会
第四次会议主席团
××××年×月×日

例2

关于严禁燃放烟花爆竹的通告

烟花爆竹是国家明令严格监管的民用爆炸物品,烟花爆竹的使用必须符合安全规定。近年来,个别居民和单位燃放烟花爆竹时因使用方法不当、燃放时间地点不适,不仅造成社会治安和消防安全隐患,而且污染环境,干扰正常工作生活秩序,严重影响广大人民群众身心健康。为了保持市区良好的社会环境,维护广大市民的正当权益,塑造文明的城市形象,特通告如下:

一、禁止在市区××路××××学校至×××小学路口段、农林路、河北沿河西路、河南沿河西路、红旗路、解放路、爱民路、新华路、国兴路、广场路等主要街道燃放烟花爆竹。

二、禁止在晚上12:00至次日6:30和中午12:30至下午2:30的时间段内燃放烟花爆竹。

三、凡违反上述规定的,一律责令立即清除遗物遗迹,并按有关规定严厉处罚。

四、各单位、宾馆酒家和其他经营户要教育好本单位的干部职工及其家属子女自觉遵守上述规定,不得在规定的时间和地点内燃放烟花爆竹。

五、广大市民要进一步提高觉悟，转变观念，移风易俗，倡导文明生活方式，共同创造和维护良好的工作生活环境。

六、本《通告》由市公安局和市城监管理大队负责监督实施。市公安局和市城监管理大队要认真履行职责，严格执法。

××市公安局（公章）

××××年×月×日

基于案例的问题：应用文是人们日常生活中经常运用的一种文体，它有多种形式。案例中例1是公告，例2是通告，它们虽然都是应用文，但所体现出的特点不相同。试比较公告与通告有什么不同。

任务一 应用文基础知识

【任务描述】

应用文是指单位和个人在处理各项公务和私人事务、沟通情况、传播信息时所普遍使用的一种有惯用格式和特定规范的实用性文体。本单元我们要了解应用文的一般问题，如应用文的概念、特点、类型以及作用等。

【任务分析】

应用文的概念是什么？它有什么特点和类型？应用文有什么作用？

【知识准备】

应用文的使用非常广泛，人们在工作、生活中经常接触或使用应用文，但对它了解甚少，特别是它的写作格式和要求容易被忽视。因此，学习应用文的基本知识很重要。

【工作步骤】

应用文的概念、应用文的特点、应用文的分类、应用文的作用。

一、应用文的概念和特点

（一）应用文的概念

应用文在我们的生活中到处可见，国家的法律、单位的制度、报纸的新闻、产品的说明书，等等。关于应用文写作的研究著作也有很多，但对应用文却没有一个确切的定义。

1979年出版的《辞海》对应用文的解释如下：“应用文是指人们在日常生活、工作和学习中所应用的简易通俗文字，包括书信、公文、契约、单据等。”这种解释把应用文简单归纳为“简易通俗文字”不甚符合事实，似欠恰当。有时，人们会把“某人不会打借条”、“不会写信”说成是“不会写应用文”，这也不准确。在这里，人们对应用文概念的理解是狭义的，把它理解成日常应用文了。应用文的概念应有狭义和广义之分。广义的应用文概念，重在“应用”上。本书使用的是广义概念，认为应用文是指国家机关、党政部门、军队、社会团体、企事业单位和人民群众在处理各项公务和私人事务、沟通情况、传播信息时所普遍使用的一种有惯用格式和特定规范的实用性文体。

（二）应用文的特点

二十一世纪是知识经济时代，办公现代化改变了传统的工作模式，计算机科学技术的广泛应用大大提高了办公效率，但人们从事管理、经济、司法、科技等工作，在具体办理事务时，还是离不开应用文。在某种程度上，可以说应用文是我们生活中使用范围最广泛、与我们关系最为直接的文本样式。应用文的写作水平不仅是衡量个人能力的标准之一，在相当大的程度上也反映着管理部门或单位处理日常业务工作的质量和效能。

应用文有它自己独特的特点，要想写好应用文，首先要掌握它的特点。不同类型的应用文有其各自的具体特点，我们在后面的章节分别进行阐述。这里，我们先介绍应用文不同于其他写作文体的共同特点。具体有：

1. 实用性

文学作品具有审美价值，是通过塑造艺术形象来反映社会生活，供读者欣赏，影响读者的精神，进而影响读者的行为。应用文不同于文学作品，它是一种办理事务的书面工具，具有直接作用于阅读者的行为并产生具体使用价值的实用功效。因为它的写作目的在于实用。例如，制定一项规章制度，是为了规范人们的行为，维护正常的秩序；写一份说明书，是为了向公众介绍某种商品的使用方法和注意事项；写一篇会议纪要，是为了扼要记述会议情况，向所属单位传达、贯彻会议精神，要求大家共同遵守并执行会议的决议。这种实用性相比非应用文文体更鲜明、更直接，是其根本性特征的展现。

2. 真实性

应用文不像文学作品那样可以虚构、夸张，所反映的人和事都必须是真实的，所引用的数据和材料都必须是准确可靠的，来不得半点虚假。比如，一份起诉书，材料虚假就成了诬告；一份合同，内容不实就成了欺诈。

3. 规范性

应用文不规范会影响它的正常运转和效用的发挥，其规范性以实用性为前提，主要表现在两个方面：一是文种的规范，即在具体的业务中，要完成什么事，就要选用什么文种，不能滥用；二是具有惯用的格式和特定的处理程序，即人们在长期的实际使用中，每一文种都有了约定俗成、比较固定的写作格式和处理程序，作者不能随心所欲，任意变更。比如国务院在2000年8月24日发布、自2001年1月1日起施行的《国家行政机关公文处理办法》（已废止）中的13种公文的写法等。这种规范也只是格式的规范，并不规范作者的文思和才华。当然，任何事物都是发展变化的，为适应现实的需要，应用文的格式也可以有相应的调整。

4. 时效性

所谓时效性，一是指写作时间的时效性，要快写、快办、快发，不得拖延。比如公文的紧急程度，有急、特急之分，错过了时机，写得再好也没有意义了；会议通知必须在开会前发出，若在会后再通知，就失去了效用。二是指内容的时效性。如诉状、合同、制度一般都要标明生效或执行的具体时间，经济活动分析报告往往以某一段时间的经济活动为分析对象等。

5. 简明性

简明性主要是指应用文的语言风格。应用文是为工作、生活服务的,是为办事而用的,如果用词不当或词不达意,就容易产生歧义,造成严重后果。应用文的语言力求简洁朴实,通俗易懂,以最精练的文字说明事由、陈述办法,不能模棱两可。只有简洁明确,才能提高办事效率。这就要求在拟稿过程中,要反复推敲,字斟句酌,甚至标点符号都要准确无误。

二、应用文的类型和作用

(一)应用文的分类

由于应用文的使用遍及人类社会生活的各个方面,因此种类繁多,标准不同,分类也就各异。根据表达方式划分,可以分为叙述类、说明类、议论类;根据内容划分,可以分为政治类、经济类、军事类、文化类等;根据功用和文体特点划分,可以分为书信类、契约类、礼仪类、广告类、行政公文类、事务文书类、司法类、科技类等。还可以根据别的标准划分。我们按照应用文的适用范围把它分为国家行政机关公文、日常通用文书和专用文书三大类。

1. 国家行政机关公文

按照中共中央办公厅、国务院办公厅印发的《党政机关公文处理工作条例》的规定,公文有 15 种:决议、决定、命令(令)、公报、公告、通告、通知、通报、议案、报告、请示、批复、意见、函、纪要。

2. 日常通用文书

按其性质和适用范围划分为:

(1)行政事务文书:计划、总结、规章制度、调查报告、简报等。

(2)日常事务文书:介绍信、证明信、感谢信、推荐信、慰问信、贺信、表扬信、求职信、倡议书、建议书、申请书、电报、便条、条据、启事、声明、日记、演讲稿、读书笔记、悼词等。

3. 专用文书

专用文书是在专业机关单位或专门的业务活动领域内,因特殊需要形成的一类文书。主要有:

(1)外交类文书:照会、外交函件、备忘录、国书、颂词、条约、协定、议定书等。

(2)司法文书:检举书、讯问笔录、立案报告、逮捕书、通缉令、起诉书、判决书等。

(3)经济类文书:意向书、协议书、投标书、合同书、说明书、市场决策方案、市场调查报告、经济活动分析报告、市场预测报告、审计报告、资产评估报告、可行性研究报告等。

(4)科技类文书:科学技术专著、报刊自然科学论文、毕业论文、科技实验报告、科学研究报告、科技文摘、专利申请书、科技成果鉴定书等。

(5)新闻类文书:消息、通讯、述评、解说词等。

(二)应用文的作用

应用文作为处理事务、沟通情况、传播信息的重要工具,越来越显示出它的重要作用。具体来说,主要表现在以下几个方面:

1. 指导实践作用

党和国家的各级领导机关,经常通过制发文件来部署各项工作,传达方针、决策和意图,对下级的工作进行具体的指导。比如,命令、决定等,下级部门必须严格遵照执行;计划、总结、经济消息和简报、审计报告等,是对上级政策的落实、汇报。

2. 交流沟通作用

任何人和事物都是处在相互联系的状态中,而不是孤立存在的。上级机关制定的方针、政策要向下级传达,下级机关的要求、动态需要及时反映给上级,同级部门之间需要业务商洽、交流感情,在这些方面,应用文具有其他文体不可比拟的优越性。

3. 宣传教育作用

上级机关下行文一般都要阐明方针,讲清指导思想和原则,说明实施方案等,是为统一思想、推动工作、进行教育而发。如有些会议常常印发一些重要文件作为会议的学习材料,利用文件是对下级进行宣传教育的最直接有效的方式。下级机关的上行文也是向上级做宣传,传播社会信息,促进领导做出正确的决策。

4. 依据、凭证作用

随着我国法治社会的健全和完善,应用文已成为党政机关、企事业单位依法行政、依法管理的凭证和依据。应用文在记录实事、记载事物发展变化和反映客观事物过程中都起着证实、证据或史料的作用。在公务处理过程中,提供事后查考的依据。如来自下级单位的应用文常常是上级机关制定政策、部署工作的依据;来自上级机关的应用文是下级机关开展工作的依据和准则。

【任务评价】

应用文在人们的日常生活中使用十分普遍,它不同于我们生活中所见的诗歌、小说、电影、戏曲等,因此,我们在写作时要按照应用文的要求和规范来写,要体现应用文的基本特点。

任务二 应用文的写作要求及实例

【任务描述】

从应用文的特点出发,仔细了解应用文的写作要求。

【任务分析】

熟悉应用文的写作要求;掌握应用文写作格式;分析不同类型的应用文,按照其基本格式写出符合要求的应用文。

【知识准备】

掌握一般文章的字、词、句的写作方法,熟悉应用文的写作格式,体会应用文的写作要求。

【工作步骤】

应用文的写作要求;应用文的几个例子。

一、写作要求

(一)目的明确,主题突出

主题是文章的基本观点和明确意见,是作者在文章中要表达的中心思想,是文章的主旨,一般包括三个要素:目的,说明,要求。目的是撰写应用文的用意,说明使主题更加明确具体,要求是文章提出的意见、办法、措施等。古人说,作文应当"以立意为宗,不以能文为本","以意为主,以文传意"。这就是说,主题是文章的灵魂,是文章的精髓,是文章思想内容的集中体现。

从形式上看,文种的选择,材料的取舍,结构的安排,表述方式的采用,语言的运用,都要根据主题加以确定。"主题先行,意在笔先",这是文章写作应该遵循的一项基本原则。

1. 主题正确

主题正确,是指应用文的观点正确,符合国家的方针、政策、法律、法规的要求,切合客观实际,能以正确的逻辑思维提出问题、分析问题、解决问题。主题正确的应用文能积极促进社会经济的发展,经得起社会实践的检验。

【知识链接1-1】

我国全民所有制的企业过去被称为"国营企业",中共十四大决定转换大中型国营企业的经营机制,使企业真正成为自主经营、自负盈亏、自我发展、自我约束的法人实体,实行"政企分开"。由于企业不再是"国营",而是所有权归国家,所以改称"国有企业"。一字之差,关乎着一个国家经济体制的关键性转变。

2. 观点鲜明

观点鲜明,是指主题的意思表达鲜明。要求作者旗帜鲜明地表达自己的观点和态度,提倡什么,反对什么,用什么思想作指导,达到什么目的都必须清楚明白地在文章中表达出来,不能含糊其词或含而不露,也不能态度暧昧,否则文章就失去其价值。

3. 立意集中

立意集中,是指文章的主题是单一性的,也就是"主意要纯一而贯摄"(清代刘熙载),不能在一篇文章中谈很多问题,办很多事情,否则什么问题也谈不透彻,什么事情也办不成。出现主题不集中的原因,一是作者对主题的意思理解不深刻,把握不住问题的实质和重点,分不清表象和本质,造成了什么都想写而什么都写不明白的结果;二是作者对材料选取不当,对无关紧要的材料舍不得放弃,全部堆砌在文章里,使文章看起来内容丰富,实际上主题分散、淡化甚至脱离,文章也失去了价值和作用。

(二)材料充分,运用合理

材料是指作者为了写作目的或表现主题,通过各种途径搜集、掌握并运用的一系列客观事实和理论依据,包括各种例证、依据、原因、情况、数据、引语、图片、表格、影像资料等。如果说主题是文章的灵魂,那么材料就是文章的血肉。古人说"立言之要在于有物",这个"物"就是文章中的材料。文章没有材料,就没有具体内容,任何思想、主张、意见、要求的表达,都是一句空话。材料使文章"言之有理"、"言之有据",是文章有说服力的根源。

1. 选择真实准确的材料

应用文对材料的最基本要求就是材料的真实性,即材料要符合客观实际,没有虚假成分,不能胡编乱造,也不能添枝加叶,进行“艺术加工”。如材料中所涉及的时间、地点、人物,事实发生的经过、结果、性质等都必须准确无误,否则文章失去真实性和可信性,也失去了作用。

【知识链接1-2】

陕西咸阳天禄医疗保健品公司西安分公司为宣传、销售消毒剂产品“天禄前列舒”,将有关部门在广告审批表中核定的内容擅自变造加工,将这个消毒剂产品变成治疗急慢性前列腺疾病和其他泌尿性疾病的药品。2000 年 3 月至 2001 年 3 月,这家公司利用变造的广告审批表在西安的一些媒体上发布广告多期,称“10 名医学专家突破性研究成果,金牌第二代天禄前列舒研制成功”。这家公司变造广告审查证明文件,在广告中将非药品宣传成对疾病有治疗作用,编造虚假事实,欺骗消费者,西安市工商局依法对其查处并予以行政处罚。

2. 选择典型的材料

典型材料是指能揭示事物的本质、内容深刻、具有广泛代表性的材料。这种材料能够通过个性表现共性,是具体与普遍的统一,在文章中具有很强的感染力和说服力。

选择典型材料,一是要“严”,就是严格按照文章主题的需要筛选材料。凡是与主题表达无关的材料,都要坚决舍弃。有的材料虽有价值,也很新鲜,但对表达文章主题的作用不大,甚至无关,要舍得割爱。二是要“精”。行文之前要占有大量材料,但在文章中所运用的材料并不在多,而在于少而精。要对材料反复进行比较,挑选出那些最能深刻反映事物本质和有说服力的材料。只有这样,才能让“读者不烦而听者易解也”。

3. 选择新鲜有用的材料

新鲜材料是指那些新发现的、新产生的、别人文章中没有使用过的材料,如新人、新事、新成果、新数据、新观点、新问题等。这样的材料给人耳目一新的感觉,能增强文章的说服力和感染力。随着经济的发展和社会的进步,各种事物日新月异,我们必须紧跟时代步伐,开阔眼界,更新观念,用代表新思想和新观念的新材料构写文章,发挥应用文的作用。

总之,使用材料就是要在大量的事实材料与理论材料、现实材料与历史材料、直接材料与间接材料、正面材料与反面材料中,对材料严格取舍,分清主次、先后有序、详略得当,更好地展示文章的主题。

(三)结构合理,格式规范

文章的结构是指文章的组织形式和内部结构,是文章的布局和章法。应用文的结构有其基本定式,具有标题、层次、段落、开头、主体、结尾等要素。如果说材料是解决文章“言之有物”的问题,那么结构就是解决文章“言之有序”的问题了。应用文的结构要层次清楚,条理清晰,格式规范,符合应用文的基本要求。

1. 条理性

应用文是为解决实际问题而写的文章,办什么事,目的是什么,根据或原因何在,有什么要求,都要理出头绪,一一交代清楚,让读者有一个清晰的认识。一是有清晰的思路,即明确的脉络和主线;二是观点材料要泾渭分明,形成“观点—材料—结论”的基本形式。

【知识链接1-3】

河南某公司为了解决亏损问题而写了一篇应用文——《×××公司解决亏损问题的报告》,作者列出了报告的大纲:1. 公司亏损的情况;2. 亏损的各种原因;3. 解决亏损的必要性和可能性;4. 解决亏损的具体措施。这篇报告以解决实际问题为主,按照提出问题、分析问题、解决问题的步骤来安排文章的结构,是一篇符合格式要求的应用文。

2. 完整性

应用文结构的完整性要求各个部分不能各自孤立,更不能相互矛盾,而是要完整地结合在一起,共同为文章主题服务。同时要求文章的各部分结构齐备完整,不能无故残缺。如行政公文的写作,除了标题和正文外,还要有编号、主送单位、抄送单位、发文日期等内容。

3. 严密性

应用文是一个完整的整体,各部分之间要有严密的逻辑关系,除了要和基本观点统一,各个分观点还要互相配合,共同为基本观点服务,使文章成为一个严密的整体。

4. 规范性

在写作应用文时,一是要注意文种的规范性,即在具体的写作中,要针对要完成的事情,选用适当的文种,不能替代,更不能滥用;二是具有惯用的写作格式和特定的处理程序。人们在长期的实际使用中,每一文种都有了约定俗成、比较固定的写作格式和处理程序,作者不能随心所欲,任意变更。

(四)语言精练,文风朴实

应用文不同于一般的文学作品,不能用抒情、夸张等修辞手法,通常用叙述、说明或议论等方式来表达,要求语言精练,文风朴实。

1. 语言自然平实,所述事情与实际情况相符,办法要切实可行,要实事求是,不能闭门造车。

2. 内容真实,语句准确,不能主观臆想。多用短句,少用长句;多用整句,少用散句;多用陈述句,少用感叹句,形成一种朴实自然的文风。

3. 文字简洁,篇幅短小精悍,要实话实说,切忌空话、套话、假话、废话。

【同步案例1-1】

某单位按国家节假日放假的统一要求,准备在国庆节放假四天。为此,有关人员特起草了一份放假通知,内容如下:

通知

在举国欢庆新中国成立60周年的日子里,在这秋高气爽的大好季节里,在人们庆祝获得丰收的美好愿望中,我们迎来了一年一度的美好节日——国庆节。为此,经领导们反复磋商和认真研究,决定给大家一个庆祝的机会——放假。根据以往的经验,放太长的假不利于工作,时间太短又玩得不尽兴,于是决定放四天假,具体时间就在本周的星期四至星期天。望大家玩得高兴,到时按时上班。

按应用文的写作要求,这份国庆节放假通知存在哪些问题?

二、应用文实例

【实例1】

关于表彰××××年全省山区建设优秀人才的通报

各市、县、自治区人民政府、省直属有关单位：

××××年，我省广大山区干部群众在各级党委和政府的领导下，为进一步建设全面小康社会，在各条战线上艰苦创业，开拓进取，取得了显著的成绩，并涌现出一批建设优秀人才。省政府决定对为山区建设做出突出贡献、被评为××××年全省"山区建设优秀人才"的×××等100位同志予以表彰和奖励。

希望获奖的同志戒骄戒躁，再接再厉，为山区建设再立新功。希望全省干部群众学习他们扎根山区，艰苦创业，全心全意为山区人民服务的精神和脚踏实地，奋力拼搏，实事求是的工作作风，为加快我省建设全面小康社会的步伐而做出应有的贡献。

附：××××年全省山区建设优秀人才名单（略——编者注）

××省人民政府（公章）

××××年×月×日

【实例2】

×××集团公司人才管理办法

为遵循"眼睛向内挖掘人才，眼睛向外引进人才，眼睛向前储备人才"的原则，构建具有专门素质、结构优化的人才团队，实现人才管理工作的规范化与人性化，公司特制定本办法。

一、人才培养目标

1. 建立一支学历高、素质高、意识新、德才兼备的高层管理者队伍；

2. 建立一支懂经营、会管理，并且具有与市场接轨能力的中层管理者队伍；

3. 建立一支具有大专以上学历、计算机娴熟并具有创新思维和创新能力的基层管理者队伍；

4. 建立一支能够顺应市场、计算机娴熟并具有一定外语能力和较高公关能力的营销人员队伍；

5. 建立一支具有职高以上学历和较高职业技能、敬业爱岗的营业员和服务员队伍。

二、内部人才选拔

1. 建立人才数据库。按照员工的工作经历、培训背景、技能资格、职业规划、绩效考评等评价元素，将符合人才选拔条件的员工及时纳入人才数据库进行管理。定期考察，及时更新，年淘汰率不低于10%，并对人才岗位流动与岗位缺失做出预警通报。

2. 实行岗位轮换。按照公司总部是培育各级干部和工作骨干基地的思路，公司总部与各经营单位、经营单位与经营单位之间，管理岗位与业务岗位、党务部门与行政部门之间等实施岗位轮换制度，全面培训和锻炼人才。年轮换干部与骨干不少于10人。

3. 竞聘上岗制。从××××年开始每三年一次，公司总部和中层（以上）管理人员将集体解聘，重新组织竞聘上岗。

4. 严格业绩评价。根据各类人才的不同特点和岗位的不同需求，实施以岗位职责为基础，业绩为重点的分类考核，逐步建立与完善以业绩为核心的人才评价体系和考核晋升制度。

三、外部人才引进

1. 引进工作流程。按照公司总部所确定的人才引进计划，由人才引进的管理部门通过网上招聘、毛遂自荐、人才交流会、猎头公司推介等渠道，对计划引进的人才进行初审，提出初审意见，同时将初审中拟引进人才的简历、学历和学位证书、任职资格证书复印件以及反映本人水平和工作业绩情况等的相关材料一并上报公司相关领导审阅；审核通过后经考核面试、专业评价以及优化筛选，经公司领导审核通过后，最后按照公司相关规定办理录用手续。

2. 专业人才。按照公司总部人才引进规划与各级用人单位人才需求核定情况，对拟引进人才分门别类，按照不同层次、不同行业、不同专业特点，实行一岗一议、一人一议的招聘方式，引进各类急需的专业人才。

3. 引进大学生。公司每年将根据实际情况，招聘应届和往届大学生，招聘工作应提前规划，确保招聘质量。大学生到公司工作后，将严格执行《×××公司大学生管理办法》进行管理。见习轮岗时间不得少于一年。其中营业员（初级岗位）与班长、营业组长等（初级管理岗位）分别不得少于六个月，部门见习助理（中级管理岗位）与管理部门岗位不得少于三个月。经相关部门考核合格后，全部进入公司管理人员岗位的“办事员”管理序列，并按照相关任用程序使用。

4. 考核评价。人才引进部门除了通过相关渠道及具体工作部门开展实际工作外，须经专业评价小组提出评价报告以及录用意见，为领导班子决策提供专业考核依据。各用人单位在申报核定用人规划时，必须同时上报招聘条件与评价标准，避免出现因人设岗、求非所需、考量失实的情况。

外引人才进入公司后，实行六个月至一年的岗位试用期，试用期内由专人负责跟踪考核，从综合素质和专业技能两个层面上考核评价，确保人才引进质量。

四、各类人才储备

公司总部将建立三级后备人才库与一套科学完善的人才评价体系。三级后备人才库分已使用、拟使用与考察推荐三类。

1. 已使用人才。对年末干部业绩与管理考核为优秀的，可以经领导班子研究决定纳入上一级人才层次进行管理；考核为基本称职的，可以根据考核意见与本人的实际情况，实施岗位培训提高其素质与工作能力或者易岗交流；考核为不称职的，实施人才淘汰制，调离现有岗位或者采取劝退、辞职等方式分流。

2. 拟使用人才。对经过适当的岗位培训和严格的考核，已经具备一定专业素质与工作能力的储备人员，可以根据岗位情况，实施助理岗位锻炼，使其能随时顶替上岗。同时，一些重要技术岗位或关键岗位要配备适量的后备人才，原则上一岗两备。对优秀大学毕业生可以破格纳入拟使用人才之中管理。

3. 考察推荐人才。对短期内未被确定为拟使用人才的储备人员，将进行定期的考察，提出使用建议；对于符合要求的，可纳入上一层次的培养与考核范围；对不合格的，及时淘汰出人才库。大学毕业生见习期结束后，经考核合格的都要纳入人才库中进行管理。

五、人才的薪酬与培训

1. 人才薪酬。依照人才的类型与行业特点，人才薪酬可确定为三种制度。对供需相对平衡的人才，按所在岗位职级实行岗位工资制；对公司急需的高级管理人才及高、精、尖专业技术人才，实行协议工资制；对公司发展有特殊贡献的各类人才，实行总经理基金奖励薪酬制。

2. 大学生工资待遇。凡大学生被正式录用后，执行“三士”工资标准待遇。学士学位人员月薪为 2 500 元；硕士学位人员月薪为 4 000 元；博士学位人员月薪为 6 000 元。

3. 人才培训。公司与所属各经营单位将根据不同层次、不同专业和不同岗位的需求，组织不同人员进行培训。

本办法自发文之日起开始执行，由公司政工部负责解释。

×××集团公司

××××年×月×日

【情境总结】

应用文是人们日常生活中经常运用的一种文体。“情境导入”中的例 1 是公告，例 2 是通告。它们虽然都是应用文，但所体现出的特点不相同。“公告”适用于向国内外宣布重要事项或者法定事项，“通告”适用于在一定范围内公布应当遵守或者周知的事项。二者的内容属性、告知的范围、使用的权限等都不相同。两篇例文都由标题、正文和结尾三部分组成，但二者的主题、选材、结构、语言和表达方式等都不相同。通过比较，从而可以归纳出应用文的写作特点。

思考题

一、实践题

下面一段话是一篇应用文的开头，语言不简练，表达混乱，不符合应用文的写作要求。如果按照应用文写作要求，应怎么修改？

我区的××路位置在××路与××路之间，解放初期，就已经封闭了，并在这条路的南北两头，也就是穿越××路与××路交叉口处设置禁止标牌。至一九六六年，禁止机动车通行有十七个年头了。由于“文革”中标牌被人拔去，遂开路禁。

二、单项选择题

1. 应用文是指国家机关、党政部门、军队、社会团体、企事业单位和人民群众在处理各项公务和私人事务、沟通情况、传播信息时所普遍使用的一种有(　　)和特定规范的实用性文体。

A. 实际价值　　B. 社会价值　　C. 惯用格式　　D. 典型特点

2. 会议通知必须在开会前发出，若在会后再通知，就失去了效用。这体现了应用文的（　　）。

A. 实用性　　B. 真实性　　C. 规范性　　D. 时效性

3. 从"国营企业"到"国有企业"的转变，体现了应用文写作中（　　）的要求。

A. 主题正确　　B. 观点鲜明　　C. 立意集中　　D. 结构合理

4. 应用文对材料使用的最基本要求就是（　　）。

A. 真实准确　　B. 典型　　C. 新鲜有用　　D. 使用价值

5. 主题是文章的灵魂，那么（　　）就是文章的血肉。

A. 语言　　B. 材料　　C. 实用　　D. 观点

三、多项选择题

1. 应用文有不同于其他写作文体的共同特点，包括（　　）。

A. 实用性　　B. 真实性　　C. 规范性　　D. 时效性

2. 下列各项中，属于经济类文书的有（　　）。

A. 日记　　B. 介绍信　　C. 审计报告　　D. 招标协议书

3. 写作应用文，要求结构合理，格式规范，具体要求有（　　）。

A. 条理性　　B. 完整性　　C. 严密性　　D. 规范性

4. 应用文要有清晰的思路，即明确的脉络和主线，观点材料要泾渭分明，这不属于应用文的（　　）特点。

A. 条理性　　B. 完整性　　C. 严密性　　D. 规范性

5. 在写作应用文时，其文句常用的表达手法有（　　）。

A. 叙述　　B. 说明　　C. 夸张　　D. 抒情

四、判断题

1. 应用文不像文学作品那样可以虚构、夸张，所反映的人和事都必须是真实的，所引用的数据和材料都必须是准确可靠的，来不得半点虚假。（　　）

2. 按照《国家行政机关公文处理办法》的规定，公文有 13 种，如命令（令）、决定、公告、通告、请示、批复、会议纪要等，计划、总结、审计报告等也属于行政公文的范畴。（　　）

3. 应用文作为处理事务、沟通情况、传播信息的重要工具，还具有依据和凭证的作用。（　　）

4. 应用文的"立意要纯一而贯摄"，这体现了应用文观点鲜明的要求。（　　）

5. 应用文通常用叙述、说明或议论等方式来表达，也可以用抒情、夸张等修辞手法。（　　）

项目二

行政公文

学习目标

知识目标:了解行政公文的概念和类型,掌握行政公文的特点和格式,熟悉行政公文的行文规则和行文关系,了解行政公文的行文程序。

能力目标:认识行政公文的重要性,在提高专业知识的同时,不断地提高写作行政公文的能力,运用所学知识写出符合规范要求的不同类型的行政公文。

【情境导入】

××局关于拟派×××等17人
赴香港参加高级管理人员培训的函

×××办公室:

应香港×××邀请,我局拟派×××等17人于××××年×月×日至×日赴港参加旅游高级管理人员培训班学习,在港停留7天,在港期间费用由我局负担。

可否,请复函。

附件:1. 邀请信

2. 培训人员名单

××××局(公章)

××××年×月×日

基于案例的问题:常用的行政公文是指党政机关、企事业单位及社会团体在公务活动中所用的各类实用应用文,函是其中的一种。什么是函?作为平行公文,它有什么特点?

任务一　概　述

【任务描述】

了解行政公文的一般问题,如行政公文的概念、特点、类型、作用以及写作要求等。

【任务分析】

什么是行政公文?法定的行政公文有哪几种类型?行政公文有什么作用及写作要求?

【知识准备】

在熟悉应用文写作的基础上了解行政公文的特点，掌握行政公文的写作要求，多看各行政机关单位的公文，向单位的行政秘书们学习写作公文的技巧。

【工作步骤】

行政公文的概念和特点；行政公文的种类和作用；公文的写作要求。

一、行政公文的概念和特点

(一)行政公文的概念

公文也叫行政公文，它有广义和狭义之分。广义的公文是指党政机关、企事业单位及社会团体在公务活动中所用的各类文字材料，包括法定公文和常用公文两大类。

法定公文，即中共中央办公厅、国务院办公厅共同印发的《党政机关公文处理工作条例》中正式规定的公文，又称通用公文；常用公文是机关、单位、团体为处理工作而普遍使用的法定公文之外的文书，又称事务文书。

这里所说的公文是指狭义的公文，即法定公文，是指党政机关在行政管理过程中形成的具有法定效力和规范格式的文书，包括决议、决定、命令(令)、公报、公告、通告、通知、通报、议案、报告、请示、批复、意见、函、纪要等十五种。

【同步案例 2-1】

国务院对胜利粉碎劫机事件的民航×××机组的嘉奖令

中国民航××管理局第八飞行大队×××机组：

××××年×月××日驾驶民航伊尔××××号机执行××至××航班任务，在飞临××附近上空时，机上五名歹徒突然采取暴力手段劫持飞机。×××机组怀着高度的爱国主义精神和保证旅客安全的责任感，临危不惧，坚定沉着，配合有方，在地面正确指挥和机上旅客的协助下，与歹徒进行了机智勇敢的搏斗，终于战胜歹徒，飞机载着全部中外旅客在××××机场安全着陆。他们在当地人民政府和驻军的配合下，粉碎了一起劫机的严重事件，谱写了我国民航反劫机的一曲凯歌。×××机组的英雄事迹，体现了他们热爱党、热爱社会主义祖国的坚定立场，体现了他们为确保旅客安全，为维护祖国声誉而英勇顽强、不怕牺牲的革命英雄主义高尚品德。他们为国家和人民争了光。为表彰这一英雄事迹，国务院决定授予×××机组“中国民航英雄机组”的称号。给机长×××记特等功一次；给×××机组八位同志各晋升一级，并分别给予奖金奖励。

国务院号召民航全体空勤人员和广大职工向英雄的×××机组学习，兢兢业业，戒骄戒躁，提高警惕，做好工作，确保飞行安全，全心全意为中国人民和世界人民服务，为我国的社会主义现代化建设做出贡献。

总理：×××

××××年×月××日

（二）行政公文的特点

1. 政策性。公文是处理公务问题的工具和载体，拟写公文时必须依据相关的政策法令，它的内容必须完全符合党和国家的各项方针、政策，表达制发机关的意愿，维护其权力。

2. 法定性。公文是由法定机关或组织制发的，代表着法定机关或组织的意志，在法定机关或组织的权限范围内，具有法定的权威性和约束力。

3. 程式性。为了维护公文的权威性和严肃性，公文有一套较为完整的行文程式。从文种名称到行文关系，从制发程序到文件格式，国家有关部门都有严格的规定。

4. 法定的作者和特定的阅读对象。所谓法定作者，是指依法成立并能以自己的名义行使权力并承担义务的组织及其领导者；特定的阅读对象是指公文都有特定的读者。

5. 特定的文字风格。行政公文作为行政管理的工具，是传达贯彻党和国家的方针、政策，处理政务的载体，这就决定了其语言的风格为朴实、庄重、简洁。在语言表达上不追求艺术性，不使用夸张、比喻、想象等修辞手法。

二、行政公文的种类和作用

（一）行政公文的种类

1. 公文一般由份号、密级和保密期限、紧急程度、发文机关标志、发文字号、签发人、标题、主送机关、正文、附件说明、发文机关署名、成文日期、印章、附注、附件、抄送机关、印发机关和印发日期、页码等组成。根据公文的用途划分为15种：

（1）决议。适用于会议讨论通过的重大决策事项。

（2）决定。适用于对重要事项做出决策和部署、奖惩有关单位和人员、变更或者撤销下级机关不适当的决定事项。

（3）命令（令）。适用于公布行政法规和规章、宣布施行重大强制性措施、批准授予和晋升衔级、嘉奖有关单位和人员。

（4）公报。适用于公布重要决定或者重大事项。

（5）公告。适用于向国内外宣布重要事项或者法定事项。

（6）通告。适用于在一定范围内公布应当遵守或者周知的事项。

（7）意见。适用于对重要问题提出见解和处理办法。

（8）通知。适用于批转下级机关的公文，转发上级机关和不相隶属机关的公文；传达要求下级机关办理和需要有关单位周知或执行的事项。

（9）通报。适用于表彰先进，批评错误，传达重要精神或情况。

（10）报告。适用于向上级机关汇报工作、反映情况，回复上级机关的询问。

（11）请示。适用于向上级机关请求指示、批准。

（12）批复。适用于答复下级机关请示事项。

（13）议案。适用于各级人民政府按照法律程序向同级人民代表大会或者人民代表大会常务委员会提请审议事项。

（14）函。适用于不相隶属机关之间商洽工作、询问和答复问题、请求批准和答复审批事项。

(15)纪要。适用于记载会议主要情况和议定事项。

2. 根据公文发受机关的行文关系划分为上行文、下行文和平行文。如函就是平行文,而请示是上行文,批复是下行文。

3. 根据公文的秘密等级划分为密件和非密件。密件分为三个秘级:绝密件、机密件、秘密件;非密件分为内部文件和周知性文件。

4. 根据公文送达或办理的时间要求,即公文的紧急程度划分为特急件、急件、平件。其中电报根据紧急程度分为特提、特急、加急、平急。

5. 根据公文的材料载体划分为纸质公文、磁介质公文、感光介质公文、电子公文。

6. 根据公文的性质划分为法规性公文、知照性公文、商洽性公文、报请回复性公文、记录性公文等。如某市人民政府《关于市区城镇廉租住房管理规定》就属于法规性公文。

(二)行政公文的作用

公文是传达党和国家的方针、政策,发布法规、管理国家政务、答复问题,指导、商洽工作、报告情况的重要工具,在政治、经济、文化、科技等领域发挥着重要作用。

1. 约束作用。公文的内容直接体现了党和国家的方针、政策和法令,反映了国家的意志和人民的利益。其作用建立在法定作者在法定范围内行使职权制作发布的基础上,公文一经制定和发布生效,必须坚决执行,国家以强制力保证它的权威。

2. 沟通作用。公文在同一系统和不同系统的机关之间起着上情下达、下情上知、横向沟通、互通信息、处理问题、接洽工作、协作共事的作用。公文的这些作用可使整个社会系统有秩序地协调运转。

3. 教育作用。党和国家方针政策的贯彻、各项工作任务的完成,要通过宣传教育提高广大干部和群众的自觉性。党政机关发出的许多文件都具有宣传教育作用。

4. 凭据作用。公文既是发文机关意图的体现,又是受文机关贯彻执行、开展工作的依据。首先,它是当前开展工作的依据。上下级之间以及平行机关之间处理工作,都要有一定的依据。下级机关要遵照上级机关的指示办事;上级机关往往通过公文掌握情况,据以制定方针、政策。其次,它是历史凭据。工作处理完毕后,公文也就成为机关进行这项工作活动的历史记录。它在失效以后还具有可供查考的重要保存价值,成为历史的凭证和珍贵的第一手资料。

三、公文的写作要求

(一)注意事项

公文属于一种应用文,一般要求文理通顺、便于阅读理解等。但由于它的性质、特点和作用不同于一般应用文,所以在写作公文时要注意以下事项:

1. 观点正确。公文是传达、贯彻党和国家的路线、方针、政策、法律、法规的工具,是党的基本路线和国家政策、法律的体现,是宣传群众、组织群众的根据和武器,公文的这些职能就决定了公文的观点必须正确无误。

2. 实事求是。实事求是,既是我们党的优良传统,是党的思想路线的核心,也是领导机关、业务部门的思想、政策水平和工作作风在公文行文中的集中反映。

3. 准确及时。公文是为解决具体问题而写的,要求在实事求是的基础上准确反映客观实际情况。从拟写的构思到动笔，都要做到周密思考，行文朴实严谨，观点正确鲜明，不能含糊其词，模棱两可；行文要前后一致，不能自相矛盾等。此外，文中的引文、数字、人名、地名、机关名、事物名、标点符号等，均须仔细准确，不能前后矛盾，更不能出现差错。

4. 简明扼要。公文是一种办事的工具，它不需要像文学作品那样做细腻的描写，也不需要像学术论著那样长篇大论，而是要求写得条理清晰，简洁明了，便于阅读，否则只有浪费阅读时间。

5. 体式规范。公文的体式包括公文的文体、结构、附加标记和文件格式等内容。无论是上行文、平行文、下行文还是面向群众发布的公文，都要根据文种的要求和规定的格式拟写，不能标新立异、各行其是。这是保证公文的完整性、正确性和有效性的基本要求。

【知识链接2-1】

以文件形式制发的公文样式

编号：××××
机密
急件

××省人民政府文件

省发〔×××××〕××号

关于××××的通知

各市州、各省属机构：

××。

附件：××××××

××省人民政府办公厅(公章)
××××年×月×日

主题词：×××× ××× ×××

抄送：×××× ×××× ×××× ××××

××省人民政府办公厅 ××××年×月×日

共印××份

(二)准备工作

在科学技术突飞猛进，经济竞争日趋激烈，人类社会快步走向信息时代的今天，公文在为党政机关、人民团体和企事业单位实施领导、处理公务、沟通信息、联系事务、传达企业决策中发挥着越来越重要的作用,公文的写作也正在从旧模式中解放出来,逐步走向科学化、规范化、制度化。根据公文的性质、作用以及写作要求,在写作公文之前,要做好充分的准备工作。

1. 明确发文主旨。发文主旨即发文的主题与目的,包括:文件的中心内容是什么;根据公文的内容要求,准备采用什么文种;文件发送的范围和阅读对象是什么;发文的具体要求有哪些;等等。

2. 收集有关资料,进行调查研究。在明确发文目的和主题后,就要围绕这个主题进行一定的调查研究,收集必要的材料。既可以收集和阅读有关的文字材料,也可以到实际当中收集活材料,这样才能掌握全面的、大量的素材为落笔起草做好准备。

3. 拟出提纲,安排结构。在收集材料后,草拟出一个写作提纲。提纲是所要拟写的公文的内容要点,文字不要很多,篇幅不宜过长,可以大致安排一下文件的结构,先写什么问题,再写什么问题,主要分几层意思等,把它的主要框架勾画出来,以便正式动笔之前,对全篇做到通盘安排、胸有成竹,使写作进展顺利,尽量避免半途返工。

(三)修改公文

修改是写作公文的最后一项工作,它是把错误或不当的字、词、句、段进行修正,达到去粗存精、改错为正的目的。只有认真细致地修改,才能使公文完成并符合要求,才能把复杂的客观事物准确、恰当地反映出来。

【任务评价】

写作公文是一件十分严肃的事情,不但对写作格式要求严格,而且对行文的字、词、句等问题都要求严格。因此,在写作中我们不能马虎,要认真学习,严肃对待。

任务二　几种常用公文的写作

【任务描述】

了解几种常用的行政公文,如报告、通知、请示、批复、函等等。

【任务分析】

报告与请示有什么区别?请示与批复是什么关系?不同形式的通知在写作上有何不同?

【知识准备】

了解行政公文的写作特点,根据行政公文的写作要求写作几种主要的行政公文。

【工作步骤】

报告的特点和写作;通知的类型和写法;请示与批复的区别和写作;函的运用及写法。

一、报告

报告是报告单位向上级机关汇报工作、反映情况、提出意见或建议、答复上级机关的询问等使用的一种公文,大多是上行公文。

（一）报告的特点

1. 陈述性。报告的表达方式以叙述为主。即使是提出意见和建议，或者答复上级机关的询问，也应该在大量陈述情况的基础上，做出简单的分析和议论。

2. 沟通性。报告是最常用的上行公文，对于上级机关来说，可通过下级提交的报告获取信息，了解情况，为决策提供依据。

3. 单向性。与请示有明显的不同，报告是向上级行文，不需要得到回复。

（二）报告的种类

报告的种类较多，习惯上按内容划分为工作报告、情况报告及答复报告。

1. 工作报告，是用于向上级汇报工作进程，反映工作问题，总结工作经验和教训的报告。

2. 情况报告，是向上级机关汇报出现的新情况、新问题，特别是突发事件、特殊情况、意外事故及处理情况的报告。它重在"反映情况"，不局限于具体工作，不局限于本机关情况，这是它与工作报告的主要区别。这类报告的特点是时效性强，对发生的事情，要非常及时地向上级机关报告。有些情况还要用电话先报告，然后用书面报告。

3. 答复报告，是用于答复上级机关的询问事项的报告。有的是答复上级对群众来信中反映的问题，有的是答复文件材料中反映的问题，有的是上级批示下级查办或询问有关情况后，下级办理完毕所做的书面答复。

（三）报告的基本格式和写法

1. 报告的标题

标题一般有两种形式：一是由发文机关名称、事由、文种三要素组成的标题，如《××区防疫站关于个体饮食店卫生情况的报告》；二是由发文事由、文种两要素组成的标题，这种形式通常是在有发文机关版头的情况下使用，如《关于农产品补贴发放情况的报告》。

2. 正文

报告的正文一般由开头、主体、结尾三部分构成。

（1）开头，即报告缘由。通常是说明报告的目的、原因，概括报告的基本内容或基本情况。开头部分的结尾常以惯用语结束，如"现将有关情况报告如下"。

（2）主体，即报告内容。由于报告种类的不同，各类报告正文主体部分的写法也有所不同。

工作报告主要是向上级机关汇报情况，其结构一般是由工作情况（包括工作的成绩、措施或经验）、存在的问题和对今后工作的意见三部分组成。主体部分一般用"特此报告"或"以上报告如有不妥，请指示"做结尾。

情况报告也是一种向上级机关报告情况的报告，其结构是由"某个情况发生的过程和原因分析"、"直接或间接的后果"、"处理过程以及处理意见"等部分组成，目的是使上级机关了解事情的全貌，请求上级机关给予指示。

答复报告要针对上级机关征询的问题写，要求就事论事、中心集中、重点突出、条理清晰、一目了然，不可答非所问。

3. 结尾

结尾一般采用惯用语,如“特此报告”、“以上报告请审阅”等。

【知识链接2-2】

几种常见错用乱用公文的情况

中共中央办公厅、国务院办公厅颁布的《党政机关公文处理工作条例》中规定:我国各级行政机关使用的公文文种有命令(令)、公报、公告、通告、决定、决议、意见、议案、报告、请示、批复、通知、通报、纪要、函等十五种,同时对行政公文文种的选用和确定做了原则性规定:公文的文种应当根据行文目的、发文机关的职权与主送机关的行文关系确定。根据上述公文种类选择的基本原则,公文在行文时必须根据行文目的、公文内容、行文关系以及发文机关的职权、每个文种的适用范围合理选择和确定文种。但是,在具体工作中行政公文文种选用仍存在很多问题,主要表现在以下几个方面:

1. 生造行政公文文种。根据现行的《中国共产党机关公文处理条例》和《党政机关公文处理工作条例》的规定,我国现行各级各类党政机关单位通用公务文书的主要文种共有十五种,其他一些习惯称呼和一般事务文书均不能当成行政公文的文种来使用。如《关于燃煤供应问题的补充说明》、《关于我校实行全员聘任制的有关问题的解释》和《关于进一步加强学生安全工作的汇报材料》,在这三份文件中,把“补充说明”、“解释”、“汇报材料”当成了行政公文的文种使用,而这三个名称在法定公文中是不存在的。另外,如“办法”、“细则”、“规定”、“要点”等,从来没有取得过法定行政公文的资格,因此也不能独立行文。但有些机关将“办法”、“细则”等统统作为正式的行政公文使用,并堂而皇之地标明发文字号,如《××市市区城镇廉租住房管理办法》(×政发〔××〕××号)。上述这些做法损害了公文的权威性和公文处理工作的严肃性。

2. 滥用行政公文文种。每一种公文文种都有明确的适用范围和严格的使用要求,每个制发机关都应根据各自的职权范围、行文目的和工作内容选择单一确定的文种。但在写作实践中,经常出现超出职权范围和工作内容随意使用法定公文的情况。如:应该用某些社会事务性文书(如广告、声明、启事等)去解决问题而不去使用,却滥发“通知”、“通告”和“公告”;在提出一般事项的请求时能用“申请”办理的,却用“请示”或“报告”行文解决,搞公文文字游戏;有些单位把“简报”当作法定公文,取代“报告”来反映情况;再比如:由于“通知”的适用范围很广,功能有很多,同其他许多公文文种都有交叉,于是有人就把“通知”当成了万能文种,似乎什么文件都可以用“通知”制发,本该用“纪要”、“批复”、“命令”、“通报”等文种,却皆用“通知”代替。有些单位在使用“通知”批转或转发文件时,盲目乱转,甚至对同一文件层层转发。其实如果上级文件已有明确规定和切实要求,各机关可直接翻印下发,不必转了再转。因此,凡确需转发的文件,应认真研究文件的精神,结合本地区、本系统的实际提出要求,讲求实效,注意质量,提高效率;必须注意“通知”的确切适用范围和性质及下行文的特点,防止滥用。

3. 混用行政公文文种。公文文种是用以表明公文的性质和要求的,一份文件只能用一个文种,两种文种不可混用。比如某单位《关于扩建油库的请示报告》,“请示”和“报告”本来是两个截然不同的文种,如果混在一起,会让人分不清到底是“请示”还是“报告”,不好处理。有些机关单位在向同级机关及无隶属关系的单位进行请求性或答复性行文时往往使用“请示函”、“批复函”。比如《××省××厅关于拟录用××××届大学毕业生的请示函》、《××省人事厅关于批准录用×××等×名同志为国家公务员的批复函》,这两篇公文把“函”和“请示”、“批复”混在一起使用,使人搞不清楚互相行文的两个单位之间到底是什么关系。

4. 错用行政公文文种。在工作实践中,我们发现,由于一些公文文种在某些功能上的相似性,在选择公文文种时,有些单位忽视了它们之间的细微差别,因此造成了公文文种的错误选择。这主要表现为以下几组文种:

(1)在现行机关单位中,“函”与“请示”或“通知”等的使用经常搞错。如有些机关单位在向同级机关或无隶属关系的单位进行请求性或答复性行文时,不使用“函”而是用“请示”或“通知”等。其实,正确的做法是:凡是向同级或无隶属关系的机关单位行文,不管是请求性、答复性还是商洽性的,一般都应该使用“函”。

(2)“公报”、“公告”和“通告”界限不清,相互之间错用的情况经常发生,常见的是该用“通告”的却用了“公告”。如《中国人民银行关于国家货币出入境限额的公告》,这份文件应该使用“通告”,却错用了“公告”。其实“公报”、“公告”和“通告”三者的区别还是比较明显的。“公报”用于发布重要决定或者重大事件,适用于党内外或一些专业领域,其作用更多的是宣示和告知事项;“公告”通常是指以国家的名义向国内外庄严宣告有影响的重大事件的文告,级别很高;“通告”一般公布需要遵守或周知的事项,带有一定的行政约束力,机关、团体、企事业单位都可以在自己的职权范围内发布。

(3)“批复”和具有答复性质的“函”之间的错用。大体上有两种情况:一是主管部门对询问问题或请批事项的不相隶属的机关、单位错用“批复”行文。按照规定,一些业务主管部门对请求批准某一事项的不相隶属的机关、单位行文时应用“函”(复函)而不应该用“批复”,然而在具体实践中,许多部门自觉不自觉地用“批复”回复,这是一个比较普遍却难以纠正的问题;二是上级机关针对来自属于下级的“请示”错用“复函”行文。有的人把由办公部门被授权“函复请示”的做法理解为“上级机关对下级机关的请示可以用函答复”、“函可以平行,也可以上行、下行”等,这是一种误解。“上级机关答复下级机关的请示可以用函行文”的说法起码不确切,应是“上级机关答复下级机关的请示可以授权办公部门函复”。

(4)“决定”、“通知”、“意见”三者的错用。在实际工作中,这三者的相互混用和错用情况比较严重。许多机关不管安排的工作是日常事务性的,还是带有全局性、持续较长时间、具有重要意义的,一律使用“通知”。关于“意见”文种的使用,《国务院办公厅关于实施〈国家行政机关公文处理办法〉涉及的几个具体问题的处理意见》(国办函〔2001〕1号)中做了具体的说明,规定“意见”可以用于上行文、下行文和平行文。“意见”可以不提明确要求,只是提出对重要问题的见解和总的原则性的看法,使受文机关能够结合本地区、本部门的具体情况参照执行。但有些时候我们却把应用“决定”、“通知”的而错用了“意见”。

（四）报告写作的注意事项

1. 正确使用文种。报告一般制发于工作任务完成或问题解决之后，它不同于请示，不要求批复；不能将报告与请示结合使用，写成“请示报告”；一般不得在报告中夹带请求事项。

2. 实事求是，力戒片面。对工作中的成绩和问题都要如实反映，不能报喜不报忧。做到讲成绩要留有余地，写问题要把握分寸，评价一个单位要实事求是。

3. 突出重点，详略得当，不要面面俱到。

4. 报告以叙述为主要表达方式。报告要概括地叙述工作的进程、成绩、有关动态与经验教训以及建议。即使需要阐明观点和论证道理，也必须在叙述事实的基础上，做到叙议结合。

5. 使用报告结束语要注意分寸，要与报告的内容相适合。如关于方针、政策方面的报告，结束语多用“请审查”；关于财经、物资方面的报告，结束语多用“请审核”；情况报告，结束语多用“特此报告”；呈转性报告，结束语多用“请予批转”、“如无不妥，请批转”等。

【同步案例2-2】

××区防疫站
关于个体饮食店卫生情况的报告

××字〔××××〕6号

××市防疫站卫生科：

最近，我们对本区个体熟食店的卫生情况进行了一次抽查，发现不讲究卫生的情况十分严重，现报告如下。

被抽查的65家个体熟食店，其中2～6项不符合卫生标准的为50家，占77%；食品不合格率为60%。总的来看，这些熟食店的卫生有“三差”：

一、卫生设施差。

××。

二、个人卫生差。

1. ××。

2. ××。

三、操作工具卫生差。

1. ××。

2. ××。

3. ××。

造成个体饮食店卫生状况差的原因,一是我们重视不够,管理工作抓得不够;二是我站社会商业股人员少,管理范围大,抽不出专业人员负责个体的食品卫生检查监督工作。为了改变个体饮食店的不卫生状况,保障人民群众的身体健康,我们准备与工商局联合组成一支专门的队伍,对个体饮食店的卫生情况进行监督管理,督促不符合卫生标准的个体饮食店尽快改善卫生条件,达到卫生标准。

特此报告

××××区防疫站(公章)

××××年×月×日

二、通知

(一)通知的概念和特点

1. 通知的概念

通知是机关、社会团体、企事业单位在转发上级和批转下级机关的公文以及不相隶属机关的公文时,传达要求下级机关办理或者执行的事项,传达需要有关单位告知的事项或任免人员而使用的一种公文。

【同步案例 2-3】

××省人民政府办公厅文件

×政办发〔××××〕××号

关于印发××××年
全省整顿和规范市场经济秩序工作计划的通知

各市、县(市、区)人民政府,省政府直属各单位:

为了认真贯彻落实全国整顿和规范市场经济秩序电视电话会议精神,根据《国务院办公厅关于印发××××年全国整顿和规范市场经济秩序工作要点的通知》(国办发〔××××〕3号)和《国务院办公厅关于印发保护知识产权行动纲要(××××—××××年)的通知》(国办发〔××××〕22号)要求,经省政府同意,现将《××××年全省整顿和规范市场经济秩序工作计划》印发给你们,请结合实际,认真组织实施。

××省人民政府办公厅(公章)

××××年×月×日

2. 通知的特点

(1)使用面宽。在发文机关方面,上至最高的行政机关,下至基层单位,都可以用通知行文;在内容方面,大到全国性的重大事项、行政法规,小到单位内部告知一般事项,都可用通知行文。

(2)使用率高。通知兼有指示工作、知照事项以及批转、转发文件等多种功能,是现行公文中使用频率最高的一种公文。

(3)时效性强。通知的事项往往要求在规定的时间内办理、执行或知照,不容拖延。

(二)通知的种类与写作

1. 发布性通知的写作

发布性通知用于发布法规和规章、下达计划和印发领导讲话等,由标题和正文两部分组成。标题中的事由部分,有的用"发布"字样,有的用"印发"字样。

【同步案例2-4】

国家旅游局文件

国旅〔××××〕××号

转发财政部、国家税务总局关于延长部分受"非典"影响行业税收优惠政策的通知

各省、自治区、直辖市、计划单列市和新疆生产建设兵团旅游局(委):

现将财政部、国家税务总局《关于延长部分受"非典"影响行业税收优惠政策的通知》转发给你们,请立即通知所在地区旅游企业贯彻执行。

国务院及有关部门决定延长对部分受"非典"影响行业税收优惠政策,集中体现了国家对旅游业受"非典"影响而遇到严重困难的高度关心和扶持;有关税收优惠政策的延期执行,对促进旅游业的恢复与振兴将发挥重要的作用。希望各级旅游行政管理部门和旅游企业积极配合财政和税务部门,切实落实好税收优惠政策的延期执行工作,并积极向本级政府及其财政、税收部门报告税收优惠政策的执行情况,并按照国务院及财政部和税务总局的决定,出台地区性税收优惠等政策或延期执行已出台的优惠政策。

特此通知。

国家旅游局(公章)

××××年×月×日

2. 批转性通知的写作

(1)批转性通知的概念和内容。批转性通知是以传达外部机关文件为主要目的的通知。可分为两种情况:①转发文件的通知。包括通知、决定、规定、意见、批复、复函等。如转发平级机关的文件《×××转发〈×××等部门关于××××××指导意见〉的通知》;转发上级机关的文件《××省人民政府转发〈国务院关于加强出入境中介活动管理的通知〉》;转发不相隶属机关的文件《××省人民政府办公厅转发〈政协××省委员会主席会议关于对我省进一步改善投资环境提高引资水平的意见〉的通知》。②批转文件的通知。这种通知是为了批转下级机关的文件,包括报告、意见、纪要等。如《××省人民政府、中国人民解放军××省军区批转〈省教育厅、省军区司令部等单位在普通高等学校和高级中学开展学生军事训练工作实施意见〉的通知》等。

【同步案例 2－5】

财政部　国家税务总局文件

财税〔××××〕××号

关于调整房地产营业税有关政策的通知

各省、自治区、直辖市、计划单列市财政厅(局)、地方税务局,新疆生产建设兵团财务局:

为贯彻落实《国务院办公厅转发建设部等部门关于调整住房供应结构稳定住房价格意见的通知》(国办发〔××××〕××号),抑制投机和投资性购房需求,进一步加强个人住房转让营业税征收管理,现将有关营业税问题通知如下:

××××年×月×日后,个人将购买不足5年的住房对外销售的,全额征收营业税;个人将购买超过5年(含5年)的普通住房对外销售的,免征营业税;个人将购买超过5年(含5年)的非普通住房对外销售的,按其销售收入减去购买房屋的价款后的余额征收营业税。

在上述政策中,普通住房及非普通住房的标准,办理免税的具体程序、购买房屋的时间、开具发票、差额征税扣除凭证、非购买形式取得住房行为及其他相关税收管理规定,按照《国务院办公厅转发建设部等部门关于做好稳定住房价格工作意见的通知》(国办发〔××××〕×号)、《国家税务总局、财政部、建设部关于加强房地产税收管理的通知》(国税发〔××××〕×号)和《国家税务总局关于房地产税收政策执行中几个具体问题的通知》(国税发〔××××〕××号)的有关规定执行。

地方各级财税部门要严格执行税收政策,加强税收征管,对执行过程中出现的问题,及时上报财政部和国家税务总局。

财政部(公章)

国家税务总局(公章)

××××年×月×日

(2)批转性通知的格式与写作。批转性通知由标题和正文组成。①标题,一种是由"发文机关＋转发(批转)＋被转文件的标题＋通知"构成,如《国务院办公厅转发〈国务院体改办等部门关于城镇医药卫生体制改革指导意见〉的通知》;另一种是在上述标题的基础上省略发文机关,如《批转省教育厅、省军区司令部等单位在普通高等学校和高级中学开展学生军事训练工作实施意见的通知》。②正文,即批语,表明发文机关的态度,提出贯彻执行的要求。如"原公文标题＋已经×××同意,现转发给你们"或"现将××××转发给你们,请认真贯彻执行"等。

3. 指示性通知的写作

指示性通知用于向下级机关作指示、部署工作任务。一般由标题和正文组成。

(1)标题。有三种形式:一是"发文机关＋事由＋文种",如《广州市人民政府办公厅关于开展全市安全生产大检查的通知》;二是"事由＋文种",如《关于加强房地产市场管理的通知》,这种写法最常见;三是"文种",即《通知》,一般内容简单且不重要时才使用这种写法。

(2)正文。包括原因和事项两部分。原因说明工作的依据、目的和意义;事项是把布置的工作或者需要告知的内容分条列项地阐述清楚,包括工作目的、要求、措施、办法等。在写事项时要把主要或重要的事项写在前面,重轻有序。有的正文还有结束语,如"特此通知"、"请遵照(研究、参照)执行"等。

4. 会议性通知的写作

会议性通知是以极其简短的文字,说明召开会议的缘由、机关,会议的名称、目的、内容、日期、时间、地点、出席对象,对出席者的要求等。它由标题和正文两部分组成。

(1)标题。会议性通知的标题一般比较灵活,可以使用全称式标题,也可省略发文机关。

(2)正文。包括开头、主体和结尾三部分。开头部分要写明召开会议的缘由、根据、意义、目的等。主体部分要写明通知的具体事项,包括召开会议的机关、会议的名称、会议的基本安排(时间、地点、日程等)、会议的注意事项(材料准备、食宿安排、交通路线等)、其他说明(联系人姓名、联系方式等)。最后写上通知的单位和日期。

【同步案例 2-6】

××省财政厅文件

×财办〔××××〕××号

关于召开××××年全省财政工作会议的通知

各市、县(市、区)财政局(委),各有关单位:

××××年,在省委、省政府正确领导及各级党委政府、各相关部门的支持配合下,经过全行业辛勤工作,我省税收达×××××亿元,实现历史性的突破。为认真总结×××年工作,精心抓好××××年的工作,进一步开创我省财政工作的新局面,经省政府同意,决定召开××××年度全省财政工作会议。现将有关事项通知如下:

一、会议时间

×月×日下午至×日上午。×日上午12时前报到。

二、会议地点

××宾馆(××市××路××号,电话:××××××××)。

三、会议内容

1. 进一步贯彻落实全省财政发展工作会议精神并总结××××年全省财政工作。

2. 部署下一年度全省的财政工作。

四、参加人员

各市分管财政工作的副市长,省级有关单位领导,各市、县(区)财政局局长。

五、其他事项

1. 请各单位于×月×日下午下班前将与会人员的姓名、性别、单位、职务以电子邮件或传真形式上报省财政局(联系人:×××,联系电话:×××××××××,E-mail:××××××××××,传真:×××××××××)。

2. 每单位可带司机一名,请注明姓名、性别;因住房紧张,请不要带其他人员。

3. ×日下午××电台财政之声将举行“开播两周年暨××××年财政行业高峰论坛”活动，届时邀请全体与会代表参加。

××省财政厅（公章）

××××年×月×日

5. 任免通知的概念和格式

(1)概念。任免通知是按人员管理权限，由上级机关决定任免人员，再把任免决定向指定范围公布的通知。

(2)基本格式。任免通知由标题和正文两部分组成。其中标题由“任免机关＋被任免人＋通知”组成，正文一般包括任免缘由和任免事项两部分。

【同步案例2－7】

国务院办公厅

关于中国人民银行货币政策委员会主席任免的通知

国办函〔××××〕××号

中国人民银行：

你行《关于货币政策委员会主席任免的请示》(银发〔××××〕7号)收悉。根据《中国人民银行货币政策委员会条例》的有关规定，经国务院领导同意，现就货币政策委员会主席任免通知如下：

任命×××为货币政策委员会主席，免去×××货币政策委员会委员、主席职务。

国务院办公厅（公章）

××××年×月×日

三、请示

(一)请示的特点和种类

请示是向上级机关请求指示或批准的一种上行公文。

1. 特点。与报告相比，请示有以下特点：

(1)呈请性。请示是向上级机关请求指示和批准的公文，行文内容具有请求性；而报告是向上级机关汇报工作、反映情况、答复上级机关的询问或者要求的公文，具有陈述性。

(2)期复性。请示的行文目的是请求上级批准，解决某个具体问题，要求做出明确答复；而报告的目的则在于使上级掌握某方面或者某阶段的情况，不要求批复。

(3)超前性。请示行文时机具有超前性，必须在事前行文，等上级机关做出答复之后才能付诸实施；而报告则可在事后行文，也可在工作进行过程中行文，一般不在事前行文。

(4)单一性。请示事项要求一文一事，而报告可以一文一事，也可以一文数事。

2. 种类。根据行文目的和内容的不同来划分，请示通常可分为两种：

(1)请求指示性请示。这种请示是下级机关请求上级机关给予指示、裁决。多用于机构设置、审定编制、人事任免、重要决定、重大决策、大型项目安排等事项。这些事项按规定本级机关无权决定，必须请示上级机关批准。

(2)请求批准性请示。此类请示是指请求上级批准、允许的请示。多用于在工作中遇到人、财、物方面的困难或请上级批准有关规定、方案等情况。

(二)请示的格式与写法

请示由标题和正文组成。

1. 标题

请示的标题一般有两种形式：一种是三要素式，即"发文机关 + 事由 + 文种"，如《××研究所关于给我所调拨基建资金的请示》；另一种是二要素式，即"事由 + 文种"，如《关于解决局机关办公经费的请示》。

2. 正文

正文由"发文缘由 + 主体事项 + 结尾用语"三部分构成。

(1)发文缘由。交代背景，提出请示的理论依据和事实依据，阐明必要性和可行性。这部分要简明概括，理由充分。

(2)主体事项。说明"请示什么"。不同类型的请示，写法不同。请求指示性请示，此部分要明确提出问题和要求；请求批准性请示，此部分应提供本机关、本部门的具体意见、措施、方案或行动，及打算"做什么"、"怎么做"等。在具体表述时，只能用"拟"怎么办，而不能用"决定"怎么办。

(3)结尾用语。要表示明确而肯定的要求。一般惯用的结语有"妥否，请批示"、"以上请示，如无不妥，请批准"、"以上内容，请予审批"等。

(三)请示的写作要求

1. 不要多头请示。一个请示事项，一般不要同时请示两个或两个以上的领导机关或主管部门，以免出现"公文旅行"、单位之间互相推诿的情况，延误了请示的批复。受双重领导的单位，应根据具体情况，主送一个上级机关，抄送另一个上级机关；有些特殊的涉及几个部门的事项，亦可同时由几个部门分别向上级请示。

2. 不要越级请示。除非特殊情况，一般不得越级请示。因特殊情况，必须越级行文时，一般应抄送越过的上级机关。不论什么内容的请示，需要同时送其他机关的，应当用抄送形式，但不得抄送其下级机关。

【同步案例 2-8】

××市工商行政管理局

关于新办酒厂有关问题的请示

××工商发〔××××〕××号

市政府：

近年来，全市酒类生产发展很快，已登记发照的市办酒厂(公司)有 37 个，其中国有酒厂(公司)12 个，去年生产白酒 10 000 吨，酒类生产已处于饱和状态。目前申请办酒厂的单位还很多,特别是私有企业要求办厂的多。个别的未经申请办照,擅自开业,部分酒厂在质量上也未达到要求。为了使酒类生产健康发展,根据国务院〔××××〕×号文件发布的《〈工商企业登记管理条例〉施行细则》的有关规定,特提出如下意见:

一、未经申请登记,擅自开业的酒厂,按《细则》之三十二条规定,"应勒令停办或停业,并处以××元以下罚款"。根据情况确需开办,经过整顿符合条件的,必须补办手续,领取营业执照,继续生产。

二、根据市场需要,按照统筹安排、网点布局合理的原则新办的酒厂,必须在筹建前三日内到工商行政管理部门办理筹建许可证。筹建完毕后,需经有关部门验收合格,并在投产前三十日内到工商部门办理营业执照后方可正式投入生产。

三、现已生产的酒厂和今后开办的酒厂,都要严格遵守国家的政策法令,照章纳税,并保证质量。如有违反规定的,要依法处理。

以上请示,如无不妥,请批转有关单位执行。

附件:全市酒厂(公司)分布情况表

××市工商行政管理局(公章)

××××年×月×日

3. 不要横向请示。请求平行职能部门或不相隶属的上级机关审批其管辖范围内的事项,不可使用"请示",而是用"函"(后面讲述)。

4. 不要事后请示。请示必须事前行文,决不能"先斩后奏",或边请示边办理。

5. 不要向领导个人请示。请示除领导直接交办的事项外,一般不得直接送领导者个人。

6. 不要一文多事。一份请示只能写一个问题,不要把几个性质不同的问题或事项同时写在一份请示中,以免上级机关不好批复而贻误工作。

7. 不要把请示、报告混用。把"……的请示"写成"……的请示报告"或"……的报告"都是不对的。

8. 语言要谦恭,要尊重上级,不得有要挟、命令或催促式的口吻。

四、批复

(一)批复的特点和种类

1. 批复的特点

批复是上级机关答复下级机关请示事项的下行文。其特点表现在:

(1)被动性。批复必须以请示为存在条件,先有请示后有批复。任何一份批复都是因为有请示才形成的,这一点和大多数主动行文的行政公文不同。

(2)针对性。批复属于答复性的下行公文,是专为请示而设置的文种。

(3)权威性。请示的事项是发文机关无权解决的问题,这就需要直接上级机关表态并回复,这种回复有决定性和命令性。

2. 批复的种类

根据内容、性质的不同,批复可分为审批性批复和指示性批复两类。

(1)审批性批复主要是针对下级机关请示的公务事宜,经审核后所做的指示性答复。比如关于机构设置、人事安排、项目设立、资金划拨等事项的审批。

(2)指示性批复主要是针对方针、政策性问题进行答复。这一类批复,不只是对请示机关提出请示事项的答复,而且批复的指示性内容,在其管辖范围内,具有普遍的指导和规范作用。另外,授权政府职能部门发布或修改行政法规和规章的批复,也属于指示性批复。

(二)批复的格式及写法

批复由标题和正文组成。

1. 标题。由发文机关名称、事由、文种三要素组成。如《××县人民政府关于同意成立××县××镇××小学的批复》。

2. 正文。正文一般包括引言、主体和结尾等内容。

(1)引言。引言就是开头,是引述下级机关来文的标题或文号,必要时还可引述来文的要点,以使受文单位明确批复的事项。如《中国科学院物资局××光机所的批复》,开头写道:"你所《关于调拨柴油机的请示》一文收悉。经研究,现批复如下:"。

(2)主体。批复意见是其主体事项,承接上文的用语有两种情况:内容单一的,可用"经研究,同意……"直接批复;内容较多的,可用"经研究,现批复如下"领起,再分项答复。

(3)结尾。一般用"此复"、"特此批复"等做结束语,结束语独自成段。

(三)批复写作的注意事项

1. 批复是指示性文件,具有明确的针对性和指示性,是一种典型的下行文。因此,写批复时必须经过详细调查,周密思考,认真研究,务求在批复的内容上全面、明确、具体、恰当,以便下级机关有章可循,遵照办理。

2. 凡是引用政策、法令或规章制度,都要写明出处,必要时要引述原文;凡同意下级请示的可直叙同意事项,不必再重复有关理由;不同意或不完全同意的则要简述政策依据或其他具体理由。

3. 批复原则上是一文一事,一个批复针对一件请示。有时几个下级机关上报请示同一件事,经研究同意后,应分别行文批复,而不能一件批复回复几个请示。

【同步案例2-9】

××县人民政府文件

×政字〔××××〕××号

××县人民政府关于同意成立
××县××镇××小学的批复

县教育局:

你局《关于成立××县××镇××小学的请示》已收悉。经研究,同意成立"××县××镇××小学"。该校为公办全日制小学,隶属××镇管理,教职工按每班2.5人配备。

××小学是著名革命家、军事家×××同志的母校,办好这所学校意义十分重大。

望你们加强对该校的领导和管理，做好服务指导工作，不断改善办学条件，努力提高教育质量，将××小学办成我县第一流的学校。

此复

××县政府(公章)
××××年×月×日

五、通报

(一)通报的特点和种类

1. 通报的特点

通报是上级机关向下级机关传达重要情况与事项、沟通情况、表彰先进、批评错误时使用的一种告知性公文。它有如下特点：

(1)典型性。无论是表彰通报还是批评通报，事例都应当是具有典型意义的，而非一般性的事迹或者错误。

(2)教育性。表彰通报是通过表彰先进典型，让先进思想发扬光大，鼓舞人们学先进，找差距；批评通报则是一方面让当事人认识错误、改正错误，另一方面是让人们吸取教训、引以为戒；情况通报通过传达交流重要精神或者情况引起人们的注意。三者的目的都是为了让人们从中受到教育。

(3)告知性。通报传递了信息，扩大了所通报事项的影响，起到告知通晓的作用。

2. 通报的种类

根据通报的适用范围，可将通报分为表彰性通报、批评性通报和情况通报三类。

(1)表彰性通报表扬好人好事，介绍先进典型，总结主要经验，号召人们学习；

(2)批评性通报批评错误行为或重大事故，目的在于告诫和教育人们汲取教训，防止类似问题再次发生；

(3)情况通报是将全局或某一方面的信息、动向或其他情况传达给下级机关，旨在引起重视，采取相应措施，以掌握主动权。

(二)通报的格式及写法

通报由标题和正文两部分组成。

1. 标题。通报有三要素式标题，即“发文机关+事由+文种”；还有二要素式标题，即“事由+文种”。通报的标题一般不能省略事由，更不能省略文种。

2. 正文。由“情况缘由、分析评价、决定事项和希望要求”四个部分组成。

(1)情况缘由。概括叙述通报的事因，即事项发生的时间、地点、人物、原因、结果等，要抓准实质性问题。

(2)分析评价。往往用一两句议论，简要分析评价通报的事情，揭示问题的实质，点明其意义所在，指出从中吸取哪些经验和教训，通过正反两方面的事例教育人们。要表明发文单位肯定或者否定的态度。

(3)决定事项。宣布对有关人员或者团体进行奖励或者处分的决定。一般只有一句话，也有的分条列项。

(4)希望要求。号召人们向表彰的人物和事迹学习或者要求大家从错误事实中吸取教训，引以为戒。

三种通报的内容对比见表2-1。

表2-1　　三种通报的内容对比

类别 内容	表彰通报	批评通报	情况通报
情况缘由	缘何发通报，或者叙述主要事迹（时、地、人、事等要素）	缘何发通报，或者公布错误事实（时、地、人、事等要素）	介绍情况或者传达重要精神
分析评价	评价意义、重要性、经验等	分析根源、危害性、教训等	表明意见和态度
决定事项	表彰及奖励决定	处理、处分决定	某些重要情况或信息
希望要求	号召学习先进榜样，弘扬精神	要求吸取教训，引以为戒	努力的方向，改进的措施

（三）通报写作的注意事项

1. 通报的内容必须典型，要选择具有代表性的典型事例，或与当前中心工作密切相关的重要事项或重大情况，以便通报一点带动一片，引起广泛的重视，对工作起到引导与促进的作用。

2. 通报的内容必须真实，情况真实是通报的生命。通报中涉及的时间、地点、人员姓名、事实情节、数据、背景、群众的反映等均不得有半点虚假和错漏，对其原因、影响、经验教训的揭示要客观、科学，使人们从中受到教育，得到启示。

3. 时效性要强。通报具有指导现实的作用，时效性要求很强。尤其是对具有重大借鉴作用的典型事例，通报发得越及时，对现实工作的指导作用就越大。

4. 篇幅一般不宜过长，要具体、准确、言简意赅，不可把表彰通报写成事迹报道或报告文字。

【同步案例2－10】

××省人民政府关于××市民政事业费管理使用情况的通报

×政发〔××××〕××号

各市人民政府、省直属机构：

现将省民政厅《关于检查××市民政事业费管理使用情况的报告》通报给你们。

××市任意挪用、占用和滥用民政事业费的问题是非常严重的。民政事业体现了党和国家对广大优抚、救济对象生活疾苦的关怀，任何人挪用、侵占民政事业费，都是党纪和国法所不允许的。凡是挪用、占用的民政事业费必须限期如数追回。为了严明党纪国法，对挪用、占用民政事业费的有关人员，要按政策严肃处理，并将处理结果报省人民政府。

各地要以××市的问题引为借鉴，继续巩固民政事业费检查的成果，进一步加强民政事业管理体制的建设，要在检查错误的基础上认真总结经验和教训，堵塞漏洞，合理地使用各项经费。

附件:《××省民政厅关于检查××市民政事业费管理使用情况的报告》

××省人民政府(公章)

××××年×月×日

【同步案例2-11】

××市人民政府文件

×政办发〔××××〕××号

关于对全市安全生产监督检查情况的通报

各县、区人民政府,市政府各委办局、直属机构:

按照全省统一部署,从×月×日开始,市政府组成的5个督察组分别对全市的各大企业和公司进行了安全生产督察。截止到×月×日,共督察各类企业××家,其中,煤矿企业××家、非煤企业××家。经市政府同意,现将督察情况通报如下:

一、加大安全监督检查力度,确保全市安全生产

1. 认真贯彻落实省、市安全生产会议精神。(略——编者注,下同)

2. 积极开展"安全生产月"活动。(略)

3. 积极开展安全检查,排查安全隐患。(略)

4. 加强防汛工作准备,资金、措施、责任三落实。(略)

二、存在问题

个别县区政府、有关部门与省、市政府的要求还存在一定的差距,安全生产工作还停留在会议上、文件上,责任落实不到位;乡、镇安全监管人员配备不足,管理不到位,企业安全管理出现滑坡,主要表现在以下几个方面:

1. 煤矿企业安全隐患突出。部分煤矿企业仍然存在随意停开主、局扇,通风设施不完善,瓦检仪、甲烷断电仪未能按规定校验等问题,井下违章作业现象突出。如:(略)

2. 没有严格执行安全生产"三同时"。各县(区)不同程度地存在新、改、扩建项目不能按照"三同时"规定严格执行,未经有关部门审批及验收的项目就投入生产使用。如:(略)

3. 对火险严重的企业监管力度不够。如:(略)

4. 企业管理制度不完善。多数企业安全生产责任制和有关规章制度已不适应目前安全生产工作需要,仍然没有按照《安全生产法》的要求进行完善和修订。如:(略)

5. 企业特种设备安全装备不完善。如:(略)

6. 相当一部分企业的高层建筑、锅炉房烟囱等没有按照规定进行防雷检测,作业场所防雷设施不完善。如:(略)

7. 企业内部机动车辆无照、驾驶员无证驾驶的现象比较突出。如:(略)

8. 部分单位汛期防范工作不到位,仍有死角。如:(略)

三、下一步工作要求

1. 各级领导特别是县、区(乡、镇)政府领导要进一步提高对安全生产工作的认识,把

安全生产工作摆上重要的议事日程,层层落实责任,把安全生产工作抓实、抓好。

2. 要充分发挥县、区(乡、镇)管理部门的作用,改进工作方法,加大检查力度,加强对乡镇安全监管人员和技术力量的配备。

3. 各产煤县区要认真做好本地区煤矿质量标准化工作,制定进度时间表,加快煤矿质量标准化工作的全面展开。

4. 各企业主管部门要敦促所属企业建立健全重大事故应急救援制度,结合本企业实际制定、修改和完善重大事故应急救援预案,并进行实地演练。

5. 对各督察组在检查中查处的安全隐患,各县区政府、市直各有关单位必须按照市政府督察组的意见并结合本地区、本部门安全生产工作的实际,落实责任,认真整改,限期解决。市政府督察组将对隐患整改情况做进一步跟踪检查。

××市人民政府(公章)
××××年×月×日

【同步案例 2-12】

××市人民政府文件

×政办发〔××××〕××号

关于表彰扑救××市××××
有限责任公司火灾有功集体的通报

各自治县、区人民政府,市政府各委办局、直属机构:

××××年×月×日晚7时,我市××××有限责任公司发生大火。在国家和人民群众生命财产受到严重威胁的时刻,公安消防官兵紧急出动,奋不顾身地进行扑救,及时控制了火势,扑灭了大火,使火灾损失减少到最低程度。在这次扑救火灾过程中,消防官兵在血与火、生与死的较量面前,怀着对党和人民的无比忠诚,英勇拼搏、舍生忘死,继承和发扬了人民卫士为人民的优良传统,他们的崇高精神和英勇行为,受到了社会各界和广大人民群众的高度赞扬。

为弘扬消防官兵不怕牺牲、英勇顽强的战斗精神,表彰他们为保护国家财产和人民群众生命财产所做出的突出贡献,市政府决定:授予武警××市消防支队"敢打硬仗的消防部队"荣誉称号,并奖励人民币13万元。

希望受到表彰的单位戒骄戒躁、再接再厉,为保障我市经济社会的发展和人民群众的生命财产安全做出更大的贡献。他们忠于职守、爱岗敬业,团结拼搏、勇于奉献。各地区、各部门、各单位和广大干部群众要向受表彰的集体学习,学习他们为保护国家财产和人民群众的生命财产安全奋不顾身的高尚品格,学习他们团结协作、英勇顽强的战斗作风。

××市人民政府(公章)
××××年×月×日

六、函

(一)函的概念、特点和种类

1. 函的概念

函是平行机关、不相隶属机关之间相互商洽工作,询问和答复问题,征询意见,向有关主管部门请求批准和答复审批事项时使用的一种平行公文。从格式上看,它有正式公函和便函两种,我们这里所讲的“函”指的是“公函”。

2. 函的特点

(1)使用频率高。平行机关之间,上下级机关之间,不相隶属机关之间,均可使用函。

(2)适用范围广。函既可用于商洽工作、互通情报、询问和答复问题,也可用于向有关主管部门请求批准和答复审批事项。

(3)灵活简便。一般来说,函都比较短小,内容单一。便函可不拘泥于完整的公文格式,没有公文眉首和版记,主体也可以省略一些要素。

3. 函的种类

(1)从内容上可分为商洽函、问答函和请批函。

(2)从格式分有:①公函,多用于比较重要的具体事项,格式比较完整,使用公文纸,有发文机关标识、发文字号、公文生效标识(印章)等;②便函,多用于一般事务性工作,没有完整的公文格式如标题,只有上款和下款,可用机关信笺,但是不标发文机关标识,不编发文字号,可以加盖机关印章,也可不盖。一般不入档案。行文对象往往是单一的,使用起来灵活方便。

(3)从方向分有:①发函,是与平行或者不相隶属的机关单位商洽工作、互通情报或者向对方询问事项、提出要求等主动发出的函;②复函,是被动地答复对方来函的函。

(二)函的格式及写法

函由标题、正文和结束语组成。

1. 标题。标题一般由发文机关、事由、文种三要素组成。有的标题省去发文机关。便函可不用标题,以示行文简便,突出“便”的特点。

2. 正文。不同内容的函,写作内容及要求均有不同。

(1)商洽函,是商量和接洽工作用的函。先写发函的根据或理由,然后陈述商洽的事项。要求观点明确,意见具体,用语得体、谦恭、清楚,便于对方理解与解答。

(2)询问函,是询问事项、问题时使用的函。要求内容集中,表达清楚,只询问一个问题,以便对方尽快答复。要注意的是,所询问的应是本机关难以解决,确属对方了解且能回答的事项或问题。

(3)请求批准的函,也称申请函,一般用于向不相隶属的主管机关请求批准有关经费、人员调配、营业执照、物资调拨等有关事项。在内容上,这种函首先要说明请求批准的理由、原委,然后写请求批准的事项。写作时,理由、原委要充分,请批的事项要明确、具体、合理。用语要简明得体,语气要诚恳,力求征得对方的同意。

(4)答复函,是指答复来函所提出的问题,回复来函商洽的事宜,回答来函请求批准事项的函。一般先引用来函的题目或发文字号,有时也可同时引用来函的题目和发文字号。要求先写题目,后写文号,文号要加方括号。

3. 结束语。函的结束语可根据情况不同而有所区别,但都独自成段。如去函仅是告知对方机关有关事项、情况,结束语可用“特此函告”;商洽函的结尾一般是提出予以复函的请求或予以尽快办理的具体要求,可用“请(谨请)复函”、“妥否,请函复”、“特此函告,请复”,或根据情况用“请予支持”、“请研究函复”等;询问函的结尾一般用“(妥否)请函复”,而不能用“请审批”;如果是复函,可用“特此函复”、“此复”等。

(三)函写作的注意事项

1. 正确使用文种。向平行或不相隶属机关行文请求或回复需要批准的事项,要使用“函”,而不用“请示”或“批复”。

2. 正确使用书名号。函不能用作批转法规性公文,所以函的标题中一般不能出现书名号。

3. 一事一函。不能在一函中夹杂需要几个部门办理的事情,否则不仅行文不规范,而且常由于辗转传递而延误时间。

4. 内容简洁。写函要开门见山,简短明快,直陈事项,并要主动把问题症结和自己的处理意见告诉对方,不要兜圈子、绕弯子、讲套话,也不必寒暄。不要借题发挥,大发议论,更不要抒情。

5. 用语得体。公函的语言讲究规范、明了,不能用指示、命令式语言,也不必用普通信件中“不胜感激”、“永将图报”、“此致”、“敬礼”之类的谦词,在行文时要注意礼貌,要尊重对方。

6. 写作严谨。虽然函以陈述情况、告知询问为主,不具有领导和指导作用,但有凭证作用,所以写作时必须慎重。

【同步案例 2-13】

对《××省人民政府关于成立
××(股份)银行的请示》的复函

银复〔××××〕××号

××省人民政府:

经国务院办公厅转来的《××省人民政府关于成立××(股份)银行的请示》(×政发〔××××〕××号)收悉。现答复如下:

根据国务院的改革部署,目前区域性商业银行只限于在广东、福建两个综合体制改革试点省份、深圳特区和上海浦东经济开发区试办。

目前已试办五家区域性商业银行,在促进地方经济发展中发挥了一定的积极作用,但也存在不少问题。我行正在就此进行全面调查和总结,而后,再请求国务院是否有必要扩大试点区域。鉴此,目前不便考虑批准成立××(股份)银行。

中国人民银行(公章)

××××年×月×日

【同步案例2-14】

××省人民政府

关于请求免税进口救灾物资的函

×政函〔××××〕××号

××局：

今年我省遭受特大干旱，大批农作物枯死，养殖水产品因缺淡水成批死亡。8月31日至9月2日又遭受了16号强热带风暴及特大海潮的袭击。仅××、××、××三市就冲毁盐田××万亩，虾池××万亩，冲跑对虾×××万公斤，损坏渔船××××多条；果树受灾×××多万亩，农业遭灾面积达×××多万亩，粮食减产×亿多公斤，直接经济损失达××多亿元。

灾情发生后，我省各级领导、各级有关部门以及全省人民积极行动，全力开展抗灾自救。为保护出口货源，帮助企业尽快恢复生产，我省经贸委安排进口钢材×万吨，胶合板××××立方米，木材×万立方米，柴油×万吨，以发展灾后出口商品生产，确保完成今年出口××亿美元创汇任务。为此，特请××××减免我省经贸委统一安排进口的上述救灾物资的海关关税、产品增值税等税费。

妥否，请函复。

××省人民政府（公章）

××××年×月×日

七、会议纪要

（一）会议纪要的概念、特点和种类

1. 概念

会议纪要是根据会议的宗旨、议程、有关会议文件、会议记录以及到会人员提供的材料进行整理，用准确而精练的语言概括地综合反映会议概况和会议精神的一种公文。会议纪要有两个目的，一是向上级汇报会议情况，以便及时得到上级的指导；二是向下级传达会议精神，以便下级及时贯彻执行。

2. 特点

（1）纪实性。它是在会议后期或者会后根据会议记录和各种会议材料整理而成的，真实、准确地体现了会议情况和会议精神。纪实性是会议纪要的基本特点，也是撰写会议纪要的基本原则。

（2）提要性。会议纪要不像会议记录那样对会议发言和会议内容逐一记载，它只是对会议结果的择要归纳，写会议的要点，把会议的主要精神和主要事项概括和归纳出来。

（3）指导性。会议纪要有凭证和资料的作用，但多数会议纪要具有指导工作的作用。它要反映会议情况，传达会议精神，要求与会单位和相关部门以此为依据展开工作，落实会议的议定事项。

3. 种类

按照会议内容的不同,会议纪要可以划分为决议性会议纪要、研讨性会议纪要和协议性会议纪要三种。

(1)决议性会议纪要。主要记载和反映领导层制定的决策事项,作为传达和部署工作的依据,对今后的工作具有指导作用。常用于领导办公会议。

(2)研讨性会议纪要。主要记载和反映经验交流会议、专业会议或学术性会议的研讨情况,旨在阐明各方的主要观点、意见或情况。主要用于职能部门和学术研究机构召开的专业会议或学术研讨会议。

(3)协议性会议纪要。主要记载双边或多边会议达成的协议情况,以便作为会后各方执行公务和履行职责的依据,对协调各方今后的工作具有约束作用。常用于领导机关主持召开的多部门协调会或不同单位联席办公会。

根据写法的不同,会议纪要可分为分项式会议纪要、综述式会议纪要和摘要式会议纪要三种。

(二)会议纪要的格式及写法

会议纪要的格式大致可包括标题、期号、正文、署名四个部分。

1. 标题。常见的标题有三种:一是由会议名称加上"纪要"二字,如《××会议纪要》;另一种是在前一种标题的基础上,加上主持会议的领导机关名称,如《中共××市委常委扩大会议纪要》;再一种是复式标题,即有正、副标题。正标题表明纪要主旨,副标题表明会议纪要名称,如《一切围绕经济转,一切围绕效益干——××省沿江四市负责同志座谈会纪要》。

2. 期号。在标题下标明月份和期号,有的还有总期号。

3. 正文。正文包括开头、主体、结尾三个部分。

(1)开头。开头写会议概况,包括开会的根据(有的还写开会的背景)、必要性和重要性、目的、时间、地点、参加会议的单位和人员、主要议程(包括提出的问题、讨论的事项等)、对会议总的评价等。以上内容有的可省略不写,有的可放在主体里写,可根据实际情况灵活处理。

(2)主体。这部分是有关单位贯彻执行会议精神的依据。内容包括会议所讨论的工作或问题的意义;对过去工作的回顾、评价;会议研究的问题,讨论的主要意见,取得的结果;对会后工作的指导思想、要求和措施等。

主体的常用写法有三种:①分类归纳式,即把会议研究和讨论的内容分类归纳成几个问题来写。对于内容不复杂的会议,可以把主体分为几个小自然段,每一自然段写一个问题;对于内容复杂的会议,可以把会议精神归纳为几个大问题,每个大问题之下,又分为几个自然段;对于内容广泛、涉及多方面问题的会议,可以把它归为若干具体问题,再分为若干条款来写。分类归纳式的特点是把比较复杂的事项写得条理清楚,层次分明,重点突出。②概述式,即根据会议进程,将会议议题、主要讨论意见、决定事项加以综合、提炼、概括地表述的方式。这种写法多用于小型会议、例会,讨论的问题比较集中,意见又比较一致。③发言记录式,即按照在会上发言的顺序,把每个发言人的主要观点和意见摘要出来。这种写法的好处是能如实地反映会议进程和各种观点，多用于座谈会议纪要和高层领导会议纪要。

【同步案例 2－15】

××市人民政府办公会议纪要

第××期

××市人民政府办公厅　　　　××××年×月×日

关于加强煤炭行业安全生产工作
有关问题的办公会议纪要

××××年×月×日上午，受市长李××委托，市政府副秘书长王××在市政府三楼会议室主持召开会议，专题研究加强煤炭行业安全生产有关问题。会议通报了××自治县"8·21"透水事故，并根据省、市领导对"8·21"透水事故的指示精神，对全市煤炭安全生产着重进行了两个方面部署，主要是"从严要求"和"认真落实"，会后将要出台有关文件具体规定实施。现将会议纪要如下：

一、切实提高对安全生产的认识。各级领导及安全生产主管部门一定要负起责任，树立"安全生产第一、责任重于泰山"思想，把人民生命安全放在首位，杜绝类似"8·21"透水事故的再次发生。

二、抓好安全生产的落实工作。各县（区）和安全生产主管部门要对辖区内煤矿再进行一次认真、仔细的安全检查，切实落实各项安全生产措施和省、市安全部门提出的整改要求，明确责任，落实到人，消灭一切安全隐患，真正达到安全生产标准要求。

三、抓好基础建设，进一步推行质量技术标准化建设，加强从业人员安全生产培训及各项基础工作，确保煤矿安全生产。

四、关于关闭小煤矿问题。全市将通过发放安全生产许可证和开展质量技术标准建设，对整顿无成效、安全生产条件差、能源消耗高的小煤矿予以关闭。

五、有关责任人员的问题。（略——编者注，下同）

六、重新组建安全生产领导班子。（略）

参加会议人员：（略）

主题词：　能源　煤炭 安全生产　纪要

主送：市政府领导，各自治县、区人民政府，市政府有关委办局、直属机构。

抄送：市委、市人大、市政协、市纪委办公厅。

（共印××份）

市人民政府办公厅　　　　××××年×月×日

(3)结尾。主要写会议的希望或要求,有的可以省略。

4. 署名。写发文机关的全称与发文时间,不需加盖公章。

(三)会议纪要的写作要求

1. 突出会议的中心和重点。会议纪要要反映会议的中心和要点,要根据会议材料,综合、归纳、整理出会议的精神、问题或事项,不要面面俱到,也不可记流水账。

2. 实事求是地反映会议的各项内容。对于会议的各项内容,特别是与会者的发言,决不能按编者的主观意图随意增添,甚至歪曲或篡改。对会议中出现的重大分歧,要如实记载与反映。

3. 层次分明,条理清楚。会议纪要除可用小标题、序号表示外,还可以使用“会议决定”、“会议同意”、“会议听取了”等惯用词语表示层次,以使纪要条理清楚,层次分明,内容集中、明确。

4. 语言准确、简洁,有固定的惯用词语。会议纪要通常用“会议认为”、“会议指出”、“会议决定”、“会议要求”、“会议号召”等词语写出会议的主要内容。意见有分歧的,可用“部分代表认为”、“一些代表认为”等。

5. 会议纪要与会议记录的异同。会议纪要与会议记录的相同点是:都要反映会议的基本情况和全过程;都必须尊重事实,以会议实际情况作为写稿的依据。但二者也有不同之处:

(1)形成的过程不同。会议纪要是在会议结束后,根据会议中心议题,对所有的会议材料进行综合整理后形成的;会议记录是随着会议的进程进行的,会议一结束,记录随之完毕,一般不需再进行综合整理。

(2)写法不同。会议纪要按公文的格式写作,内容上要求概括、精练地反映会议的主要内容、基本精神和决定事项;会议记录不需要按公文的格式写,只要如实地记录会议的进程及与会人员发言的情况即可。

(3)作用不同。会议纪要是一种公文,对下级的工作具有指导作用;会议记录不是公文,没有指导作用,只是作为凭证或资料保存,以备查考。

(4)使用范围不同。会议纪要一般用于比较重要的或大型的会议;会议记录使用的范围较广,各种会议都可以用。

【情境总结】

行政公文是一种在机关事业单位中运用非常普遍的应用文,它有法定的格式和写作要求,也有多种形式。函是一种法定的行政公文,是不相隶属的单位之间商洽工作、询问和答复问题、请求批准和答复审批事项的文体。函是一种平行文,行文单位之间没有上下级关系,即不存在隶属关系,其行文目的是为了沟通交流、解决工作问题。

思考题

一、实践题

根据下面的材料起草一份公文,要求格式正确,结构合理,语言规范,材料可适当增减。

××省教育厅2月6日的厅长办公会议决定，在3月15日至18日召开全省教育局局长会议，研究全省中小学及幼儿园的安全问题。要求与会者在3月14日报到，报到地点和会议地点设在××宾馆（××路××号）；各教育局局长和一名秘书参加；不得自带车辆；各教育局将今年的工作情况打印成文字材料100份，并在会前10天交厅办公室；厅办公室全面负责会务工作。

二、单项选择题

1.《国家行政机关公文处理办法》中规定的行政公文有（　　）种。

A. 7　　B. 10　　C. 13　　D. 15

2. 行政公文中兼有指示工作、知照事项以及批转、转发文件等多种功能，在现行公文中使用频率最高的一种公文是（　　）。

A. 命令　　B. 通知　　C. 意见　　D. 公告

3. 通报的标题无论是三要素式，还是二要素式，最不能省略的要素是（　　）。

A. 发文机关　　B. 事由　　C. 文种　　D. 时间

4. 商洽函的结尾一般是提出予以复函的请求或予以尽快办理的具体要求，下列各项中最恰当的结尾表述语是（　　）。

A. 敬请批准　　B. 妥否，请函复　　C. 特此函复　　D. 特此告知

5. 针对请示这种公文，有关单位应做出相应的公文是（　　）。

A. 复函　　B. 意见　　C. 决定　　D. 批复

三、多项选择题

1. 行政公文的主要特点有（　　）。

A. 政策性　　B. 法定性　　C. 程式性　　D. 完整性

2. 下列各项中，属于法定公文的有（　　）。

A. 纪要　　B. 计划　　C. 总结　　D. 通知

3. 根据通报的适用范围，我们可将通报分为三类（　　）。

A. 表彰性通报　　B. 批评性通报　　C. 情况通报　　D. 综合通报

4. 会议性通知除了标题外，正文部分主要包括（　　）。

A. 开头　　B. 主体　　C. 结尾　　D. 落款

5. 在写作行政公文时，不能用的表达手法有（　　）。

A. 叙述　　B. 说明　　C. 夸张　　D. 抒情

四、判断题

1. 行政公文的作者是法定的，即其作者只能是依法成立并能以自己的名义行使权力并承担义务的组织及其领导者，如某人民法院、某镇人民政府等。（　　）

2. 请示是一种上行文，而批复是一种下行文。（　　）

3. 报告一般制发于工作任务完成或问题解决之后，与请示相似，可以将报告与请示结合使用，写成“请示报告”。 （ ）

4. 通知是机关、社会团体、企事业单位在转发上级和批转下级机关的公文以及不相隶属机关的公文时，传达要求下级机关办理或者执行的事项，传达需要有关单位告知的事项或任免人员而使用的一种公文。 （ ）

5. 请示是向上级机关请求指示和批准的公文，行文内容具有陈述性。 （ ）

项目三

条据类应用文

学习目标

知识目标：了解各种条据的基本形式和写作要求，了解和熟悉日常一些条据的写作方法。

能力目标：提高动手能力，熟悉日常一些条据的写作方法；认识条据在日常生活中的重要性，拓宽专业知识，提高写作应用文的能力。

【情境导入】

例1

收　条

今收到湖山中学捐款3 656元，衣物273件，各类图书478册，钢笔等文具若干。

××××市工会财务科

5月20日

例2

留言条

张师傅：

何经理通知我和你今晚8点到他家去，商量我们与方圆财务公司签订协议的事情，请一定带上有关资料准时到达。

×××

即日下午3点

基于案例的问题：条据类应用文是人们日常生活中经常运用的一种文体。收条是当事人一方收到另一方钱款或财物时开具的凭证性条据；留言条是生活中因个人原因没有见到对方，而又有话告诉对方，就把要说的话写成文字留给（或托人转交）对方，这种留言文字就是留言条。上述收条格式虽然正确，但也存在一些问题，如捐助项目分类不明，数量不确切，且数字没有大写，等等。

任务一　概　述

【任务描述】

了解条据的概念、特点和类型，掌握条据的写作要求。

【任务分析】

什么是条据？不同的条据有什么不同的写作格式和写作要求？

【知识准备】

条据虽然是一种简单的应用文，但由于在日常生活中使用非常普遍，而且经常成为一种书面凭证，甚至是法律证据，因此在书写时不能马虎。特别是涉及日期和金额的条据更要认真仔细。作为财经工作人员，在书写条据时，要求与一般的会计凭证同等对待。

【工作步骤】

了解条据的概念、特点和基本格式；了解条据的类型，掌握条据的写作要求。

一、条据的概念、特点和基本格式

条据是条和据的组合，条，指便条；据，指单据。条据是人们在处理生活和工作中的事务时所使用的一种具有说明性和凭证性的简便应用文。它们都是用较少的文字和简便的形式出现，尤其在经济工作特别是财务工作中应用很普遍且具有重要的实用价值。

条据是人们在非常规性、临时性、偶然性情况下使用的，因此具有简便实用的特点。一是字数少，格式简单；二是使用人群广泛，应用程度高但写作要求少。如果说行政公文是"阳春白雪"，那么条据就是"下里巴人"了。

条据一般由三个部分组成：标题、正文、落款。形式如下：

××条（据） ……………标题

××× ……………称谓

××××××××××××××××××××××××× ……………正文

××××××××××××××××××××××。 ……………正文

此据 ……………结尾

××× ……………落款

××××年×月×日 ……………落款

二、条据的类型和写作要求

（一）条据的类型

根据条据的内容和性质，可以将条据分为两大类：一类是说明性条据，是用于说明某件事情或情况的条据，如请假条、留言条等；另一类是凭证性条据，是人们在经济工作中作为财物收支、产品购销、证据保存与查考的凭据，具有一定的行政约束力或法律证明效力，如领条、借条、收据等。

（二）条据的写作要求

条据的内容和形式相对简单，但也不能随便乱写，否则会给人们带来不必要的麻烦，甚至引起纠纷。要正确使用条据，发挥条据的作用，在写作中要注意以下几点：

1. 格式简单明了，合乎要求

条据虽然是一种简便的文体，但撰写时也要注意格式要求。一般来说，条据有标题、称谓、正文、结尾、落款等要素。

标题是表达条据的内容或性质的，应书写在条据的首行正中间，字迹可略大些。

称谓是针对有些条据而言的，如请假条、留言条等，多数条据不需要称谓。

正文是条据必须写明的事实或缘由，既要写得简单，又要交代清楚。如果涉及财物，还要写明名称、数量、规格等。

结尾可有可无，如凭据性条据可以“此据”作为结尾，说明性条据应该以“谨致”、“致以”、“敬礼”等语句来结尾。

落款是条据的署名和日期，必要时要加盖印章，在结尾或正文的右下方书写。

2. 内容真实准确，不能疏漏

在条据的正文里，对内容或事情的时间、地点、人员、缘由等，要根据实际需要来写，并交代清楚。涉及财物的凭证性条据可能保存较长时间，因此要清楚、准确，不能疏漏。

3. 数据精确完整，不留空白

凡是涉及财物的金额、数量等数据的条据，必须精确完整，数字要用大写汉字，数字前后不要留空白。若是货币现金，要写币种，金额“元”后要写“整”或“正”字。

【知识链接3－1】

我国法律规定，使用票据或结算凭证时，应用大写的正楷或行书填写金额数字，如壹、贰、叁、肆、伍、陆、柒、捌、玖、拾、佰、仟、万、亿、元、角、分、零、整（正）等。不得自造简化字，也不得用一、二（两）、三、四、五、六、七、八、九、十、廿、毛、另（或0）填写。金额数字书写中可以使用繁体字，如貳、陸、億、萬、圓等。

同时还规定，中文大写金额数字到“元”为止的，在“元”之后应写“整”（或“正”）字；到“角”为止的，在“角”之后可以不写“整”（或“正”）字。大写金额数字有“分”的，“分”后面不写“整”（或“正”）字。中文大写金额数字前应标明“人民币”字样，大写金额数字应紧接“人民币”字样填写，不得留有空白。

4. 书写清楚规范，避免涂改

书写条据可用不同的工具，如钢笔、铅笔、圆珠笔、毛笔等，但在书写凭证性条据时只能用钢笔、签字笔或毛笔来写，字迹要工整、清楚，不得涂改。

【同步案例3－1】

据《乌鲁木齐晚报》报道，1月18日，新疆维吾尔自治区乌鲁木齐市沙依巴克区人民法院宣判一起借款纠纷案，被告李某被判偿还原告新疆某公司10万元借款，李某之妻——被告葛某承担连带责任。

法院查明，被告夫妇之子系原告公司的工作人员，去年3月不幸罹患重病，同年11月去世。期间，为了救治儿子，被告夫妇曾向原告公司借款10万元。当时，被告李某出具了借条，内容系借到原告公司“人民币壹拾×元整”。事后，原告公司催要借款未果，为此起诉到法院。

案件审理中，原告公司除提供了借条原件之外，还向法院提交了被告李某出具借条之前向原告公司申请借款的申请书，申请书中，李某申请金额为10万元。被告李某则先是辩称10万元借款是原告公司为其子治病的支出，不属于被告的个人借款，后又矢口否认上述说法，坚称借条内容是“人民币壹拾伍元整”，是自己到儿子单位宿舍拿东西时，为打出租车所借。针对借条中的“×”到底是“五”还是“万”的疑问，法院委托司法鉴定机构予以核实,但鉴定结论认为:借条不具备检验条件。

法院审理后,综合分析李某陈述、医院证词及相关调查情况,认定李某的陈述前后矛盾,违背基本常理,因此不予采信。同时,借条虽为李某出具,但葛某作为李某的妻子,对夫妻关系存续期间所产生的债务,应当承担共同清偿责任。

任务二 几种条据的写作

【任务描述】

说明性条据和凭据性条据的概念和写作技巧。

【任务分析】

什么是说明性条据和凭据性条据?不同的条据有什么不同的写作格式和写作要求?

【知识准备】

条据虽然是一种简单的应用文,但说明性条据和凭据性条据是不同的。凭据性条据在日常生活中使用非常普遍,而且经常成为一种书面凭证,如会计凭证等。作为财经工作人员,在书写此类条据时,要求与一般的会计凭证同等对待,不能马虎。

【工作步骤】

说明性条据的写作;凭据性条据的写作。

一、说明性条据的写作

1. 请假条

在生活或工作中,个人因为有事、生病或其他原因不能参加某项活动(如上班、上学、开会等),需要以书面文字形式向有关单位或负责人请假,并说明原因、时间,这种书面文字就是请假条。请假条一般由本人书写,必要时也可由他人代写。

【同步案例3-2】

请 假 条

黄经理:

我因家里有急事,不能参加今天下午的部门总结会,特请假半天,请予批准为谢。

请假人:×××

××××年×月×日

【同步案例3-3】

请 假 条

陈老师:

我因患重感冒,需要住院治疗,特请假三天,请予批准。谨致

敬礼!

附:医院病历证明1份。

请假人:×××

××××年×月×日

2. 便条

在日常生活中，个人因有事要告诉对方或委托他人办理事情，而双方又不能面谈时，就将要说的话或要办的事写在纸上，托人代交或留在某处等对方来取，这种简单的应用文就是便条。

之所以称为便条，是因为这种书面文字不能通过邮局传递，也不用信封。使用时注意要言语简洁，篇幅短小，一事一说，切忌长篇大论；其标题可有可无。

【同步案例3-4】

肖先生：

你上次在我店询问的板材，现已到货，请即派人前来选购。

此致

宏鑫建材店：×××
××××年×月×日

3. 留言条

人们在生活中没有或不能见面，而有话告诉对方，就把话写在纸条上留给对方，这就是留言条。它与便条相似，但留言条的接受者很多时候为不确定者，因此往往不写称呼，在落款的时间上一般不写年月日，而写即日上午（或下午）几点钟。

【同步案例3-5】

留言条

各位如果找我办事，请于今天下午三点后来，或电话联系（电话：××××××××）。

×××
即日上午9点

二、凭据性条据的写作

1. 借条

借条，也叫借据，是指当事人借单位或个人的钱财、物品时，写给对方的一种字据，以此作为将来偿还的凭证。

作为凭据性条据，借条（据）的书写较为严格，它包括标题、正文、落款三个部分。标题有两种写法：一种是直接在正文上方的中间写上"借条"或"借据"字样；另一种是以"今借到"为标题，是一种标题省略的写法。正文部分要写清楚从哪里（谁）借了什么东西，借了多少，借作何用，何时归还，等等。落款写在正文的右下方，包括借款（物）单位名称或经手人姓名，必要时要加盖公章或私章，在名称或姓名前要写"借款人"或"立据人"。落款时间要年月日写齐，可用阿拉伯数字写，不能只写月日。

借条（据）是人们日常生活中常用的一种凭据，但它只受道义的约束，没有法律约束力。如果出现语言或数据问题，极易引起纠纷。因此，在书写时要注意语言简单明了，数据清楚规范，不要涂改。

【同步案例 3－6】

借　条(据)

今借到公司财务科现金(人民币)叁仟元整(3 000 元),定于下月发工资时归还。

此据

借款人:×××

××××年×月×日

2. 领条

生活中,一方当事人发放钱款或财物时,领取人需要出具书面凭证给发放人(单位),以便报销、结账或作为凭据,这就是领条。

领条的内容通常由标题、正文和落款三部分组成。标题写在正文上面的正中间,可直接写文种名字"领条(据)",也可以用"今领到"作为标题。如果是他人代领,则写成"代领到",落款时也写成"代领人"。正文部分主要写领取的地点、数量、种类、金额等,如种类较多,则可单独列表表示。数量和金额的要求与借条相同,不再赘述。落款的写法与上述借条相同。

【同步案例 3－7】

领　条

今领到院工会发给职工的×月×日《××××》电影票柒拾伍张。

经手人:×××

××××年×月×日

3. 收条

收条,也叫收据,是当事人在收到对方送来的钱款或财物时,写给对方的一种字据。

当事人收到钱款或财物,有的是对方应该交纳的,有的是预先订购的,有的是对方归还的。如果是收到归还的钱款或财物,就不需要写收条(据),可直接将原来的借条(据)退还给对方。如果归还的钱款或财物已经入账,则要另开收据了。

收条(据)的写法和要求与借条(据)相同,不再赘述。

【同步案例 3－8】

收　条(据)

今收到后勤服务公司发放的办公用品一批,计有 A4 打印纸伍包,签字笔拾盒(每盒 10 支),办公信纸贰拾本,粉笔壹箱(50 盒)。

此据

经手人:×××

××××年×月×日

4. 欠条

欠条是当事人在购物或归还财物(钱款)时还有拖欠部分,因此开具给对方字据,以便对方将来据此索取拖欠的财物(钱款)。其写作格式和要求与上述条据大同小异,在此不再赘述。

【同步案例3-9】

欠 条

本人借×××现金××××元,现已归还××××元,尚欠××××元,定于×月×日归还。

此据

立据人:×××

××××年×月×日

【情境总结】

条据是人们在处理生活和工作中的事务时所使用的一种具有说明性和凭证性的简便应用文。它文字少,形式简便,在经济工作特别是财务工作中应用很普遍且实用价值大。在写作中要注意语言和数据(特别是金额和时间)问题,不能马虎,否则容易引起经济纠纷。

思考题

一、实践题

根据下面的材料写一份请假条,要求格式正确,材料可适当增减。

×××同学因家里有事情要处理,开学时不能按时到校,特向班主任李老师请假。

二、单项选择题

1. 条据是人们在非常规性、临时性、偶然性时使用,因此具有( )的特点。

A. 简便实用 B. 实效性强 C. 经济实用 D. 合理存在

2. 以下不属于说明性条据的是( )。

A. 请假条 B. 留言条 C. 欠条 D. 便条

3. 在凭据性条据中,金额12 300书写正确的是( )。

A. 人民币12 300元整 B. 人民币一万两千三百元整

C. 人民币壹万贰仟叁佰元整 D. 人民币壹万贰仟叁佰元

4. 生活中,一方当事人发放钱款或财物时,领取人需要出具书面凭证给发放人(单位),以便报销、结账或作为凭据,这就是( )。

A. 借条 B. 欠条 C. 收条 D. 领条

5. 借条一般用“借条”或“借据”作为标题,也可以用( )作为标题。

A. 今借到 B. 今收到 C. 今领到 D. 今欠到

三、多项选择题

1. 条据一般由三个部分组成,即( )。

A. 标题 B. 正文 C. 结尾 D. 落款

2. 以下属于凭据性条据的是(　　)。

A. 请假条　　B. 收据　　C. 欠条　　D. 领条

3. 下列关于便条的说法中，正确的是(　　)。

A. 标题可有可无　　B. 篇幅短小　　C. 一事一说　　D. 不能通过邮局邮寄

4. 书写凭据性条据时，所使用的书写工具有(　　)。

A. 钢笔　　B. 签字笔　　C. 毛笔　　D. 铅笔

5. 在书写条据时，要求格式简单明了，合乎要求；还要求(　　)。

A. 标题可有可无　　B. 内容真实准确，不能疏漏

C. 书写清楚规范，避免涂改　　D. 落款要有单位或个人签章

四、判断题

1. 收据属于说明性条据，而请假条是凭据性条据。(　　)

2. 请假条除了基本的三个要素外，还应该有称谓和结尾。(　　)

3. 留言条与便条相似，但留言条不写具体的年月日，而写“即日上(下)午×点”。(　　)

4. 借条，也叫借据，是指当事人借单位或个人的钱财、物品时，写给对方的一种字据，以此作为将来偿还的文字凭证。(　　)

5. 请假条一般由本人书写，必要时也可由他人代写。(　　)

项目四

书信类应用文

学习目标

知识目标：了解各种书信的概念和类型，熟悉书信的格式，掌握书信的写作要求和写作方法。

能力目标：提高动手能力，运用所学知识写出符合规范要求的不同类型的书信；认识书信的重要性，在提高专业知识的同时，更好地提高写作书信的能力。

【情境导入】

入党申请书

敬爱的××××党支部：

今天我郑重地递上申请书，自愿要求加入中国共产党组织，请党组织严格考验和审查我。如果能够批准，我将认真履行党章要求，接受党组织和同志们的监督，严于律己，勤奋进取，更加努力工作，做一名合格的中国共产党党员，为党的事业奋斗终生。

我自愿要求加入中国共产党，因为中国共产党是工人阶级的先锋队，是中国各族人民利益的忠实代表，是中国社会主义事业的领导核心，是一心一意服务全体劳动人民、创造先进生产力和先进文明的核心力量。

人生价值分为两种，即自我价值与社会价值。自我价值即是索取大于贡献，而社会价值则是贡献大于索取。我认为，一个仅仅能够实现自我价值的人生是不够的，社会价值才能真正体现一个人的价值。我渴望能够在实现自我价值的基础上，将社会价值作为我的人生追求。然而，个人的力量是孱弱的，个人的智慧是有限的，因此我希望能有一个以为人民服务为宗旨的组织来领导我，给我指引前进的方向。这个组织，就是我们伟大的中国共产党！作为一名在校大学生和共青团员，我明白：只有将自己的爱国热情化作行动，将自己的理想和祖国的前途命运结合起来，坚决拥护共产党领导，紧跟共产党并使自己成为其中的一员，以优秀共产党员为人生目标，从自我做起，努力向先进共产党员靠近，学习他们的优秀品质，理解他们的伟大抱负，将自己的力量与激情按照党的指示奉献给广大群众，才能够真正实现自己的抱负，才能真正为国富民强、提高综合国力服务，才能够实现自己的社会价值。

中国共产党自1921年建党至今,已经走过了近一个世纪的光荣道路。近百年来,中国共产党从小到大、从弱到强、从幼稚到成熟,不断发展壮大。在长期的革命过程中,先后形成了分别以毛泽东、邓小平、江泽民为核心的三代党中央领导集体。正如江泽民总书记所说:"党领导全国各族人民为中国社会主义进步和发展做了三件大事:第一件是完成了反帝反封建的新民主主义革命任务,结束了中国半封建、半殖民地的历史;第二件是消灭了剥削制度和剥削阶级,确立了社会主义制度;第三件是开辟建设有中国特色的社会主义道路,逐步实现社会主义现代化,这件大事现在继续在做"。

党的辉煌历史,是中国共产党为民族解放和人民幸福,前赴后继,英勇奋斗的历史;是马克思主义普遍原理同中国革命和建设的具体实践相结合的历史;是坚持真理,修正错误,战胜一切困难,不断发展壮大的历史。中国共产党无愧是伟大、光荣、正确的党,是中国革命和建设事业的坚强领导核心。

在中国陷入内忧外患、灾难深重之时,无数志士仁人为寻求救国的出路而作出各种探索,为中国的独立和富强献出了生命。但无论是农民阶级、资产阶级还是小资产阶级及其政党都没有也不可能找到一条真正的出路。

1921年,中国共产党诞生了!她的诞生立即使中国革命的面目焕然一新。中国共产党从她成立之日起,一直忠实代表工农阶级和各族人民的根本利益,全心全意为人民服务;她具有远见卓识,能把握社会历史发展的客观规律;她具有严密的组织性和纪律性,能够坚韧不拔地团结奋斗;具有实事求是、走群众路线、开展批评和自我批评等优良传统和作风;善于总结和吸取经验教训,不断解放思想,勇于创新,开创社会主义现代化建设的新局面。实践证明:中国共产党是一个伟大、光荣、正确的党。只有坚持中国共产党的领导,才能实现社会主义现代化,才能充分调动全国人民的积极性,才能保证改革和现代化建设的社会主义性质,才能保证现代化建设有一个安定团结的政治环境,才能将改革和开放逐步推向深入,才能真正将我国建设成为独立、民主、富强的社会主义国家,才能最终实现我们的崇高理想——共产主义。

我志愿加入中国共产党,是要在党的组织内,认真学习马列主义、毛泽东思想、邓小平理论和党的基本路线,学习科学、文化和业务知识,不断地提高自己的思想政治觉悟。我要认真地用共产党员的标准来要求自己,全心全意为人民服务,不谋取个人私利,百折不挠地执行党的决定,维护党的团结和统一,严守党的纪律,保守党的机密,对党忠诚,言行一致,积极工作,为共产主义奋斗终生,随时准备为党和人民牺牲一切,永不叛党。

我深知,按党的要求,自己还有一定的差距,我身上还有许多缺点和不足,如处理问题不够成熟,政治理论水平不高等,因此,请求党组织从严要求我,以使我更快进步。如果组织上没有接受我的请求,我也不会气馁,而要继续为之奋斗,自觉接受组织和同学的帮助和监督,努力克服自己的缺点,弥补不足,争取早日入党。如果组织批准我的申请,我一定会戒骄戒躁,继续以党员的标准严格要求自己,自觉学习党的理论,拥护党的纲领,遵守党的章程,履行党员的义务,在思想和行动上与党保持一致,做一个名副其实的共产党员。

请党组织在实践中考验我!

此致

敬礼!

申请人:×××

××××年×月×日

基于案例的问题:申请书是人们日常生活中经常运用的一种文体,它是单位或个人向有关机关、集体、部门、领导提出请求或表达愿望时写出的、具有特定格式的文书。入党申请书是个人向党组织提出加入中国共产党的书面申请,是一种格式规范、态度严肃、措辞严谨的应用文。试想一下,我们能用手机短信的方式写入党申请书吗?

任务一　概　述

【任务描述】

了解书信的概念和特点,了解书信的不同类型等。

【任务分析】

什么是书信?它有什么特点?有哪些类型的书信?

【知识准备】

书信不同于日常生活中的手机短信,注意二者的区别。

【工作步骤】

了解书信的一般问题,如书信的概念、特点、类型等。

一、书信的概念、特点和种类

(一)书信的概念

书信,又称信函,是人们在日常生活与工作中为了联络感情、交流思想、表达情感、沟通业务、安排工作等使用的、有固定格式的文书。单位和个人都可使用。

(二)书信的特点

1. 格式规范。一般有标题、称呼、正文、结尾、落款等几个要素,缺一不可。

2. 语言简洁。要求语言表达朴实、通顺、清楚,文字简洁,尽量不用修饰性词语。

3. 书写端正。除个别规定外,书信一般用手写,要做到字迹工整、书面整洁、朴素大方。

(三)书信的种类

1. 按照书信的名称划分,有书和信两种。如申请书、求职书、聘请书、倡议书、招标书、投标书、说明书等;再如介绍信、推荐信、证明信、慰问信、感谢信等。

2. 按照书信的内容和性质划分,可分为常规书信和专用书信两大类。常规书信是指人们在日常生活中沟通、交流、联系时普遍使用的书信,如家信、亲朋好友间的书信等,在书写时比较简单,往往不写标题;专用书信是指具有专门用途的书信,如介绍信、求职信、申请书、说明书等,本书主要介绍这种书信的写作。

【知识链接4-1】

日常书信的写作

日常书信是人们在日常生活中经常使用的一种信函,是亲人、朋友之间,或个人与单位为了沟通思想、交流感情、了解情况而写的文体,是一种很实用的应用文。如何写好它呢?

日常书信由封文和笺文两部分构成。

1. 封文即写在信封上的文字。信封上应依次写上收信人的邮政编码、地址、姓名及寄信人的地址、姓名和邮政编码。邮政编码要填写在信封左上方的方格内,收信人的地址要写得详细无误,字迹工整清晰。发给机关、团体或单位的信,要先写地址,再写单位名称。收信人的姓名应写在信封的中间,字体要略大一些。在姓名后空二三字处写上"同志"、"先生"、"女士"等称呼,后加"收"、"启"、"鉴"等字。寄信人地址、姓名要写在信封下方靠右的地方,并尽量写得详细周全。最后填写好寄信人的邮政编码。

2. 笺文即写在信笺上的文字,它是书信内容的主体,不用标题,直接由称呼、问候语、正文、信尾祝词、落款、附言等部分组成。

(1)称呼。是写信人对收信人的称呼,应在第一行顶格写,后加冒号,以示尊敬。称谓应遵循长幼有序、礼貌待人的原则。

(2)问候语。称呼之后,另起一行,空两格写问候语,问候语要单独成行,以示礼貌。有"你好"、"近好"、"节日好"等。有些公务方面的信函开门见山,直述其事,也可以不写问候语。

(3)正文。正文是体现书信主旨的部分,即书信要说的事,要论的理,要叙的情。每段的开头空两格写,书信的正文部分可根据对象和所述内容的不同,灵活地采用不同的文笔和风格,没有严格的规定。正文的写作,除要求语言通顺、条理清晰之外,还须注意措辞得体,根据受信人的特点及发信人与受信人的关系来写作,这方面的要求无定式,都凭作者根据自己的理解、体会等交际经验去处理。

(4)信尾祝词。也称敬语,是写信人在书信结束时向对方表达祝愿、勉慰之意的短语。这既是礼节的需要,也显示了写信人的一种心愿。另起一行空两格,多用"此致"、"即颂"、"顺祝"、"敬请"等词,下一行顶格处,用"敬礼"、"颂安"、"安康"、"道安"等词与前面呼应。

(5)落款。在信文的最后,写上写信人的姓名和写信日期。署名应写在信尾祝词后,另起一行空半行靠右的位置。一般写给领导或不太熟悉的人,要署上全名以示庄重、严肃,如果写给亲朋好友,可只写名而不写姓,署名后面可酌情加启察词,对长辈用"奉"、"拜上",对同辈用"谨启"、"上",对晚辈用"字"、"白"、"谕"等词。

(6)附言。书信写完,还有事情想起,可以作附言,附言写在最后。

二、书信的格式和写作要求

（一）书信的格式

专用书信与日用家书有所不同，它不用信封，而直接书写内容。内容包括标题、称呼、正文、结尾、落款等五个部分。

1. 标题，即书信的名称，如“介绍信”、“证明信”、“申请书”等。

2. 称呼，是书信的给发对象，可根据不同情况加上礼貌或尊重性的词语，如“敬爱的×××”、“尊敬的×××”等，要在标题下面顶格写。

3. 正文，是书信的核心部分，其内容因人或因事而异，如介绍什么、证明什么、感谢什么、申请什么、说明什么，等等。写作时要求事情要明，感情要真，语言要简，文风得体。

4. 结尾，是书信的结束语，包括感谢、祝福或表达愿望的话。如“此致 敬礼”、“此致 祝事业发达”等。有的直接顶格写结尾语。如“望给予接待为荷”、“请函复为盼”等。

5. 落款，即书信的署名和日期，写在全文的右下角。

（二）书信的写作要求

不管是哪种书信，都有其明确的写作目的和作用，因此在写作时要注意：称呼要明确；情况要真实；条理要清楚；语言要简洁；格式要规范。

【任务评价】

书信和手机短信虽然都是人们在日常生活中使用的文体，但二者在格式、行文规范、字词句等方面的要求还是有很大的区别。因此，在书写书信时，一定要注意格式规范，语言正确，行文得体。

任务二　介绍信、推荐信、证明信、慰问信、感谢信、祝贺信的写作

【任务描述】

了解介绍信、推荐信、证明信、慰问信、感谢信、祝贺信的写作要求与写作格式。

【任务分析】

什么是介绍信、推荐信、证明信？它们有什么相似之点？慰问信、感谢信、祝贺信的写作要求与写作格式是什么？

【知识准备】

在工作和学习中，经常需要写证明、感谢、推荐等方面的信函，因此要注意这些书信的写作和运用情况，如单位或个人的工作业务等往来。

【工作步骤】

介绍信、推荐信、证明信、慰问信、感谢信、祝贺信的写作要求与写作格式。

一、介绍信、推荐信、证明信的写作

（一）介绍信的写作

介绍信，是单位为了把自己的人员介绍给对方或参加会议、洽谈事务、了解情况等，与对方进行联系和沟通而使用的文书，对持信人员起介绍和证明作用。一般有普通的介绍信和公文式的介绍信。普通的介绍信就是手写的介绍信；公文式的介绍信是单位专门

印刷并带有存根的介绍信。介绍信具有文字较少、内容单一、加盖公章等特点。

在写介绍信时，第一行正中写名称，即“介绍信”三个字，字体较大；第二行写称呼，要顶格写联系单位的名称或个人姓名，姓名后要加“同志”、“先生”等称呼，后加冒号；第三行写正文，空两格写受派遣人员的姓名和基本情况，并用简明扼要的语言写明要接洽的事项和对接洽单位的要求等；结尾写表示敬意或祝愿的话，如紧接正文或另起一行空两格写“此致”，然后在下一行顶格写“敬礼”、“望接洽为盼”等语；最后在全文的右下方分别写明介绍单位的名称或个人的姓名以及介绍日期，并加盖公章；另外在介绍信的最下一行左方注明有效日期，如“×月×日前有效”或“有效期×天”等，天数要大写。

【同步案例4-1】

介绍信

××××管理局：

兹介绍我校×××等贰位同志前来你处联系有关学生毕业实习等事宜，望接洽为盼！

此致

敬礼！

××××学校（盖章）

××××年×月×日

××××年×月×日前有效

【同步案例4-2】

介绍信（存根） ××字××号 ×××等×人，前往×××办理×××等事务。 ××××年×月×日 （有效期×天）	×××字×××号（盖章）	介绍信 ××字××号 ×××： 兹介绍×××等×位同志前往你处办理××等事务。请协助为荷。 此致 敬礼 ×××公司（盖章） ××××年×月×日 （有效期×天）

（二）推荐信的写作

推荐信是单位或个人为推荐某个人（或一个小团体）去接受某个职位或参与某项工作而写的书信。一般有工作类、学术类、个人能力类等形式。

工作类的推荐信主要用于介绍和推荐工作；学术类的推荐信是为了教育研究、实习实验、学术交流等而写的书信；个人能力类的推荐信是在儿童监护、领养申请、假释听证、住房资格等方面，针对参与个人的能力而写的推荐信。

一封完整的推荐信包括信头、发信日期、收信人姓名、称呼、信尾谦称、推荐人姓名、职务、签名等。通常情况下，推荐信的正文内容包括：

1. 推荐人与被推荐人的关系。如二者在什么情况下认识的，二者认识了多久，等等。

2. 推荐人对被推荐人的基本评价。如推荐人初识被推荐人的印象等，可举例证实对被推荐人的基本评价结果。

3. 推荐人对被推荐人的根本评价。如被推荐人的沟通交流能力、思想成熟程度、个人理想抱负、领导工作能力、团队协作能力等，还要指出被推荐人需要改进的地方。

4. 推荐人对被推荐人的整体评价。如被推荐人在专业上的未来发展前景等。

【同步案例4-3】

推荐信

尊敬的××先生(或女士)：

您好！

我是××××公司的总经理李××。得知我公司员工××想要出国深造，我感到非常高兴。这样一个有上进心的年轻人应该接受良好的教育，拥有更辉煌的未来。因此，我很荣幸向贵校推荐这位优秀青年。

××曾在大四的时候来我公司实习。他经常利用闲暇时间大量阅读有关业务书籍，虚心向其他员工请教。他很快就熟悉了我公司的各项业务，并取得一定成绩。但他并没有满足于现状，更没有骄傲自大。鉴于他在实习期间的出色表现，我公司已录取他为正式员工(通常情况下我公司不予考虑应届毕业生)。

现在，作为我公司的一名业务精英，××工作更加认真和努力，为其他同事树立了榜样。因此被评为本公司优秀员工，并享有高额奖金。

从某种程度上来说，如此优秀的员工外出留学是我公司的损失，但我们考虑到他的前途，仍然毫不犹豫地支持他去贵校深造。真诚地希望贵校能同样支持他，给他一个提升自己、实现梦想的机会。谢谢！

顺祝

安康！

总经理：李××

××××年×月×日

【知识链接4-2】

写推荐信的10个技巧

1. 让被推荐人提供更多的材料，如个人简历、各种证书等。

2. 认真阅读被推荐人的个人材料和申请书，这样写的推荐信才能和申请书相吻合，而不会在内容上有所重复或冲突。

3. 写作前对比被推荐人和其他申请人的先决条件，找出被推荐人的优势。

4. 探讨你对被推荐人的了解程度。

5. 选择被推荐人的一、两个优点。

6. 在描述这些优点的时候,要举一些事例,事例要尽量详细、具体。

7. 力求把被推荐人的能力量化。

8. 避免语言一般化和陈词滥调。

9. 有一些很温和的批评。如"就我所知,他唯一的缺点是他与世无争的性格,这种性格使得他有时隐匿了年轻人的活力和广博的兴趣"。

10. 写出被推荐人在他(她)所选领域里的前景。如"张××有优异的领导、写作等才能,她会成为一名出色的战略咨询人员,会成为她所服务的商业机构的骄傲"。

(三)证明信的写作

证明信是以行政机关、社会团体、企事业单位或个人的名义,凭借确凿的证据证明某人的身份、经历或某件事情的真实情况时所使用的一种专用书信。证明信一般也叫证明,根据性质不同可分为组织证明信和个人证明信,前者又可分为普通书写证明信和印刷证明信。

不管是哪种形式的证明信,其结构都大致相同,一般都有标题、称呼、正文、署名和日期等几个要素。

【同步案例4-4】

证明信

兹证明×××(性别:×,身份证号码:××××××××××)于××××年×月×日至××××年×月×日在我公司××××岗位实习,圆满完成了实习任务。

特此证明!

××××××公司(公章)

××××年×月×日

【同步案例4-5】

关于×××同志的收入证明

××××银行××支行:

×××(男,身份证号码:××××××××××××××××)是我单位正式职工,工作年限××年,其中在我单位工作××年,岗位为×××,职务为×××,职称为×××,平均月收入为人民币(大写) ××××元。特此证明!

注:此证明仅供该职工本人申请××贷款或为其他个人申请××贷款作第三方保证时使用。

××××单位(盖章)

××××年×月×日

1. 标题

证明信的标题通常有以下两种方式:

(1)独自以文种名作标题,一般就是在第一行中间冠以"证明信"、"证明"等字样。

(2)由文种名和事由共同构成,也是写在第一行中间。如"关于×××同志××状况(或问题)的证明"、"对××××事实认定的证明"等。

2. 称呼

在第二行顶格写上受文单位名称或受文个人的姓名称呼，然后加冒号。有些供有关人员外出活动证明身份的证明信因没有固定的受文者，开头可以不写受文者称呼，而是在正文前用公文引导词“兹××××”引起正文内容。

3. 正文

正文是在称呼的下一行空两格书写。针对对方所要求的要点写，要证明什么问题就写什么问题，无关内容不要写。如证明的是历史问题，则应写清人名、何时、何地以及所经历的事情；若要证明某一事件，则要写清参与者的姓名、身份，及其在此事件中的地位、作用和事件本身的前因后果，也就是要写清人物、事件的本来面目。正文写完后，直接写或另起一行顶格写“特此证明”四个字作为结尾。

4. 落款

落款是证明信的署名和成文日期，要在正文的右下方写上证明单位名称或个人的姓名，成文日期写在署名下另一行，并加盖公章或签名、盖私章。

二、慰问信、感谢信、祝贺信的写作

(一)慰问信的写作

慰问信是机关单位、社会团体、企业组织等部门向有关集体或个人表示慰劳、问候、致意的书信。所谓有关集体或个人，可以分作两类，一类是在工作或经济建设中做出了重大贡献的，一类是由于某种原因而遭到暂时困难或严重损失的。慰问信对前者表示慰问，鼓励他们戒骄戒躁，乘胜前进；对后者表示同情和安慰，鼓励他们加倍努力，克服困难，战胜困难。

慰问信的写作格式包括标题、称谓、正文、结尾、落款等几个部分。

1. 标题

标题可直接写成“慰问信”，或“给×××的慰问信”、“×××致××的慰问信”。

2. 称谓

空两格写被慰问人的名称或姓名。单位要写全称；对个人要在姓名前加上“敬爱的”、“尊敬的”、“亲爱的”等字样，以表示尊重，在姓名之后加上称呼，如“同志”、“先生”、“师傅”之类，后边用冒号。

3. 正文

首先写慰问信的原因，比如被慰问人(单位)在工作中取得的成绩，或是单位、个人遭到了暂时的困难和挫折等。然后写被慰问人(单位)的模范事迹或遇到困难时表现出来的高尚品质，并向对方表示慰问。最后写一些鼓励和祝愿的话。

4. 结尾

在正文后面或另起一行空两格写“祝”、“此致”，再在下一行顶格写“节日愉快”、“取得更大的成绩”、“敬礼”等语言。

5. 落款

落款包括写慰问信的单位和日期，分行写。如果慰问单位有多个，都要一一写上。

写慰问信时，首先要根据所慰问的不同对象来确定信的内容。对在经济建设中有贡献的集体和个人，应侧重于赞颂他们的巨大成绩；对遭到暂时困难的集体和个人，则应侧重于向他们表示关怀和支持。其次，字里行间要洋溢着同志间的深厚感情，要充分体现组织的关心和温暖，使受慰问者在精神上得到安慰和鼓励，增强克服困难的勇气和继续前进的信心。最后，慰问信的抒情性较强，因此语言要亲切、生动。

【同步案例 4－6】

给全体老教师的慰问信

尊敬的离退休老师们：

你们好！

岁岁重阳，今又重阳。在又一个传统敬老节日重阳节到来之际，学校党委及全体师生员工向你们致以节日的祝贺和亲切的问候！

金秋十月精神爽，丹桂飘香人寿增。老教师们，你们是党和国家的宝贵财富，更是我校的宝贵财富；你们是教育事业的创造者，没有你们的劳动和创造，就没有今天财富的积累；没有你们对各项改革的理解和支持，就没有学校的长足进步和持续发展。你们在学校这块沃土上辛勤耕耘、默默奉献，为教育事业的发展做出了巨大贡献。今天，你们虽然离开了工作岗位，但仍然关注着国家的繁荣富强、社会的安定团结、学校的事业发展，在家庭幸福和教育子女方面发挥着非常重要的作用。有的老教师主动为我校建设和发展建言献策，共建和谐校园；有的老教师为灾区和社会公益事业捐款捐物，献出赤诚爱心；有的老教师利用自己的亲身经历，教育关心青少年一代健康成长；有的老教师全力支持在职干部职工工作，继续为学校事业持续发展出谋划策。你们崇高的精神和高尚的品德，是我们在职干部职工的楷模，将永载我校发展史册；你们崇高的精神和高尚的品德为我们在职干部职工所学习和敬仰，并激励我们更加努力工作，推进学校的持续发展。

尊老敬老是中华民族的传统美德。尊重老教师，就是尊重历史。学校始终高度重视老龄工作，努力营造敬老养老助老的环境，不断丰富老同志的精神文化生活，为老同志安度晚年创造良好的条件，并为此做了大量工作。

最美不过夕阳红，温馨又从容。希望全体离退休老教师继续发扬“自强、自律、自立”的优良传统，加强学习，崇尚科学，与时俱进，思想常新，积极关心和支持学校的改革、发展和稳定，实现“老有所养、老有所学、老有所为、老有所乐”，为学校未来的建设发展再做新的贡献！

最后，祝全体离退休老教师节日快乐，身体健康，全家幸福，万事如意！

×××××学校

××××年×月×日

（二）感谢信的写作

1. 感谢信的含义

感谢信是向帮助、关心与支持过自己的集体（党政机关、企事业单位、社会团体等）或个人表示感谢的专用书信，有感谢与表扬的双重意思。写感谢信既要表达出真切的谢意，又要起到表扬先进、弘扬正气的作用。它广泛应用于个人与个人之间、个人与组织之间、组织与组织之间，用以向给予自己帮助、关心与支持的对方表示感谢。

2. 感谢信的主要特点

（1）感谢对象要确指。感谢信都有确切的感谢对象，以便让大家都清楚是在感谢谁。

（2）表述事实要具体。感谢别人是有具体的事由的，否则就会显得抽象空洞。

（3）感情色彩要鲜明。感动与致谢的色彩强烈鲜明，言语里充满感激之情。

3. 感谢信的种类

（1）按感谢对象的特点来分：①给集体的感谢信。这类感谢信一般是个人处于困境时，得到了集体的帮助，并在集体的关心与支持下，自己最终克服了困难，渡过了难关，摆脱了困境，所以要用感谢信的方式表达自己的感激之情。②给个人的感谢信。这类感谢信是个人或单位为了感谢某个人曾经给予的帮助或照顾而写的。

（2）按感谢信的存在形式来分：①公开张贴的感谢信。这种感谢信包括可在报社登报、电台广播或电视台播报的感谢信，是一种可以公开张贴的感谢信。②寄给单位、集体或个人的感谢信。这种感谢信直接寄给单位、集体或个人。

4. 感谢信的格式与写法

感谢信通常由标题、称呼、正文、结语与落款五部分构成。

（1）标题。感谢信标题的写法有以下几种形式：① 单独由文种名称组成，即“感谢信”。② 由感谢对象与文种名称共同组成，如“致×××的感谢信”。③ 由感谢双方与文种名称组成，如“××街道致×××剧院的感谢信”。

（2）称呼。在标题下的开头一行顶格写被感谢的机关、单位、团体或个人的名称或姓名，如是个人，则在姓名后面附上“同志”、“先生”、“女士”等称呼，然后再加上冒号。

（3）正文。感谢信的正文从称呼下面一行空两格开始写，要求写上感谢的内容、心情等。具体包括：① 感谢的事由。概括叙述感谢的理由，表达谢意。② 对方的事迹。具体叙述对方的先进事迹，叙述时务必交代清楚人物、事件、时间、地点、原因与结果，尤其重点叙述关键时刻对方给予的关心与支持过程。③ 揭示意义。在叙述事实的基础上指出对方的支持与帮助对整个事情成功的重要性以及体现出的可贵精神。同时表示向对方学习的态度与决心。

（4）结语。写感谢信收尾时表示敬意或感谢的话。如“此致敬礼”、“致以最诚挚的敬礼”等。

（5）落款。感谢信的落款署上写信的单位名称或个人姓名，并且署上成文日期。前者在上，后者在下。

5. 写作感谢信的注意事项

（1）内容要真实，评誉要恰当。感谢信的内容必须真实，确有其事，不可夸大溢美。感谢信以感谢为主，兼有表扬，所以表达谢意时，态度要真诚，要说到做到。评誉对方时要恰当，不能过于拔高，以免给人一种失真的印象。

（2）用语要适度，叙事要精练。感谢信的内容以主要事迹为主，详略得当，篇幅不能太长，所谓话不在多，点到为止。感谢信的用语要求是精练、简洁，遣词造句要把握好一个度,不可过分雕饰,否则会给人一种不真实、虚伪的感觉。

【同步案例 4-7】

给母校老师的一封感谢信

敬爱的老师们:

你们好!

草木感恩雨露,是因为雨露让它们茁壮成长;雄鹰感恩蓝天,是因为蓝天让它们展翅翱翔;高山感恩大地,是因为大地让它们高耸挺拔;我们感恩老师,是因为老师对我们恩重如山,永志难忘!

刻在木板上的名字就未必不朽,刻在石头上的名字也未必流芳,而刻在人们心灵上的名字则会永存。老师——人类灵魂的工程师,唯有这光辉的名字,因为她有着大海一样的博大,高山一样的崇高,蓝天一样的深湛,故将长存我们的心底。

老师们,也许你们已经忘记调皮捣蛋的我们惹你们生气、操心,但我们无法忘记你们为年少的我们鼓掌、加油。是你们带我们走过风雨,是你们用知识的营养将我们哺育,却从来不求回报与索取;是你们给我们解答一道道难题,是你们告诉我们,遇到困难时,不要轻易说放弃。从此我们的生命中,随时充满了欢喜,少了许多烦恼,增添了一份坚毅。我们成长了! 我们成才了!

三尺讲台方寸有限,却承载着你们的崇高理想和辉煌事业。你们用语言播种,用粉笔耕耘,用汗水浇灌,用心血滋润。你们的每一根银丝,都见证了我们成长的历程;你们的每一条皱纹,都深深地镌刻在我们心里。看这遍地绽放的鲜花,哪一朵没有你们的心血,哪一朵没有你们的辛劳? 你们是“一支粉笔,两袖清风,三尺讲台,四季晴雨,加上五脏六腑七嘴八舌九思十想,滴滴汗水诚润桃李满天下”! 老师们,谢谢你们!

白云奉献给蓝天,于是蓝天便拥有了一颗感恩的心,它便把晴空万里给予人们;树叶奉献给大树,于是大树便拥有了一颗感恩的心,它便把一片片树荫撒向大地。滴水之恩,当涌泉相报。老师们,感谢你们为我们所做的一切! 也请你们放心,我们一定会铭记你们的谆谆教诲,不辜负你们的殷切希望! 我们会走好人生的每一步,用丰硕的成果和辉煌的业绩,来回报母校和你们对我们的培养和厚望!

恭祝老师们

身体安康,工作顺利,全家幸福!

××××中学××班全体学生

××××年×月×日

(三)祝贺信的写作

祝贺信是单位或个人向对方表示祝贺的书信。祝贺信种类很多,按写信者分,有个人写的和组织写的两类;按内容分,有贺结婚、贺寿、贺获奖、贺立功、贺乔迁、贺节日等。

祝贺信通常由标题、称呼、正文、结尾、落款等部分构成。

1. 标题

普遍的写法是单独写文种名称,即“祝贺信”;另一种是由祝贺对象与祝贺内容组成,如“贺×××金榜题名”、“贺××××厂建厂××周年”;还有一种是由祝贺双方和祝贺内容组成,如“×××贺×××出国留学”、“××××学院贺×××大学××周年校庆”,等等。

2. 称呼

写在开头顶格处,如被祝贺单位或个人的名称或姓名,然后加上冒号。

3. 正文

另起一行空两格写祝贺信的正文内容。一般包括三个方面:一是理由,如向谁祝贺、祝贺什么、为什么祝贺等;二是事实,有针对性地对被祝贺对象加以赞扬,要根据所祝贺的事情发表自己的看法、主张,提出一些建议、意见等;三是希望,写出自己的希望和美好的祝愿。

4. 结尾

以祝愿词结尾,如正文中“希望”部分写得比较具体详细,也可不写结尾。

5. 落款

在祝贺信的右下角写明发信单位名称或个人的姓名,并署上成文日期。

在写作时,感情要真挚、浓烈,内容给人以鼓舞、信心;行文要规范,称谓要得体,评价要适当且有新意,避免陈词滥调;文字简练,语言朴素。

【同步案例 4－8】

祝贺信

×××会计学会:

获悉你会经过充分筹备,现已正式成立了。这是我市会计界的一件大喜事。我们谨向你会致以衷心的祝贺!

×××会计学会的成立,标志着我市财会战线在社会主义市场经济中起到了推动作用。敬祝你会在今后对提高我市会计科研水平,促进与西方会计接轨诸项工作做出更多的贡献。

此致

敬礼!

××市教育学会

××××年×月×日

【任务评价】

介绍信,是单位为了把自己的人员介绍给对方或参加会议、洽谈事务、了解情况等,与对方进行联系和沟通而使用的文书,对持信人员起介绍和证明作用。推荐信和证明信与其有许多相似之处。感谢信是向帮助、关心与支持过自己的集体(党政机关、企事业单位、社会团体等)或个人表示感谢的专用书信,有感谢与表扬的双重意思。慰问信与祝贺信在写作形式上与之类似。

任务三　申请书、求职书、应聘书、倡议书、招标书、投标书、说明书的写作

【任务描述】

熟悉申请书、求职书、应聘书、倡议书的写作格式和写作要求，了解招标书、投标书、说明书的写作技巧。

【任务分析】

申请书、求职书、应聘书、倡议书是人们日常生活中经常运用的一种文体，它是单位或个人向有关机关、集体、部门、领导提出请求或表达愿望时写出的、具有特定格式的文书。它们的使用范围非常广泛，格式较严格，行文规范，单位和个人均可使用。而招标书、投标书、说明书一般是单位使用，不同行业、不同单位、不同时间等各不相同。

【知识准备】

作为一名即将毕业而走向社会的大学生或正在工作的人员，对于申请书之类的应用文要尽量熟悉，找到写作技巧，努力达到自己的人生目标。

【工作步骤】

申请书、求职书、应聘书、倡议书的写作格式和要求，招标书、投标书、说明书的写作。

一、申请书、求职书、应聘书、倡议书的写作

（一）申请书的写作

申请书是个人或集体向组织、机关、企事业单位或社会团体表述愿望、提出请求时使用的一种文书。申请书的使用范围广泛，个人对党团组织和其他群众团体表述志愿、理想和希望，要使用申请书；下级单位在工作、生产、学习、生活等方面对上级有所请求时，也可以使用申请书。

【同步案例 4－9】

勤工俭学申请书

尊敬的校领导：您好！

得知学校又有新的勤工俭学岗位，我欣喜万分。联系到自己的实际情况，我特向学校郑重申请，希望学校能够给我一个锻炼自己的机会。

这是我第三次向学校提出申请了。前两次没有得到学校的批准，我想可能有其他同学比我更困难吧。但就个人情况来说，我是很需要这份工作的。

我家在××省××县，地处山区，经济条件较差，家里的负担也重。父母虽然年纪已高，但仍然在外打工，供养我们兄妹三人读书，家里的几亩薄田靠爷爷和奶奶耕种。因此我需要用这份工作得到的报酬来贴补生活费，由此能减轻家里的一些负担，同时也能锻炼我的工作能力。

我出生在农村，从小就经受了劳动的熏陶和锻炼。我不怕脏不怕累，做事认真，吃得起苦。在参加学校组织的各种活动中，我非常积极，任劳任怨，多次受到老师的表扬。我认为我完全有能力做好学校交给我的任何工作。

如果学校能够批准我的申请，我一定会加倍努力，让自己做得更好！

此致

敬礼！

申请人：×××

××××年×月×日

申请书也是一种专用书信，种类很多。按作者分类，可分为个人申请书和单位、集体公务申请书；按内容分类，可分为入团、入党、困难补助、调换工作、建房、领证、承包、贷款申请书等。

1. 标题

申请书的标题有两种写法，一种是直接写"申请书"；另一种是在"申请书"前加上内容，如"入党申请书"、"调换工作申请书"等，一般采用第二种写法。

2. 称谓

称谓即接受申请书的单位、组织或有关领导，要顶格写。如"敬爱的党支部："、"尊敬的校领导："等。

3. 正文

正文部分是申请书的主体，包括申请要求和申请理由（原因）两个方面。

4. 结尾

一般用惯用语作为结尾，如"特此申请"、"恳请领导帮助解决"、"希望领导研究批准"等，也可用"此致 敬礼"礼貌用语。

5. 落款

个人申请要写清申请者姓名，单位申请要写明单位名称并加盖公章，注明日期。

写申请书要注意：

(1)行文要一文一事，主旨单一，篇幅简短，以说明为主，不能长篇大论，更不能抒情和议论，不要在一份申请书中罗列几件事情。

(2)申请书的称谓（受文方），要写作者的直接上级，不能越级或多级申请。

(3)申请的事项要写清楚、具体，涉及的数据要准确无误。

(4)申请书的主体部分由两项内容组成，一是"申请事项"，要简明扼要、开门见山地说明申请什么事项，不可拖泥带水，意思含糊。二是"申请理由"，这是申请书的核心，要实事求是、态度谦恭、条理清晰，既要符合政策，又要考虑实际情况。

（二）求职书与应聘书的写作

求职书与应聘书是个人向单位、部门谋求工作、请求聘用时所使用的一种专用文书。求职书与应聘书的区别在于：求职书是在不知道用人单位是否需要聘人的情况下自荐求职，所求对象不确定；而应聘书是在获知用人单位公开招聘职位的情况下自荐求职，因此二者的称呼不同。

【知识链接4-3】

如何写好求职书

求职书来源于简历，又高于简历，具有对简历内容进行综合介绍、补充说明和深入扩展的作用。简历是展示求职者风采的文书,而求职书更是自己向意向客户发出的一封合作邀请的信函,如果你的邀请足够真诚并且符合客户心理,便能激发客户的"购买"欲望。因此,一封专业的求职书在一定程度上可以增加求职者获得面试的机会。那么如何写好求职书呢?

第一,求职书要量身打造。既然要写求职书,那么是不是只写一篇便可以了呢?答案是否定的。就像群发和定向发送的节日祝福短信,接收短信的人的感受是不一样的。群发的会让人觉得敷衍了事,而定向发送会让人心存温暖。因此,求职书也需要量身打造。量身打造就要对所求企业的性质和职位要求有所了解,所以一定要仔细阅读招聘信息,了解企业详细情况,并收集用人单位的相关资料,这对日后的面试也会有所帮助。

第二,求职书要有你的风格。这一定是一封关于"你自己"的信件,但绝不是"无厘头"般的新颖,而是要把自己的特色融进职位要求里。如果你独一无二的风格和个人能力又恰好与该职位有惊人的契合度,那么求职就成功了一半。

第三,求职书千万不要写得太长,一般不宜超过一页(约几百字)。如果招聘人收到一份四五页甚至七八页纸的求职书,第一反应可能是要不要看完这部"长篇小说",然后紧接着否定这一想法。这不仅白白浪费了时间,更让招聘人觉得你缺乏判断能力。另外,不能有错字和病句。一封有许多错误的求职书,很难说服用人单位对求职者委以重任。

第四,求职书要实事求是。华而不实的语句大多时候都不适合在职场中出现,恰如其分地描述自己就好,否则在日后面试的时候会给招聘单位带来过大的希望落差。注意,求职书是用人单位对求职者的第一印象的凭证。

第五,求职书的写作格式要标准。通常第一部分是求职者得知该职位招聘信息的渠道;第二部分阐述符合用人单位要求的个人技能和个性特征,可以描述求职者所获得的成果和项目经验;第三部分表明求职者想尽快得到回应的美好愿望,并写明联系方式;最后一部分要表达求职者对用人单位阅读求职书以及考虑邀请面试的感谢。

认真写好求职书,让求职书成为你敲开用人单位大门的敲门砖,相信好的开始是成功的一半。

【同步案例 4-10】

求职书

尊敬的贵单位领导:

您好!

首先感谢您能在百忙之中聆听一位求职者的心声。当您亲手开启这份自荐材料时,这将是对我过去的检阅;当您合上这份求职书的时候,也许将决定我人生新的起点。

我是××市××学院××专业的一名应届本科毕业生,将于××××年7月毕业。我渴望加入贵单位,希望能为贵单位的明天添砖加瓦,更愿为贵单位贡献自己的青春和智慧。

二十一世纪的竞争是知识与素质的竞争。在大学四年时光里,我积极进取,学业上立足基础,专业中广开思路。我认真学习各门专业理论课程,并参加了与本专业相关的选修课的学习。同时还积极参与学生活动工作。因此我具有扎实的专业理论知识和较强的组织能力及动手能力。

我性格坚毅,优点是诚实、热情,诚信是我的立身之本。我待人热情诚恳,所以从小学到大学一直与同学和老师相处得很好,与许多同学建立起深厚的友谊。

虽然我初入社会,经验不足,但是我有十分的热情和干劲,还有不屈不挠的精神。恳请贵单位给我一定的时间与空间,我一定会做得让你们满意!

下页附个人简历表及有关证件,盼面谈!

此致

敬礼!

求职人:×××

××××年×月×日

求职书与应聘书的格式写法大体相同,主要包括标题、称呼、正文、结尾、落款和附件等内容。

1. 标题

直接在第一行居中位置写“求职书(信)”或“应聘书(信)”。

2. 称呼

求职书由于所求对象不确定,因此在称呼上没有确指,往往省略不写。应聘书的称呼有单位和个人之分,如是单位则直接写“××××公司(所、厂等)”,如果是给个人则写“尊敬的××经理(董事长、校长等)”。

3. 正文

求职书或应聘书正文的形式多样,因人而异。一般来说,首先要介绍自己的基本情况,如毕业院校、所学专业、学位情况、求职缘由等;然后重点介绍自己的能力与素质,如思想品德、专业特长、实践技能、工作能力等;接着介绍自己的性格特点、兴趣爱好、团队精神等;最后是表达自己的求职愿望以及为求职单位效力的决心。

4. 结尾

一般应表达两个意思,一是希望对方给予答复;二是向对方表示敬意和祝福,如“顺祝愉快安康”、“深表谢意”等,也可以用“此致”之类的通用词结尾。

5. 落款

签上自己的姓名和日期。

6. 附件

求职书或应聘书一般要求和有效证件一同寄出,如学历证、职称证、获奖证书、身份证等复印件,并在正文左下方一一注明。另外写明自己的详细通信地址、邮政编码和联系电话,如果是转告,则要注明联系方式以及联系人的姓名,以方便用人单位联系。

(三)倡议书的写作

倡议就是倡导、建议。倡议书是为倡议或发起某项活动而写的具有号召性与公开建议性的专用书信。它具有公开、建议、张贴等特点。

倡议书由标题、称谓、正文、落款等内容构成。

1. 标题

往往只写“倡议书”三个字,也可把倡议的内容或倡议的单位写在标题上。

2. 称谓

倡议书中如果有明确倡议对象的,则写上倡议对象的名称,如“全体共青团员们:”、“游客们:”等;如果倡议的范围很广,可以写“亲爱的朋友们”,或省略称谓。

3. 正文

正文是倡议书的主体部分,主要写倡议目的和倡议事项。倡议目的包括倡议的原因(理由)、意义等;倡议事项是倡议者对倡议对象的要求和做法。

4. 落款

落款即倡议单位的名称或个人姓名,若是几个单位共同倡议的,谁牵头谁排在前面,然后逐行签写倡议单位名称,按一般书信格式在署名下一行书写年、月、日。

倡议书的理由要写充分,只有说清讲透才能引起公众关心,赢得响应;倡议事项关键是写得具体、可行。倡议事项简单的,可以紧接着倡议目的之后写;倡议事项多的,可分条列写。

【同步案例 4-11】

倡议书

亲爱的老师和同学们:

长期以来,人们认为水是“取之不尽,用之不竭”的,生活中不足珍惜。事实上,我国是一个水资源严重缺乏的国家,人均拥有量不足世界平均拥有量的四分之一。我们在生活中普遍存在着严重浪费水资源的现象,特别是“公家”的水,更是浪费惊人。节约用水,要从现在做起;节约用水不仅仅是一句口号,更应该从爱惜一点一滴做起。大而言之,为了保护及合理利用国家有限的水资源;小而言之,为了维护我们自己的利益,为学校发展做贡献。因此,我们××小学×年级×班特向全校师生员工发出节约用水倡仪:

1. 请尽量使用脸盆洗脸、洗手。
2. 请控制水龙头开关大小并及时关水。
3. 请做到一水多用。
4. 见到有浪费水的现象,请及时制止。
5. 发现水龙头有滴水现象,请及时报告学校解决。
6. 宣传节约用水,做到身体力行,带动身边的每个人共同参与,节约用水。

自来水不是“自来的”,水资源也是有限的。我们必须科学合理地加以利用,节约用水,提高水的重复利用率。我们要积极行动起来,从我做起,珍惜点滴,杜绝浪费。

最后,我们忠诚地呼吁:节约水资源,从现在开始!

××小学×年级×班
××××年×月×日

二、招标书、投标书、说明书的写作

(一)招标书和投标书的写作

招标是指招标人对货物、工程或服务事先公布采购的条件和要求,邀请投标人参加竞标,招标人按照规定的程序确定中标人的行为。招标书,也叫招标邀请书,是招标人为了邀请有关符合条件的单位投标,就业务项目、项目标准及要求条件等写成的文书。

投标是指投标人按照招标人提出的条件和要求,参加投标竞争的行为。投标书是投标人向招标人提出承包某业务项目的愿望时使用的文书。投标书与招标书是相对应的。

招标与投标是现代社会经济生活中的一种普遍形式,通过招(投)标,企业之间可以公平竞争、相互沟通信息、约束双方言行、规定法定时效等。一般来说,招(投)标书有货物招(投)标书、工程招(投)标书、服务招(投)标书三类。

【知识链接4-4】

《中华人民共和国招标投标法》规定,在中华人民共和国境内进行下列工程建设项目包括项目的勘察、设计、施工、监理以及与工程建设有关的重要设备、材料等的采购,必须进行招标:

1. 大型基础设施、公用事业等关系社会公共利益、公众安全的项目;
2. 全部或者部分使用国有资金投资或者国家融资的项目;
3. 使用国际组织或者外国政府贷款、援助资金的项目。

1. 招标书的写作

招标书包括招标申请书、招标公告、招标邀请书、招标说明书、标底书、中标通知书等,这里只介绍招标邀请书的写作。

招标邀请书一般由标题、主送单位、正文、落款四个部分组成。

(1)标题。一般直接写"招标邀请书"、"招标邀请函"等。

(2)主送单位。与申请书的称呼相似,顶格写邀请单位的名称。

(3)正文。即招标的目的、依据及招标的具体事宜。如有招标公告,则不必对招标事宜作详细说明,只需附上招标公告即可。

(4)落款。写明招标单位名称、地址、联系人、电话、邮政编码、日期等。

【同步案例4-12】

××大学教务处建立局域网招标书

××大学教务处为了提高教学管理水平和管理人员业务素质,改善办公条件,规范管理制度,计划于××××年×月×日之前建立教务局域网,为此向区内外计算机网络经销公司公开招标。我们将本着公平竞争的原则,选择性能价格比高的经销商,现将我们对服务器、网络工作站等设备品牌、配置、安装和售后服务等具体要求公布如下,欢迎各界经销商踊跃投标。

一、服务器:安装 Windows NT 中文操纵系统

用途:文件服务器、文件传输服务器,实现消息共享和文件传输。

二、激光打印机:能够打印 A3 纸的高速激光打印机

用途:资源共享,打印机安置于局域网络中心,文件集中打印。

三、交换机:(略——编者注,下同)

用途:连接教务处局域网络中心内的服务器和工作站。

四、集线器:(略)

用途:连接教务处下属部门的工作站。

五、网络工作站:(略)

用途:局域网工作站。

六、具体设计方案:

在校园网上将教务处各部门划入同一个子网或虚网(VLAN)。服务器安装 Windows NT 中文操作系统,将服务器配置成文件服务器和文件传输服务器。将不同的用户划入不同的 NT 域,以设置不同的访问权限。

七、运输方式:空运,运费不单独列出,含在设备价格中。

八、交货时间及地点:于××××年×月×日之前在××大学交货。

九、经销商在××大学指定的地方安装调试后,由××大学代表和经销商代表验收。

十、售后服务:经销商应根据双方签订的有关合同,提供三年以上相应的售后服务。

十一、付款方式:按双方签订的有关合同执行。

联系人:××大学设备科×××(电话:×××××××××)

电子邮件地址:×××××××××

联系电话:×××××××××

××大学教务处

××××年×月×日

2. 投标书的写作

投标书一般包括投标申请书、资格审查材料、投标书(狭义)、演讲稿、答辩词等。这里只介绍投标书(狭义)的写作。

投标书与招标公告相对应,是对招标的条件和要求作出的回答与说明,一般由标题、正文、落款及附件四个部分组成。

(1)标题。有两种写法:一种是简单的文种标题,直接写"投标书"、"标书"等。另一种是由投标单位或投标项目与文种组成,如"××建筑公司投标书"、"租赁××商场的投标书"等。

(2)正文。由主送单位名称、引言和主体三部分组成。主送单位要写全称;引言主要写投标的依据、目的和指导思想,以及对投标单位的情况说明。投标人是企业的,还要写明企业的所有制性质、隶属关系、经营范围、资质等级等内容。主体包括三个方面:①投标单位的规模、级别、固定资产、设备状况、服务质量、以往业绩等;②说明投标项目的具体指标、投标方式、投标期限等;③实现指标或完成任务的措施。

(3)落款。包括投标单位的名称(全称)、负责人、联系人并加盖印章,单位的地址、电话号码、邮政编码、制作日期等。

(4)附件。如有担保,则要附上担保书;其他资料(图纸、表格等)。

【同步案例 4－13】

投标书

建设单位：××××××公司

1. 根据已收到的招标编号为××的××工程的招标文件，遵照《工程施工招标投标管理办法》的规定，我单位经考察现场和研究上述工程招标文件的投标须知、合同条件、技术规范、图纸、工程量清单和其他有关文件后，我方愿以人民币××××万元的总价，按上述合同条件、技术规范、图纸、工程量清单的条件承包上述工程的施工、竣工和保修。

2. 一旦我方中标，我方保证在××××年×月×日开工，××××年×月×日竣工，即××天（日历日）内竣工并移交整个工程。

3. 如果我方中标，我方将按照规定提交上述总价×%的银行保函和具有独立法人资格的实体企业出具的上述总价××%的履约担保书，由银行和企业共同承担责任。

4. 我方同意所递交的投标文件在"投标须知"第 11 条规定的投标有效期内有效，在此期间内我方的投标有可能中标，我方将受此约束。

5. 除非另外达成协议并生效，你方的中标通知书和本投标文件将构成约束我们双方的合同。

6. 我方金额为人民币××××万元的投标保证金与本投标书同时递交。

投标单位：××××××（盖章）

单位地址：××市××街××路××号

法定代表人：×××（签字或盖章）

邮政编码：××××××

电 话：×××××××××

传 真：×××××××××

开户银行名称：×××××××××

银行账号：××××××××××××××

开户行地址：×××××××××

电 话：×××××××××

日 期：××××年××月××日

（二）说明书的写作

本书介绍的说明书是指产品说明书，即对产品的性能、构造、用途、使用和保养方法以及注意事项等所作的书面介绍的文书。它一般有产品说明、使用说明、安装说明、保养说明等形式，具有真实性、科学性、实用性、通俗性等特点以及解释说明、广告宣传、传播知识等作用。

产品说明书通常由标题、正文和落款三个部分构成。

1. 标题

通常由产品名称或说明对象加上文种构成，一般放在说明书第一行。有的说明书为了注重视觉效果，通常有不同的形体设计（字体、字号、颜色等）。如《×××相机使用说明书》、《××××的保养与维修》等。有的产品(药品等)要在标题下面加上批准文号。

2. 正文

正文是产品说明书的主体部分,主要介绍产品的特征、性能、使用方法、保养维护、注意事项等内容,具体包括:①概述;②指标;③结构;④特点;⑤方法;⑥配套;⑦注意事项;⑧保养;⑨责任;⑩其他。

3. 落款

落款即所谓的"三有"(有厂家、有地址、有日期,不是三无产品),往往写明生产者、经销单位的名称、地址、电话、邮政编码、邮箱以及保质期或保鲜期等内容。

【同步案例4-14】

(××剃须刀)使用说明书

本说明适用于我公司生产的各类充电式剃须刀。

1. 充电:将电源插头插入220 V电源中,充电指示灯亮。第一次充电不少于12小时,以后每次充电8~12小时。

2. 剃须:将开关键上推至"ON"(开启)位置,即可剃须。为求最佳之剃须效果,请将皮肤拉紧,使胡子成直立状,然后以逆胡子生长的方向缓慢移动。

3. 修剪刀:如有修剪刀功能的剃须刀,请在剃须前,先将修剪刀推出,修剪较长的胡须后再用剃须刀剃净。

4. 清洁:剃须刀要经常清洁。清洁前应先关上开关(OFF)。旋下网刀,用毛刷将胡须屑刷净。清洁后轻轻放回刀头架,注意要放到位。清洁时要轻拿轻放,避免损坏部件。

5. 保修条例:保修服务只限于一般正常使用下有效,保修期内,因产品质量等原因可以免费维修,但以下情况不在保修范围内:(1)接入不适当电源;(2)使用不适当配件;(3)不依说明书使用;(4)因运输及其他意外而造成之损坏;(5)非经本公司认可的维修和改造;(6)错误使用或疏忽而造成损坏;(7)不适当之安装。

此外,保修服务不包括运输费及维修人员上门服务费。保修期外享受终身维修,维修仅收元器件成本费。剃须刀中内、外刃属消耗品,不在保修范围内。

6. 保修期:正常使用六个月。

7. 注意事项:(1)充电时间不要过长,以免影响电池寿命。(2)更换网刀要选用原厂配件。

厂商:××××××公司

地址:××省××市××路××号

电话:××××××

网址:×××××××××××××

【情境总结】

入党申请书是个人向党组织提出加入中国共产党的书面申请,在书写时要求格式正确,如标题、称呼、正文、结尾和落款,每个部分都不能少;行文中要求语言朴实,措辞严谨;同时要求作者态度端正,行文规范。它是个人加入党组织的基本程序,因此要求十分认真,不能用手机短信的方式来写。"情境导入"中的入党申请书格式正确,结构合理,行文严谨,符合申请书的写作要求。

思考题

一、实践题

×××是财务管理专业的学生,今年7月份毕业。经过在×××公司近5个月的实习,取得了很好的成绩。该同学有意进入×××公司工作,为此写了一份求职书。试想一下,如果你是该同学,怎么写好这份求职书。

二、单项选择题

1. 用于教育研究、实习实验、学术交流等而写的推荐信是(　　)。

A. 工作类的推荐信　　B. 学术类的推荐信

C. 个人能力类的推荐信　　D. 科学管理类的推荐信

2. 在慰问信中,不能作为慰问当事人的是(　　)。

A. 行政机关　　B. 社会团体　　C. 企事业单位　　D. 个人

3. 求职书的结尾一般应表达两个意思,一是向对方表示敬意和祝福,另一个是(　　)。

A. 求职人的名称、住址等　　B. 求职人的财产情况

C. 求职人的联系方式等　　D. 希望对方给予答复

4. 下列各项中,正确的招标书标题是(　　)。

A.《邀请当事人投标的协议》　　B.《解决××工程质量问题的意见书》

C.《招标邀请函》　　D.《关于招标纠纷的解决办法》

5. 对于食品和药品,其产品说明书必须要注明(　　)。

A. 名称　　B. 保质期　　C. 联系电话　　D. 保鲜期

三、多项选择题

1. 书信一般具有以下一些特点(　　)。

A. 格式规范　　B. 语言简洁　　C. 书写端正　　D. 要有签章

2. 在证明信(书)中,可以作为证明人的有(　　)。

A. 行政机关　　B. 社会团体　　C. 企事业单位　　D. 个人

3. 在慰问信的正文里,可以写作的内容包括(　　)。

A. 被慰问人在工作中取得的成绩　　B. 被慰问人遇到的困难和挫折

C. 对被慰问人关心和慰问的话　　D. 对被慰问人鼓励和祝愿的话

4. 按感谢对象的特点来划分,感谢信有(　　)。

A. 给集体的感谢信　　B. 给个人的感谢信

C. 给国家的感谢信　　D. 给社会的感谢信

5. 我国法律规定必须实行公开招标的项目有( )。

A. 大型基础设施项目

B. 全部或者部分使用国有资金投资或者国家融资的项目

C. 使用国际组织或者外国政府贷款、援助资金的项目

D. 公用事业项目

四、判断题

1. 亲朋好友之间所写的常规书信在书写时比较简单,往往不写标题。 ( )

2. 书信的称呼要在标题下一行空两格写。 ( )

3. 不管是普通的介绍信还是公文式的介绍信,在落款时必须加盖公章。 ( )

4. 介绍信是单位或个人为介绍推荐某人去接受某个职位或参与某项工作而写的书信。 ( )

5. 写求职书时的称呼即求职对象是不确定的,而应聘书的求职对象是确定的。 ( )

项目五

其他类型应用文

学习目标

知识目标：了解计划、总结、规章制度等日常应用文的概念、特点和作用，熟悉广告、简报、声明、启事等应用文的写作方法，掌握计划和总结的基本格式与写作要求。

能力目标：提高动手能力，运用所学知识写出计划、总结等应用文；认识应用文的重要性，提高写作计划、总结、规章制度等应用文的能力。

【情境导入】

××市人大财经工委××××年工作计划

××××年，市人大常委会财经工委继续高举中国特色社会主义伟大旗帜，以邓小平理论和“三个代表”重要思想为指导，全面贯彻落实党的十七大三中全会精神，围绕市委和市人大常委会的工作部署，结合本工委的工作实际，切实加强预算监督和财经方面的各项工作。具体工作安排如下：

1. 围绕我市国民经济和社会发展计划、市预算及部门预算、审计等情况进行调研。

2. 做好市十四届人大五次会议的准备工作，对计划、预算报告等有关材料做好初审工作，做好我市预算及部门预算的初审工作，做好与本委有关的其他各项准备工作。

3. 听取市统计局工作情况汇报。

4. 对我市公路建设情况进行视察。

5. 对市烟草局实施《中华人民共和国烟草专卖法》进行执法检查。

6. 认真做好对××××年上半年计划、预算执行情况报告和××××年预算执行及其他财政收支的审计工作报告的初审及调研工作。

7. 为常委会听取和审议××××年财政决算提出初审报告。继续加强对预算执行情况的监督审查和督促政府对审计中发现问题的整改。

8. 对社保基金的预算、决算、收支情况做好调研和监督。

9. 配合常委会审议××区××××年预算调整，做好调研并提出初审报告。

10. 配合省、市人大的财经工作，并做好执法检查工作。

11. 配合市人大常委会对市直各部门的视察和执法检查，做好各项准备工作。

12. 加强自身建设，加强政治、思想、组织、纪律、作风建设，不断提高执政能力和执政水平。

13. 努力完成常委会临时交办的其他各项工作任务。

××市人大财经工委
××××年×月×日

基于案例的问题：计划是一种较为常见的公文，它有自己的基本格式。财经工作计划是计划中较为重要的一种，任何单位既有财经工作计划，也有财务预算。那么财经工作计划与财务预算有什么不同呢?

任务一 计划和总结的写作

【任务描述】

了解计划和总结的概念、作用、特点和类型，掌握它们的写作格式和写作要求。

【任务分析】

计划和总结的概念及区别是什么？二者的写作格式和写作要求有何不同?

【知识准备】

每个人在工作或生活中都有自己的规划和反思，其实这就是计划和总结。因此我们要从工作和生活出发，制订好计划，及时总结，从而提高工作水平和生活质量。

【工作步骤】

计划和总结的概念、作用、特点和类型；它们的写作格式和写作要求。

一、如何写计划

(一)计划的概念、特点和作用

1. 计划的概念

计划是人们为了达到某种目标，事先拟定出具体措施和行动步骤的一种书面文件。计划是由目标引起的，是目标的具体化，是为了实现目标而制订的方案体系，是单位或个人对未来所要采取行动的一种基础性、思想性设计。

计划还可以称为安排、打算、规划、设想、意见、要点、纲要、方案、意见等。具体名称的不同，是由于它们在目标远近、内容详略和时间长短等方面的不同而决定的。准备在短期内完成的一些具体事情，一般用“安排”；对近期要做的事，起征点指标或措施等考虑得不周全的用“打算”；“规划”是一个地区、一条战线或一项工作全局性的战略部署，跨越的年代较长，内容范围较广，着重于发展远景与长远目标；“要点”、“方案”、“意见”则偏重于政策性、原则性的指导。

2. 计划的特点

(1)预见性

这是计划最明显的特点之一。计划不是对已经形成的事实和状况的描述，而是在行动之前对行动的任务、目标、方法、措施所做出的预见性确认。但这种预见不是盲目的、空想的，而是以上级部门的规定和指示为指导，以本单位的实际条件为基础，以过去的成绩和问题为依据，对今后的发展趋势作出科学预测之后做出的。可以说，预见是否准确，决定了计划写作的成败。

(2)针对性

计划一是根据党和国家的方针政策、上级部门的工作安排和指示精神而定,二是针对本单位的工作任务、主客观条件和相应能力而定。总之,从实际出发制订出来的计划,才是有意义、有价值的计划。

(3)可行性

可行性是和预见性、针对性紧密联系在一起的。预见准确、针对性强的计划,在现实中才真正可行。如果目标定得过高、措施无力实施,这个计划就是空中楼阁;反过来说,目标定得过低,措施方法都没有创见性,实现虽然很容易,但并不能因而取得有价值的成就,那也算不上有可行性。

(4)约束性

计划一经通过、批准或认定,在其所指向的范围内就具有了约束作用,在这一范围内无论是集体还是个人都必须按计划的内容开展工作和活动,不得违背和拖延。

3. 计划的作用

首先能统一思想,协调行动,增强自觉性,减少盲目性,使工作正常有序地开展;其次可以合理地安排和使用人力、物力、财力,推动和促进单位整体的优化,为实现目标提供保证;最后还便于领导的检查监督,为总结经验教训提供必要的依据。

【知识链接5-1】

订好计划的重要性

1. 明确目标,鼓舞斗志

人们常说,如果一个人没有了希望,也就没有勇气;如果没有了目标,也就没有了动力。而计划之中,恰恰包含着一个人的希望和目标,对这种希望和目标,计划之中虽然没有过多地进行修饰和描绘,但实际上它里面已经包含着一个灿烂的前景和美好的未来。而这种前景和未来对一个人的鼓舞力量是难以估量的。

2. 循序渐进,提高效率

效率,就是单位时间内所做事情的多少。要想提高学习效率,必须在尽量短的时间内,做尽量多的事。要这样,就必须设法尽量减少犹豫时间,减少走弯路,减少无用功,减少精力的浪费。而一个科学而周密的计划,恰恰具有这些作用:做什么,做多少,计划中全有了,这有利于尽早进入实战,无须观望犹豫。先做啥,后做啥,具体步骤计划中有了,这可有效地避免走弯路;某一步用什么办法,某个问题采取什么措施,这些也都是事先反复考虑的,一般不会出大错,也能有效地避免精力的浪费,而增加学习的数量和质量。这些情况综合在一起,就会促成学习效率的提高。一些平时无计划的同学,到考试前必然连天加夜苦战,造成负担过重,脑细胞大量阵亡,不仅学习效率提不高,还会严重损害身体健康。

3. 驾驭生活,增强能力

人们总是用自己以往的经验指导未来的生活,学生也不例外。计划,考虑的是未来,但它的依据是“过去”。同时一个好的计划还必须顾及当前实际和个人的主观条件,在对

"过去"经历的回忆中,在对当前客观情况的考察中,在对个人主观条件的分析中,不仅提高了自我认识能力,而且对客观世界的认识能力也会得到锻炼和提高。比如学生中的干部,接触和从事计划的实践就多些,因而生活能力、工作能力、认识问题的能力,也普遍高些。

4. 养成良好的学习习惯

心理学家告诉我们,一种习惯的养成,一般需要三周左右的有规律性的持续的锻炼与培养。采用计划学习,计划的连续性短则一学期,长则一学年,只要同学们在执行计划的前21天内能坚持按计划学习,一个良好的学习习惯就可能变为自觉行动。于是学习积极性、主动性也随之增强。

5. 形成优良的学习品质

在实际学习生活中,会遇到一些意外的情况冲击你的学习计划,也就会产生计划与现实的矛盾冲突,这时可以调整一下这一天的学习计划,但有时是不能调整的,要努力克服困难,保证计划实施。如这几天电影院放映精彩的影片,或者手中有一本感兴趣的小说等。这时一定要排除干扰及各种诱惑,认真按计划学习。在这个过程中,意志品质受到考验与磨炼,良好的意志品质得以形成和发展。

总之,计划的意义非同一般:它能给你以勇气,给你以效率,给你以能力,促使你突飞猛进,早日成才。愿将自己培养成出类拔萃的人才,绝不应放松计划这一环。

(二)计划的种类

1. 按内容不同划分为综合性计划和单项性计划。综合性计划是某单位或部门就其整体目标作出的总的发展规划。如社会发展计划、国民经济计划、机关单位的总体工作计划等;单项性计划是对某一方面或某一专题作出的具体规划,其特点是任务单一,内容集中。如计划生育工作计划、质量检查计划等。

2. 按性质不同划分为工作计划、学习计划、生产计划、教学计划、销售计划、采购计划、分配计划、财务计划等。

3. 按范围不同划分为国家计划、部门计划、单位计划、科室计划、班组计划、个人计划等。

4. 按时间不同划分为长期(五年以上)计划、中期(三年以上五年以下)计划、短期计划(如年度、季度、月份、旬、周计划)等。

5. 按表现形式不同划分为条文式计划、表格式计划和条文与表格结合式计划。

(三)计划的格式

一份完整的计划一般包括标题、正文和落款三个部分。

1. 标题

标题由制定机关名称、时间期限、内容范围、文种四个部分组成。如《××××学院××××年度教学改革计划》、《××市××××年卫生工作计划》等。标题的四个部分可根据具体情况加以增减,如《本学期学习计划》中就省略了行文单位(人)。

如果计划尚未定稿,应在标题之后加括号写上"草稿"、"征求意见稿"、"草案"、"初稿”或“讨论稿”等。

2. 正文

正文一般包括目标、工作安排和执行要求等。它回答做什么、怎么做、什么时候完成等问题。它是对计划的三要素（指导思想、任务目标、方法措施）的具体阐述。

（1）指导思想和基本情况（即前言）

计划的前言，主要说明为什么制订这份计划，包括对完成任务的主客观条件的分析，说明完成计划指标的必要性和可能性；或提出总的任务和要求，或阐释完成计划指标的意义。一般单位例行工作计划的前言较简单，而申报重要工作计划的前言则要详细一些。

（2）任务和目标

即计划所要达到的目标，它回答“做什么”的问题，是计划的灵魂。

任何计划都要做到目标明确，还必须对总体目标（总任务）进行必要的分解，分解为具体目标和要求，形成一个目标体系。一般采取分条列项的方法，用小标题或者段首主旨句的形式来加以叙述，以做到眉目清楚、要点明确、便于掌握。

（3）措施和步骤

这部分回答“怎么做”的问题，提出实现总目标、总任务的具体方法，如举措、分工、岗位责任、协作、注意事项等。另外，要安排出实现任务目标的工作程序、划出阶段、大体分配时间，并且扼要提出各阶段的期限、任务以及完成本阶段分任务的具体措施，要求具体明确，切实可行；时间步骤安排一定要合乎工作自身的客观规律。

（4）结尾

结尾部分是对其他事项的补充说明，包括计划的实施要求、检查或者修订办法等。如果无须表达这些内容，可以不单设结尾。

另外，有的计划还有附件，有些材料不便在正文中逐条表达，可作附件。它是计划的重要组成部分，应该在正文后分别说明。

3. 落款

落款包括单位名称和日期。若标题已写明单位名称，则落款可省去单位名称。如对外行文，要在落款处加盖公章。

（四）计划的写作

1. 写作要求

（1）要贯彻党的方针政策。写计划前要学习领会党和国家的有关方针、政策以及上级的有关文件精神，了解上级主管部门对编制计划提出的各项要求，并在计划中有所体现。

（2）要有预见性的措施。计划的任务、指标、措施和责任都必须明确具体，还要预见今后工作中可能发生的偏差、缺点，遇见的障碍、困难，确定预防和克服的有效措施和办法，否则不利于执行和检查而流于形式。

（3）从实际出发，留有余地。制订计划一方面要体现上级领导的指示精神和要求，另一方面还要结合本单位的实际情况。在充分调查研究的基础上，制订合理的计划指标，使之切实可行。

(4)要经常检查并做必要的修改。

2.计划的写法

(1)条文形式计划的写法

条文形式计划是计划的一种最普遍的应用形式,它是把计划内容即“任务和目标”、“措施和步骤 ”划块分条,并用小标题或数字号码按序排列,然后用文字加以阐述。有“分列”与“结合”两种写法。

分列就是把“任务和目标”、“措施和步骤 ”分开来写,并用这些概念作为大层次的标题。例如《关于××××年国民经济和社会发展计划(草案)的报告》,就是按照“分列”的形式介绍计划内容,包括“××××年计划执行情况”、“××××年计划的主要目标和任务”以及“全面深化改革,加强和改进宏观经济调控,努力实现××××年计划”等三个部分。此文的第一部分属于分析背景,第二部分提出任务,第三部分强调措施,充分体现了“分列”式写法的好处。

结合就是把“任务和目标”、“措施和步骤 ”融合在一起。它所列的层次(标题显示的)是一项项并列的任务,在每一项任务的内部,上下层次往往是任务与措施的关系。这种写法侧重于提出任务,较适合于领导机关向下部署工作和基层单位的综合性计划。

条文形式计划的特点是条理清楚,重点突出,说理性强,便于人们对计划精神的准确把握和贯彻执行。一般时间较长、范围较大、内容详细的计划多采用条文形式来写。

【同步案例5-1】

×××学院创建最清洁校园××××年工作计划

为继续贯彻落实××市委、市政府关于打造“中国最清洁城市”,××经济技术开发区、××高教办努力打造“中国最清洁开发区”暨创建“最清洁校园”的活动精神,根据我院“创建最清洁校园五年规划”要求,特制订××××年度创建工作计划。

一、不断深化创建活动,积极开展卫生宣传和健康教育。继续利用校园网、广播、宣传橱窗、各类活动等大力开展宣传教育活动,使创建工作成为每位师生员工的自觉行动。继续组织卫生健康讲座,普及卫生知识,培养学生良好的卫生习惯。(由宣传部、学生处、团委、各二级学院、公共事务管理处、后勤总公司卫生所负责)

二、加强宣传报道工作。每季至少刊出一期创建工作宣传专栏,及时向开发区创建办报送我校创建信息。各相关部门每季至少向校创建办报送一篇信息稿件。(由公共事务管理处负责)

三、继续开展义务监督劝导队监督劝导活动,做好相关工作记录、文字、图片资料收集。(由团委负责)

四、定期与不定期开展对校园内悬挂张贴宣传横幅、标语、广告等的检查工作,避免张贴无序、随处张贴悬挂广告、宣传标语、通知等现象。(定期检查为每两周一次,由宣传部、后勤总公司负责)

五、继续对自行车、汽车随意乱停乱放进行疏导和整治。(由保卫处负责)

六、整治环境卫生死角(特别是地下室坡道、楼道、转角等隐蔽处),每两周检查一次。(后勤总公司负责落实,由公共事务管理处组织检查小组进行检查。检查小组由公共事务管理处、保卫处、后勤总公司、各二级学院代表组成)

七、加强管理,彻底改变出租房卫生脏乱差的面貌。根据沿街出租房新规划进行改造后严格管理(重新招租后严禁使用明火加工食品)。对校内外商店开展定期与不定期检查,要求做到证照齐全,亮证经营,门前“三包”责任落实,无出店经营私设摊点。定期检查每季度不少于一次。(由公共事务管理处、后勤总公司负责)

八、食品卫生仍然是工作的重点,继续加强对食堂饮食卫生的监督检查。重点是对食品进货渠道、进货索证、食品储存和加工、从业人员个人卫生、持证上岗等进行检查。定期检查每季度不少于一次。(由公共事务管理处负责组织检查)

九、加强绿化养护管理。在空旷处种植一些大树或成片的树林,及时修剪树枝灌木,补种缺株、死株,对被踩踏的灌木和草坪及时进行修复。(由后勤总公司负责)

十、加强卫生责任包干区的监督管理,严禁乱张贴宣传广告,乱扔纸屑、烟蒂等废弃物。(各二级学院、体军部、学生处、团委、保卫处、公管处文化服务中心、现教中心、图书馆、后勤总公司负责各自办公楼的监督管理)

十一、加强校内市政设施管理,及时对破损部位进行修复。(由公共事务管理处、后勤总公司负责)

十二、积极开展学生宿舍创建最清洁寝舍活动,积极配合紫元公司对园区卫生进行管理。(由学生处、各二级学院负责)

十三、积极配合街道、城管做好沿街商店的卫生和绿化等的管理。(由公共事务管理处、后勤总公司负责)

×××学院创建最清洁校园领导小组
××××年×月×日

【同步案例5-2】

×××大学教师工作计划

<table>
<tr><td>姓　名</td><td></td><td>职　务</td><td></td><td colspan="3">教研室</td></tr>
<tr><td rowspan="8">计划内容</td><td>任课名称</td><td></td><td>课堂讨论</td><td>次</td><td>学时</td></tr>
<tr><td rowspan="4">授课主要内容</td><td rowspan="4"></td><td>批改作业</td><td>次</td><td>学时</td></tr>
<tr><td>期末考试</td><td>次</td><td>学时</td></tr>
<tr><td>指导论文</td><td>人</td><td>学时</td></tr>
<tr><td>指导研究生</td><td>人</td><td>学时</td></tr>
<tr><td>每周课时</td><td></td><td>指导教师</td><td>人</td><td>学时</td></tr>
<tr><td>教学班级</td><td></td><td>辅　导</td><td>人</td><td>学时</td></tr>
<tr><td>学生人数</td><td></td><td>其他任务</td><td></td><td></td></tr>
<tr><td>进修提高</td><td colspan="5"></td></tr>
<tr><td>科研工作</td><td colspan="5"></td></tr>
<tr><td>其他工作</td><td colspan="5"></td></tr>
</table>

(2)表格形式计划的写法

表格形式计划就是把计划的各项任务和指标用表格形式加以罗列,并辅以简要的文字说明。这种表格是适应本单位的实际需要而制订的,一般以数据指标为计划,是一种定量的、定期的计划,方便对照和检查。企业的生产计划、企业管理部门下达经济任务计划,大多是表格形式计划。

编写表格形式计划时,既要用表格来反映数据指标和计划内容,又要对计划有关的各种情况和条件进行分析,对计划指标的计算方法、发生差异的原因等进行文字说明,做到数据指标切实可行,文字说明详细周到。

(3)条文与表格结合式计划的写法

即条文形式和表格形式计划的结合与兼用,上文已介绍,此处不再赘述。

二、如何写总结

(一)总结的概念与作用

总结是一种对过去工作、生产、学习或其他活动的回顾、分析和评价,从中找出经验教训,获得规律性的认识,用以指导今后工作实践的文书,又称"小结"、"回顾"、"总结报告"等。

总结作为一种指导今后工作的回顾性和反思性的文书,本身没有行政约束力,而具有提高认识、指导工作的作用。人们正确的认识和经验是在从实践到认识、再由认识到实践的多次反复的过程中完成的。对工作或生活的回顾和总结,就是一个从实践到认识的过程;通过总结,可以吸取教训,获得经验,更清楚地了解过去的情况,认识事物的本质和规律,从而把认识上升为理论,再去指导实践,可以减少工作的随意性和盲目性,提高工作的效率。

(二)总结的特点和分类

1.特点

总结的特点主要表现在自我性、回顾性、客观性、经验性四个方面。

(1)自我性

总结是对自身社会实践进行回顾的产物,它以自身工作实践为材料,采用的是第一人称写法,其中的成绩、做法、经验、教训等,都有自我性的特征。

(2)回顾性

这一点总结与计划正好相反。计划是预想未来,对将要开展的工作进行安排。总结是回顾过去,对前一段的工作进行检验,但目的还是为了做好下一段的工作。所以总结和计划这两种文体的关系是十分密切的,一方面计划是总结的标准和依据,另一方面总结又是制订下一步工作计划的重要参考。

(3)客观性

总结是对前段社会实践活动进行全面回顾、检查的文种,这决定了总结有很强的客观性特征。它是以自身的实践活动为依据的,所列举的事例和数据都必须完全可靠,确凿无误,任何夸大、缩小、杜撰、歪曲事实的做法都会使总结失去应有的价值。

(4)经验性

总结还必须从理论的高度概括经验教训。凡是正确的实践活动,总会产生物质和精神两个方面的成果。作为精神成果的经验教训,从某种意义上说,比物质成果更宝贵,因为它对今后的社会实践有着重要的指导作用。这一特性要求总结必须按照实践是检验真理的唯一标准的原则,正确地反映客观事物的本来面目,找出正反两方面的经验,得出规律性认识,这样才能达到总结的目的。

2. 分类

(1)按内容划分,有生产总结、工作总结、学习总结、思想总结等。

(2)按时间划分,有年度总结、季度总结、月份总结等。

(3)按范围划分,有个人总结、小组总结、部门总结、单位总结等。

(4)按性质划分,有综合总结、专题总结等。

(三)总结的写作格式

总结的写作格式包括标题、正文和落款三个部分。

1. 标题。有公文式标题和新闻式标题两种。

(1)公文式标题,由行文单位、时间、内容概要和文种构成,如《×××大学××××年大学生暑假实践活动总结》;有的标题不写行文单位,而将它写在落款部分,直接由时间、内容概要和文种构成,如《第二学期创先争优活动的总结》。

(2)新闻式标题,即标题具有比较新颖、时效的内容,有单行标题和双行标题两种。①单行标题,如《一年来的谈判及前途》。②双行标题,由正副标题构成。正题概括总结的内容,副题介绍单位名称、时限及总结的类型等,如《有益的尝试,正确的抉择——我市部分企业税利分流试点初见成效》、《加强医德修养,树立医疗新风——××医院妇产科精神文明建设的经验》,等等。

2. 正文。包括前言、主体和结尾三个部分。

(1)前言。即总结的开头,一般介绍工作性质、主要任务、时代背景、指导思想,以及总结的目的、主要内容提示等。作为开头部分,要注意简明扼要,文字不可过多,给读者一个概貌即可。如果是经验性的总结,开头主要交代对象和主要成绩,其余可省略。综合性的工作总结则写得全些。

(2)主体。这是总结的主要部分,内容包括成绩和做法、经验和教训、今后打算等方面。这部分篇幅大、内容多,要特别注意层次分明、条理清楚。

主体部分常见的结构形态有三种。①纵式结构。就是按照事物或实践活动的过程安排内容。写作时,把总结所包括的时间划分为几个阶段,按时间顺序分别叙述每个阶段的成绩、做法、经验、体会。这种写法的好处是事物发展或社会活动的全过程清楚明白。②横式结构。按事实性质和规律的不同分门别类地依次展开内容,使各层之间呈现相互并列的态势。这种写法的优点是各层次的内容鲜明集中。③纵横式结构。安排内容时,既考虑到时间的先后顺序,体现事物的发展过程,又注意内容的逻辑联系,从几个方面总结出经验教训。这种写法,多数是先采用纵式结构,写事物发展的各个阶段的情况或问题,然后用横式结构总结经验或教训。

主体部分的外部形式有贯通式、小标题式、序数式三种情况。①贯通式适用于篇幅短小、内容单纯的总结。它像一篇短文,全文之中不用外部标志来显示层次。②小标题式将主体部分分为若干层次,每层加一个概括核心内容的小标题,中心突出,条理清楚。③序数式也将主体分为若干层次,各层用“一、二、三……”的序号排列,层次一目了然。

(3)结尾。结尾是正文的收束部分,是在总结经验教训的基础上,提出今后的方向、任务和措施,表明决心、展望前景。这段内容要与开头相照应,篇幅不应过长。有些总结在主体部分已将这些内容表达过了,就不必再写结尾。

3. 落款。一般在文章的右下方写上行文单位名称和日期。

【知识链接5-2】

如何写工作总结

一、工作总结的意义及作用

工作总结是对一定时期内的工作加以总结、分析和研究,从而肯定成绩,找出问题,得出经验教训,摸索事物的发展规律,用于指导下一阶段工作的一种书面文体。它所要解决和回答的中心问题不是某一时期要做什么、如何去做、做到什么程度的问题,而是对某种工作实施结果的总鉴定和总结论,是对以往工作实践的一种理性认识。

工作总结是做好各项工作的重要环节。通过总结工作,可以全面、系统地了解以往的工作情况;可以正确认识以往工作中的优缺点;可以明确下一步工作的方向,少走弯路,少犯错误,提高工作效益。

工作总结还是认识世界的重要手段,是由感性认识上升到理性认识的必经之路。通过工作总结,使零星的、肤浅的、表面的感性认识上升到全面的、系统的、本质的理性认识上来,寻找出工作和事物发展的规律,从而掌握并运用这些规律。毛泽东同志曾指出:领导者的责任,就是不断指出斗争的方向,规定斗争的任务,而且必须总结具体的经验,向群众传播这个经验,使正确的获得推广,错误的不致重犯。

写好工作总结,须勤于思索,善于总结,这样可以提高领导的管理水平,培养出更多理论与实践相结合、具有工作能力的干部。总结中,须对工作的失误有正确的认识,勇于承认错误,可以形成批评与自我批评的良好作风。写好总结,须从以往的工作实际出发,养成调查研究之风。总之,写好工作总结是非常重要的,但也是有一定困难的。难度主要表现在两方面:一是总(过去的工作),二是结(工作的经验、教训、规律)。要正确处理好两者关系:总是结的依据,结是总的概括。

二、工作总结的种类、特点和内容

1. 工作总结的种类

工作总结按内容划分有思想工作总结和经济工作总结;按范围划分有地区工作总结、部门工作总结、单位工作总结和个人工作总结;按时间划分有月份工作总结、季度工作总结、年度工作总结和三年以上工作总结;按性质划分有综合性总结和专题性总结。

2. 工作总结的特点

(1)客观性。总结是对过去工作的回顾和评价,因而要尊重客观事实,以事实为依据。

(2)典型性。总结出的经验教训是基本的、突出的、本质的、有规律性的东西,在日常学习、工作、生活中很有现实意义,具有鼓舞、针砭等作用。

(3)指导性。通过工作总结,深知过去工作的成绩与失误及其原因,吸取经验教训,指导将来的工作,使今后少犯错误,取得更大的成绩。

(4)证明性。这是说总结的基本表达手段是被动的(严格地说是证明),它要用自身实践活动中真实的、典型的材料来证明它所指出的各个判断的正确性。

3. 工作总结的内容

工作情况不同,总结的内容也就不同。总的来说,工作总结一般包括以下几个方面的内容:

(1)基本情况。包括工作的有关条件、工作经过情况和一些数据等。

(2)成绩与缺点。这是工作总结的中心重点。总结的目的就是要肯定成绩,找出缺点。

(3)经验教训。在写总结时,须注意发掘事物的本质及规律,使感性认识上升为理性认识,以指导将来的工作。

三、工作总结的格式和构成

1. 工作总结的格式

总结的格式,即总结的结构,是组织和安排材料的表现形式。其格式不固定,一般有以下几种:

(1)条文式。条文式也称条款式,是用序数词给每一自然段编号的文章格式。通过给每个自然段编号,总结被分为几个问题,按问题谈情况和体会。这种格式有灵活、方便的特点。

(2)两段式。总结分为两部分:前一部分为总,主要写做了哪些工作,取得了什么成绩;后一部分是结,主要讲经验、教训。这种总结格式具有结构简单、中心明确的特点。

(3)贯通式。贯通式是围绕主题对工作发展的全过程逐步进行总结,要以各个主要阶段的情况、完成任务的方法以及结果进行较为具体的叙述。常按时间顺序叙述情况,谈经验。这种格式具有结构紧凑、内容连贯的特点。

(4)标题式。把总结的内容分成若干部分,每部分提炼出一个小标题,分别阐述。这种格式具有层次分明、重点突出的特点。

一篇总结,采用何种格式来组织和安排材料,是由内容决定的。总结的结论应当符合工作的实际情况,反映事物的内在联系,要服从全文中心要求。

2. 工作总结的行文构成

工作总结一般是由标题、正文、署名和日期几个部分构成的。

(1)标题。标题,即总结的名称。标明总结的单位、时期和工作性质。

(2)正文。正文一般分为三个部分:开头、主体和结尾。①开头。开头或交代总结的目的和总结的主要内容;或介绍单位的基本情况;或把所取得的成绩简明扼要地写出来;或概括说明指导思想以及在什么形势下作的总结。不管以何种方式开头,都应简练,使总结很快进入主体。②主体。主体是总结的主要部分,是总结的重点和中心。它的内容就是总结的内容。③结尾。结尾是总结的最后一部分，对全文进行归纳、总结。或突出成绩，或写今后的打算和努力的方向，或指出工作中的缺点和存在的问题。

(3)署名和日期。如果总结的标题中没有写明总结人或总结单位，就要在正文右下方写明。最后还要在署名的下面写明日期。

四、工作总结写作的基本要求

不论何种格式的工作总结，其写作都应遵循以下要求：

1. 掌握客观事实，广泛占有材料

这是写总结的基础。总结，就是总括事实，得出结论，没有事实就无法得出结论。总结的材料要准确、典型、丰富。写总结的人要花大量的精力去收集、积累丰富的材料，又要对收集的材料进行筛选，确保材料的真实性和典型性。

2. 对占有的材料做认真的分析研究

这是写好总结的关键。认真分析与研究，首先要有正确的指导思想。这就要求总结人加强政治理论学习，并将其作为评价工作得失的理论依据。其次，要坚持实事求是的原则，克服夸大成绩、回避错误的缺点。再次，要坚持运用辩证法，全面地看待过去的工作。既能看到得，又能看到失；既能看到现象，又能看到本质；既能看到主流，又能看到支流。最后，要突出重点。总结不是流水账，不能不分主次地去罗列数字和事例，要围绕一个中心主题精心选用，分析典型材料，突出主要问题。

3. 反映特点，找出规律

这是撰写工作总结的重点。每个单位都有自己的特点，好的总结应当总结出那些具有典型意义的、反映自身特点的以及带规律性的经验教训。

4. 要走群众路线

从群众中来，到群众中去，是党的一切工作的根本路线。只有走群众路线，才能集中群众的智慧和经验，丰富总结的思想内容。

5. 具体写作过程中的要求

(1)编好写作提纲。在编写的提纲中，要明确回答想写什么问题，哪些问题是主要问题等。就是简单的总结，不写提纲，也得有个腹稿。

(2)交代要简要，背景要鲜明。总结中的情况叙述必须简明扼要，对工作成绩的大小以及工作的先进落后，叙述一般要用比较法，通过纵横比较，使得背景鲜明突出。

(3)详略须得当。根据总结的目的及中心，对主要问题要详写，次要的要略写。

(4)工作总结忌“三多”。年终将近，各单位、各部门都忙于对一年来的各项工作进行总结。但一些单位把工作总结写变了“调”，串了“味”。例如，有的单位在写工作进展情况时，总以“基本完成、将要完成、预计达到”等字眼当头；在写到存在的问题时，则用“依然、还、比较”等字词绕人眼；当写到取得的成绩时，就开始“添油加醋、浓墨重彩”一番叙述，把工作总结写成了“业绩汇报”、“成绩大观”。这样，总结就变成了“工作业绩多、虚话套话多、模糊字眼多”的“三多”总结。其实，工作总结只需要把所干工作实实在在、有始有终地进行全面客观的评价。对所做的工作，既要看到取得的成绩，又要看到不足的地方；对于存在的问题，既要实事求是，又要全面客观。所以，只有在心系群众的基础上，真正干了工作，才能用“实绩”写出群众满意的“总结”来。

（四）注意事项

1. 要坚持实事求是原则

实事求是、一切从实际出发，这是总结写作的基本原则。但在实践中，有人认为“三分工作七分吹”，在总结中夸大成绩，隐瞒缺点，报喜不报忧。这种弄虚作假、浮夸邀功的坏作风，对单位、对国家、对事业、对个人都没有任何益处，必须坚决制止。

2. 要注意共性、把握个性

总结很容易写得千篇一律、缺乏个性。但总结不是文学作品，无须刻意追求个性特色，但千人一面的文章也不会有独到价值，也是不受人欢迎的。总结要写出个性，要有独到的发现和体会，要有新鲜的角度和新颖的材料。

3. 要详略得当，突出重点

总结的选材不能求全贪多、主次不分。如果都想把一切成绩写进去；不肯舍弃所有的正面材料，那么文章就显得臃肿拖沓，没有重点，不能给人留下深刻印象。因此要根据实际情况和总结的目的，把那些既能显示本单位、本地区特点，又有一定普遍性的材料作为重点选用，写得详细而具体。对于一般性的材料则要略写或舍弃。

【同步案例 5－3】

大学生暑期社会实践活动总结

长期以来，社会实践活动一直被作为培养德、智、体、美、劳全面发展的跨世纪合格人才的重要途径。××××年暑假，院团委根据上级有关文件精神，继续在全院同学中开展形式多样、丰富多彩的实践活动，取得了令人可喜的成绩。现将活动总结如下：

一、高度重视，认真组织

假期前，院团委向全院全体同学发出了《关于开展暑假社会实践活动的通知》，并印发人手一份的社会实践活动登记表，各系学生会、团总支积极响应、认真落实。大家根据自身专业特点，确定实践方向，做好准备工作。如英语系的同学在系党支部书记的带领下，以班级为单位，积极报名，精心准备，认真对待这次大学生社会实践活动，全系80%以上的同学参加了这次活动。

二、紧密结合实际，多形式开展社会实践活动

今年我院的“三下乡”社会实践活动在坚持以往成功做法的基础上，充分考虑各社会实践点的实际情况，各系因地制宜，根据实际需求开展不同的社会实践活动。

（一）从组织形式上看，主要有两种形式：

1. 分散活动。其内容丰富多彩，涉及社会方方面面。从区域划分，有农村的、有城市的、有内地的、有沿海的；从内容上划分，有希望工程的，有金融保险的，有房地产开发的，有市场营销的，有厂矿、企业内部管理机制的，有科技扶贫、文化教育的，有家教、生产劳动的，等等。

2. 集体组织。组成社会实践小分队，分赴各地开展社会实践活动。今年共派出6个小分队和1个大篷车，他们分别是学院党员大学生赴开封地区的“三个代表”实践服务团,计算机系赴高平县社会实践小分队,旅游学院赴玉环县社会调查小分队,资环系赴桂林栢木镇社会实践小分队,土木系赴兴安县白石村社会实践小分队,材料系赴三街村社会实践小分队以及由学院大学生艺术团组成的文艺大篷车。

(二)从社会实践的类型看,主要有以下几种:

1. 开展便民服务。各小分队利用当地的圩日在市场上设立家电维修、单车修理、理发等便民服务点,尽己所能,不怕累和脏,以优质的服务赢得当地群众的称赞和好评。

2. 开展文化辅导活动或者是法律宣传与咨询活动。暑期不仅中小学放假,而且正是夏收农忙时节,中小学生处于无人管理的状态之中,大学生们将这些学生集中起来,对他们进行文化辅导。

3. 开展社会调查活动。如计算机系赴高平县社会实践小分队对高平县部分村镇产业现状进行了调查,并分析该地区农村的产业结构情况,写出的调查报告受到当地政府的重视。

4. 开展义务劳动,帮助缺少劳动力的军烈属、五保户收割庄稼。下乡期间,正值夏收时节,许多军烈属和五保户因家里缺少劳动力,庄稼熟在地里而无人收割,同学们积极帮助这类家庭,为他们解决了燃眉之急。

5. 文艺下乡。由学院大学生艺术团组成文艺大篷车到村镇各社会实践基地进行巡回演出,丰富了农民群众的精神文化生活。

6. 开展大学生勤工俭学活动。不少假期未回家的同学在学院的组织下开展各种各样的勤工俭学活动,一方面了解社会,另一方面也解决了自身的生活需要。

7. 环境保护。组织学生积极参与"保护母亲河"行动,进行生态环境调查,宣传倡导环保观念,治理环境污染,装扮母亲河。

8. 考察实践。学校集中部分学生党员、入党积极分子组成"三个代表"服务团,赴广西河池地区开展考察实践活动,加强对党史、革命史的学习和教育,牢固树立跟党走的信心和决心。

9. 开展大学生科技活动。今年全院共确定了大学生科研课题一百多项,为迎接11月份我院的科技活动周,提高我院科技学术水平,各个课题小组纷纷利用假期时间收集数据,抓紧实验。

总之,今年社会实践的内容是丰富的,形式是多样的,以提交报告的总体情况来看,今年暑期社会实践活动取得了很大的成效。

三、总结经验,评比表彰

8月份院团委下发了《关于暑假大学生社会实践总结的通知》,要求各系团总支、学生会在内部交流的基础上,对今年大学生社会实践的内容、方式、特点、规模、效果、存在的问题及对今后大学生社会实践的意见,提交一分总结报告。同时,在全院将对表现突出的社会实践先进集体和先进个人进行评比表彰。并要求各系评选出优秀的社会实践报告,召开社会实践交流会,同时,全院共推荐出60多篇不同内容和形式、具有一定层次和水平的社会实践报告。

四、经验和收获

1. 学院各级领导的重视，广大同学的积极参与，是我院大学生社会实践活动得以成功开展的重要保证。多年来，学院党政领导把社会实践活动作为大学生素质教育的重要形式，每年拨出专项经费用于社会实践，并组成社会实践领导小组，指导社会实践活动的展开，并把社会实践列入教学计划，形成制度加以保证。全院广大同学自觉把社会实践作为了解社会、接触社会、投身改革、锻炼才干的重要渠道，积极深入生产第一线，体验生活。

2. 各级地方政府和社会各界的大力支持，是社会实践活动顺利进行的有力保证。多年来，各级地方政府把接受大学生社会实践作为自身的一项重要工作，给予了我们极大的支持，在食宿、安全及活动的开展方面尽量为大学生提供各种便利，保证了社会实践活动的顺利进行。同时，学院在活动的开展方面尽量为大学生提供各种便利，保证了社会实践活动的顺利进行。此外，学院注重社会实践的基地建设，与地方开展长期结对合作，把扶贫工作、科技服务、文艺下乡等活动与大学生接受锻炼、成长培养紧密结合在一起，取得了良好效果，受到当地干部群众的一致好评。

3. 大学生的思想素质有了明显的进步和提高。通过深入农村，不少同学真正认识到我国广大农村的落后状况和改革开放给农村带来的巨大变化，认识到国有企业改革的艰巨性和帮助下岗职工解决再就业问题的必要性。虽然只有短短的二十天，但同学们受到的教育却是课堂教学所无法比拟的。实践使他们多了一份成熟，少了一份幻想。同学们在向社会提供服务的同时，使自己所学的理论知识得以运用于实际，提高了自身的工作能力，培养了吃苦耐劳的精神。

共青团××学院委员会

××××年×月×日

【同步案例 5－4】

教师个人工作总结

××～××学年即将过去，作为一名××专业课程的老师，我按照学校和系里交给我的任务，严格遵守教师职业道德规范的要求，认真落实课程计划和教学改革措施，积极开展教学工作，与其他老师积极配合，使所带班级课程教学有了较好的效果。现将一年来的工作情况总结如下：

一、加强理论学习，提高思想认识

我一贯坚持参加各项学习和业务总结活动。我系每个月都要不定期开展日常学习或业务总结活动，除了特别情况外，我都积极参与，做到不迟到、不早退；活动中，我认真听讲，虚心向他人学习，不断提高思想认识和业务素质。在学习中我逐步领会“一切为了学生的未来，一切为了学校的发展”的工作理念，认识到高校课程教学改革既是机遇，又是挑战，真正从思想上更新了观念，深刻认识了高校课程教学改革的重要性和紧迫性。

二、认真实践教学，提高教学水平

教学工作是学校各项工作的中心，也是检验一个教师工作成效的关键。本学年我先后担任了××年级××××专业共×个班的××××和×××××课程的教学工作，共完成了××个课时的工作量，批改作业×××余人次，写下了××余万字的教案。教学中我坚持以课堂教学为主，积极探索教学规律，充分运用现有的教学资源，认真实践教改相结合的教学方法，同时加大新教学方法的使用力度，取得了很好的效果。

（一）因材施教，发挥教师的主导作用

1. 认真准备，备课细致。平时认真研究教材，多方参阅各种资料，在深入理解教材的基础上准确地把握重点和难点；在制定教学目的时，非常注意学生的实际情况，编写的教案不但认真，而且切合实际。在期中教学资料检查中，我的教案获得了较高的评价。

2. 注重课堂教学效果。针对不同学生的特点，我采取"愉快式教学"方法，不搞满堂灌；课堂中我坚持以教师为主导、学生为主体、教学为主线的形式，注重讲练结合和重点难点结合，深受学生们的欢迎。

3. 积极参加系里系外的教研活动，不断汲取他人的宝贵经验，提高自己的教学水平。课余时间我经常向经验丰富的教师请教，并与他们一起讨论教学问题；在听了多次公开课后，我更明确了一些讲课的方法和技巧。

4. 认真批改作业，做到有的放矢。在作业批改上，我不但认真及时，而且力求做到全批全改，从中及时了解学生的学习情况，以便在教学中做到有重点和针对性。

（二）积极参与，努力调动学生的积极性

无论是在学习上还是生活中，学生们都有不同的兴趣与爱好，也有不同的生活感受和表现形式，从而形成了自己不同的学习风格和性格。针对他们的情况，我在教学中有意识地以他们为主体、以我为导向，通过举例、提问、发言等教学手段，充分调动他们的学习兴趣，发挥他们的积极性，让他们的个性得以自由健康地展现。实践证明，这种"活"的教学方法不但让学生在视、听、触觉中培养了创造性思维方式和能力，变"要我学"为"我要学"，而且极大地活跃了课堂气氛，提高了教学效率。在转变思想、用发展的观点看学生，因势利导、用鼓励的眼光看学生，动之以情、用理解的眼光看学生的教学过程中，学生们不但增强了自信心，而且学习成绩有了较大的进步，我的教学工作也得到了大家的认可。

三、加强课外学习，提高科研水平

本学年的教学任务较为繁重，但我在教学工作之余不断加强学习，努力提高教学科研水平。本年度，我先后在《××××》等刊物上发表了《×××××××××》、《××××××》、《×××××××》等论文，其中《×××××××××》还获得了××省属高校教师教学改革征文一等奖。另外，由我主编的《××××××》教材被列为"十一五"高校规划教材，并由×××出版社正式出版。目前我还没有在国家级刊物上发表论文，我从中看到了自己的不足，今后我要在这些方面继续努力。

四、积极进取，丰富课外生活质量

一年来，我积极参加学校和系里组织的各项活动，在职工中起到了较好的带头作用。我参加了我校建校××宣传和组织工作；参加了我院运动会中教师的多个比赛项目，并取得了较好的名次；参加了学校组织的暑期文化交流与学习活动，等等。

总之，一年来，我做了一些工作，取得了一些成绩。但与优秀的老师相比，我还存在一些不足。我的教学方法有待改进，科研成果还不够丰富，对学生的要求还不够严格，等等。在今后的工作中，我一定要发扬优点，改正不足，扬长避短，争取更大的成绩。

×××

××××年×月×日

【任务评价】

计划是由目标引起的，是目标的具体化，是为了实现目标而制订的方案体系，是单位或个人对未来所要采取行动的一种基础性、思想性设计。而总结是一种对过去工作、生产、学习或其他活动的回顾，二者相辅相成，互为一体。

任务二　规章制度的写作

【任务描述】

了解规章制度的概念、特点和类型，了解财经规章制度的基本格式和写作要求。

【任务分析】

什么是规章制度？它有什么特点？财经规章制度的基本格式和写作要求是什么？

【知识准备】

熟悉自己身边的各种规章制度；作为财经工作人员，不但要掌握业务知识，也要了解各种财经工作制度，做一个遵纪守法的财务工作者。

【工作步骤】

首先了解规章制度的概念和特点；然后了解规章制度的类型；最后了解财经规章制度的基本格式和写作要求。

一、规章制度的概念和特点

（一）规章制度的概念

为了加强国家管理，发展国民经济，调节社会生活，人们制定了规章制度。它是具有特定约束力的规范性文件，包括制度、规程、规定、规则、章程、条例、条约、条款、守则、公约、办法、细则、通则、要则、纲要、决定、标准、须知等。规章制度是一个广泛的概念，上至国家机关，下到企业班组，规章制度都有不同形式的应用。因此，规章制度有广义和狭义两种概念。

狭义的规章制度是指各单位自己制定的、约束范围仅在内部的管理性文件。如《××市××××公司工会管理制度》、《××市科技局职工守则》等。

广义的规章制度是指国家及有关部门制定的、具有普遍约束力的规范性文件，它具有一定的行政和法律约束力，如公文中的通知、批复、函等都属于广义的规章制度范畴。

（二）规章制度的特点

1. 约束性。一切规章制度都在特定的范围内具有不同程度的强制性作用。

2. 公开性。规章制度在其适用范围内是公开的，让一切有关人员知晓，并遵照执行。

3. 程序性。规章制度的制定、审批、发布等都要按照有关规定和程序来进行。

4. 稳定性。规章制度一经发布实施，在一定的时间和范围内，其适用对象是稳定的。

二、规章制度的类型

（一）按制定的权限划分

按制定的权限划分，规章制度可分为三类。

1. 党和国家发布的、具有法律性质的规章制度。如《中华人民共和国计量管理条例》、《中华人民共和国发票管理办法》等。

2. 国家有关部门和地方人民政府按照国家赋予的职能制定的规章制度。这类规章制度是为了保证国家有关部门的业务活动能按照党和国家的路线、方针、政策进行而制定的。如《电力设施保护条例》、《煤炭生产许可证管理办法》等。

3. 一般企业组织和群众自己制定的规章制度。如《××省会计学会会员制度》、《图书借阅证使用规定》、《职工上下班交通费补助办法》等。

（二）按规章制度的性质划分

按规章制度的性质划分，可分为行政规章制度和日常规章制度两大类。

1. 行政规章制度可分为条例、规定、办法、细则等形式。

（1）条例是国家或政府部门对某一方面工作制定的全面、系统性的文件。行政法规和地方性法规可以用条例，国务院各部门和地方人民政府制定的规章不得用条例。

（2）规定是国家或政府部门对某一方面的工作作出的规定性文件。行政法规、地方性法规、政府规章都可以用规定。

（3）办法是国家或政府部门对某一方面工作作出具体的规定性文件。行政法规、地方性法规、政府规章都可以用办法。

（4）细则又称实施细则、施行细则、实施办法，是对某个已有文件的具体化。

2. 日常规章制度是社会上各单位根据情况制定的守则、公约、须知、制度等，主要用于共同遵守的道德规范。如一个单位的规则、规定、要求等。

三、制定规章制度的原则和要求

规章制度是人们的行为规则和是非标准，它对社会产生了广泛而深刻的影响，直接关系到人民的工作和生活，也影响人们的行为举止。制定规章制度时要注意以下几点：

（一）原则性

规章制度属于上层建筑范畴，它又是为经济基础服务的。它既是实现党和国家方针、政策的工具，又是党和国家方针、政策的具体化，具有高度的政策性和原则性。

（二）严谨性

规章制度是人们的行为规则，是为适应实际工作和生活需要而制定的，因此，无论是形式还是内容，都必须十分慎重和严密。一方面，人们在社会活动和个人生活中，该怎样做，不该怎样做，能做什么，不能做什么，都以规章制度为标准。因此，规章制度本身必须正确而周全，思想政策等内容要细致而严密；另一方面，规章制度是人们行为的普遍规则，有很具体的实际内容。它的每一条、每一款，甚至每个概念都有明确的内涵和外延，内容严密而简练。

（三）实践性

规章制度在其有效的时间和范围内，可以对人们的思想行为和社会风气产生直接作用。提倡什么，反对什么，都要有利于人们开展工作，有利于社会和谐发展。因此，规章制度要切合实际，要说到做到，令出必行，有很强的操作性和实践性。

（四）连贯性

在规章制度的制定和内容上，不存在少数服从多数，只有下级服从上级、地方服从中央。因此，任何一项规章制度的内容都不能与党中央的方针、政策、法令相抵触，也不能与其上级部门的规定相矛盾，要保持从中央到地方的一致性和连贯性。

（五）简明性

规章制度的语言必须严密而简明，语气果断，行文流畅，便于记忆和执行。

【知识链接5－3】

企业劳动规章制度的重要性

《劳动合同法》的出台改变了企业长期以来习以为常的宽松的劳动用工管理环境，给企业现有的人力资源管理模式带来很大的冲击，使企业不得不思考如何改变现有的人力资源管理模式。劳动合同时代的到来，预示着企业在劳动用工管理方面必须改消极、被动的管理为积极、主动的管理。如何架构其积极、主动的管理模式，规章制度是关键。因此，在劳动合同时代，规章制度的重要性无论怎样被强调也不过分。具体而言，企业规章制度的重要性主要体现在以下几个方面：

1. 完善的规章制度，可以帮助企业实现劳动用工的规范化管理。

2. 不完善的规章制度，成为劳动争议的诱因，甚至成为企业在劳动争议案件中败诉的关键。

3. 规章制度将成为解除劳动合同的主要依据。

制定一套比较完善的规章制度，对于企业而言，不仅可以建立健康而良好的管理秩序，同时也因其中包含了员工的行为规范及员工的责权利，对规范企业的管理起着至关重要的作用。此外，规章制度对于企业文化建设的重要性也是不言而喻的。规章制度是企业文化的载体，企业文化的内容要通过规章制度来体现，而且规章制度也是对企业文化的一种传播和企业形象的一种宣传。

四、财经规章制度的结构和写作要求

财经规章制度是基层单位制定的适用于本单位的财经、财务、会计等方面的工作制度、责任制度和奖惩制度的总称。

（一）财经规章制度的结构

财经规章制度主要由标题、正文和落款三部分组成。

1. 标题。财经规章制度的标题即文件的名称，它不像公文那样有统一的规定，但基本上是由制度内容（事由）和文种构成，如《×××有限责任公司差旅费报销制度》。

标题的拟定，必须高度概括，使人见题明义，一目了然，知道该规章制度是何单位规定、关于哪些问题、应该如何执行等。确定标题时要求简单明了,不能拖泥带水,冗长累赘。

2. 正文。财经规章制度的正文是文件的中心内容,一般由总则、分则和附则三部分组成。有些财经规章制度的内容比较简单,不明确标明这三个部分的标题,但总体结构上包含着这三部分的内容。财经规章制度一般用条列式方法来写,它是将规章制度的内容按条编列。第一条或头几条是总则的内容,末条或最后几条是附则的内容。有时总则的内容概括地写在全文的开头,作为导语,然后依次编列条文。

3. 落款。写制定单位的名称和制定日期。

(二)财经规章制度的写作要求

1. 严密性。一方面,财经规章制度要符合国家的法律法规,符合党和国家的方针和政策,要与本单位的权限相适应,不能越权制定一些"土政策",更不能违规违章。另一方面,财经规章制度要有针对性,即有确定的范围和对象,并要求内容严格,制度合理,各项条款要"全"而"细"。全,就是把各方面问题都考虑进去,不要遗漏;细,就是要求明确,内容周详。

2. 适用性。制定财经规章制度要实事求是,规则要切实可行。规则要求不能太高,否则就是一纸空文;也不能太低,否则无章可循。

3. 简明性。要求语言准确,用词恰当,行文精练。规章制度中的概念、判断应当叙述准确,不能模棱两可,更不能互相矛盾。

【同步案例 5-5】

公司基本设施管理制度

为了贯彻落实 ISO9000 质量管理体系,保障公司内部各种生产设备能够正常运行,提高各部门的协调工作能力,规范各部门的工作秩序,充分发挥各部门的职能作用,切实提高企业的运作效率,现制定公司基本设施管理制度。

一、生产设备管理

公司的电子设备和机械设备包括电子显示屏、电脑、电视监控、发电机、空调、总电表箱、消防管网、厨房设备、公共厕所设备、办公设备等,由行管部建立设备档案,并制定《现行电子设备及机械设备管理办法》。

1. 电子显示屏、电视监控、发电机、总电表箱、消防管网、厨房设备、公共厕所设备、办公设备等,由专人负责管理,推行谁管理谁负责的保管制度。

2. 空调、电脑等由使用的工作人员负责管理。

3. 各部门负责人及其他工作人员不得擅自将公司财物外借、出租和私用。

4. 各部门负责人要按规定使用生产设备,严格遵循设备的使用办法,如出现违规使用导致设备损坏或不能正常运行,由负责人承担责任。

5. 各部门负责人在外借设备前,需经公司行管部主任同意并说明外借理由,以书面形式办理外借手续。

二、公司网站维护及更新

公司指定专人负责网站和电子显示屏的维护及更新,并制定具体的管理办法。

1. 网站负责人要及时维护公司网站和电子显示屏,保障网站随时能打开使用。

2. 网站负责人要及时刊发公司改革发展、生产经营、服务信息等相关图片和内容。

3. 网站负责人根据要求对网站外观、版面等要及时更新,准时发布。

4. 不得刊发对公司不利的消息,也不得有违反党的方针、政策和法律法规的内容。

5. 网站及电子显示屏只为公司所用,不得刊发其他信息。

6. 网站负责人根据要求对刊发内容要及时更新,准时对外宣传。

三、后勤物资保障

公司后勤物资应有充分的准备,由行管部指派专人负责购买、库存、发放。

1. 公司后勤物资包括票据、文具、墨盒、食品等材料物品。

2. 相关负责人应按照公司需求及时购买所需物品。

3. 相关负责人应当出示所需物品详细清单,并以数据、文字等形式注明,注明内容应当清晰可见,易于识别。

4. 所需采购物品需要行管部批准确认。

5. 相关负责人对外购物品和票据要认真检查,做到账物一致。

6. 按照公司规定,所购物品应及时合理存库。因保管不善导致物品不能使用要由相关责任人按公司规定予以赔偿。

7. 按照规定发放物资,相关负责人应当对物资走向、类别以及数目等项目进行登记。

8. 不得将公司物品挪为己用,也不得擅自出租和外借。

9. 公司各类专用票证由财务部负责购买、保管和使用。

10. 物资交付使用后,相关负责人要对后期的预期用途进行了解。

本制度从公布之日起执行。

××公司行管部(章)

××××年×月×日

【知识链接5-4】

企业依法建立内部规章制度的重要意义

企业内部规章制度作为用人单位加强劳动管理、保障职工依法享有劳动权利和履行劳动义务的行为准则,是企业组织劳动所必需的一项制度,它对于提高企业劳动生产效率、保护职工和企业双方的合法权益、促进企业构建和谐稳定的劳动关系具有重要意义。

1. 企业内部规章制度是法律、法规的延伸和具体化。企业内部规章制度的制定权是法律赋予企业的用人权的重要组成部分。《宪法》规定,遵守劳动纪律是公民的一项义务。《劳动法》规定,用人单位应当依法建立和完善规章制度,劳动者应当遵守劳动纪律。制定和实施内部劳动规章制度,是企业在其自主权限内用规范化、制度化的方法对劳动过程进行组织和管理的行为,是企业行使用工自主权的重要方式之一。因此,规章制度也称为“企业内部法”,是相关法律、法规在企业管理过程中的延伸。对违反规章制度的企业应当追究法律责任。职工与企业因执行规章制度发生争议,应当依法定的劳动争议处理程序处理。

2. 企业内部规章制度有利于保证生产和经营的安全有效。企业制定规章制度主要是规范内部的生产经营和劳动管理,使企业的生产经营和各项活动规范化,提高生产效率,促进生产经营的发展,增强企业在市场上的竞争力。因此,为了保证企业生产和经营的正常秩序,企业有权对违反规章制度的职工采取某些处理措施,从而有利于保证企业有序生产和经营。

3. 企业内部规章制度有利于保护职工的合法权益。企业依法制定的内部规章制度有很多内容都涉及对职工合法权益的保护,如有关劳动过程中安全生产、技术规程的要求,解除劳动合同的经济补偿,社会保险待遇,员工福利,休息日,年休假,女工产假等内容。因此,企业内部规章制度有利于保护职工的合法权益。

4. 企业内部规章制度有利于避免用人单位的任意行事。企业制定的各项规章制度,使职工在劳动过程中有了共同的行为规范,对于职工的劳动有了统一的衡量标准,如工资与劳动报酬的确定,工作时间,劳动安全卫生条件和保障措施,员工培训,劳动纪律,岗位职责,职工上岗标准,职工奖惩规定等,有利于避免用人单位对职工的不公平对待。

综上所述,我们应当深刻理解企业内部规章制度的重要意义,它与企业的经营管理和职工合法权益的维护有着密切的关系。我们应当关注企业内部规章制度的建立问题,使企业内部规章制度在法律的约束下健康发展。

【任务评价】

规章制度是法律、法规的延伸和具体化,是法律赋予人民人权的重要组成部分。规章制度是人们的行为规则和是非标准,它对社会产生广泛而深刻的影响。它直接关系到人民的工作和生活,也影响人们的行为举止。建立规章制度对个人、单位和社会都有十分重要的意义。

任务三　其他应用文的写作

【任务描述】

了解广告、简报、声明、启事、演讲词的概念和特点,熟悉它们的基本格式和写作要求。

【任务分析】

什么是广告?声明、启事、演讲词各有什么特点?演讲词有什么特别的写作要求?

【知识准备】

生活中的声明和启事运用得比较多,而其他类型的应用文运用较少。我们可以根据工作生活的需要来写作或使用这些应用文。

【工作步骤】

广告、简报、声明、启事、演讲词等应用文的概念和特点;它们的基本格式和写作要求。

一、广告、简报、声明、启事、演讲词等应用文的概念和特点

(一)广告

广告是为了某种特定的需要,通过一定形式的媒体,公开而广泛地向公众传递信息的宣传手段。它有广义和狭义之分。广义的广告包括商业广告和非商业广告。非商业广告是指不以营利为目的的广告,也叫公益广告。如政府部门的各种公益宣传等。狭义广告仅指商业广告,也称经济广告,是商品经营者或服务提供者通过大众传播媒介,以付费的方式和盈利为目的所进行的有关商品、劳务、观念等方面的、有说服力的信息传播活动。

商业广告是一种特殊的信息传播活动,是通过大众传媒进行的非人际的单向传播活动,它是一种付费的信息传播活动,是一种投资行为,同时也是一种说服的艺术。

根据商业广告媒体自然属性的不同,可分为报刊、广播、电视、互联网媒体、交通工具、电话、邮寄、路牌、霓虹灯、橱窗、包装、气球广告等。按广告表现的艺术形式分类,可分为图片广告、文字广告、表演性广告、演说广告、情节性广告等。

【知识链接5-5】

商业广告弊病调查情况

中国消费者协会和搜狐财经频道于6月21日~8月18日共同举办了“广告公信度”网上问卷调查活动。调查报告显示,超过2/3的网民对商业广告不信任,其中“很不信任”和“较不信任”的比例分别为46.4%和21.2%。当调查问及消费者“最近一年来,是否有过因相信某商业广告宣传而权益受损的经历”时,回答“有”的比例是67.8%,回答“没有”的比例是32.2%。当问及网民“哪种媒体上的商业广告最不可信”时,调查结果显示:回答“小广告”的比例最高,为24.6%;其次是“电视”,比例为22.2%;排在第三位的是“网络”,比例为21.1%。

一、医疗药品成虚假广告重灾区

调查结果显示,医疗、保健食品和药品成为虚假违法广告重灾区。当问及网民“虚假宣传问题最严重的产品或服务领域是什么”时,调查结果显示:回答“医疗”的比例最高,为15.0%;其次为“保健食品”,比例为12.8%;排在第三位的是“药品”,比例为9.9%;回答“美容服务”和“化妆品”的比例也相对较高,分别为9.0%和8.1%。

二、虚假广告代言明星应担责

调查结果还显示:78.2%的网民表示,如果名人代言的广告被认定为虚假违法广告,代言名人应承担连带责任。可见,近八成网民认为名人代言虚假违法广告应承担连带责任。

三、专家提醒:切勿轻信“最新技术”

有关专家提醒广大消费者,切勿相信下列广告:含有“安全、无毒副作用或无依赖”等承诺,无法证实的所谓“科学或研究发现、实验或数据证明”,或“最新技术、最高科学、最先进制法”等绝对化的用语和表述等内容的保健食品广告。

专家同时提醒大家切勿相信含有不科学的表示功效的断言或者保证,如说明治愈率或者有效率的人身健康或医疗广告,与其他药品、医疗器械的功效和安全性比较的广告等。

（二）简报

顾名思义，简报就是简单报道，是党政机关、社会团体和企事业单位编发的反映情况、沟通信息、交流经验、指导工作的一种摘要性的书面文件。实践中，简报的名称多种多样，如简讯、动态、信息、情况交流（反映）、内部参考、送阅材料等。简报用来及时迅速地反映情况和信息，不一定由单位负责人签发，不是正式公文；简报的篇幅简短，形式灵活，既可以上呈下达，也可以相互借阅，还可以经过修改后公开发表。

（三）启事与声明

1. 启事

启是告知、陈述的意思，启事是单位或个人公开向社会告知或希望公众协助办理某事而写的一种应用文。生活中，人们在有事情要告知别人但在告知对象无法确定具体人，或已确定具体人但不知此人身在何处的情况下，可通过启事的形式使告知对象闻讯。

启事的种类很多，大致可分为三类：

（1）招寻类启事。因丢失物品、资料，或因人走失、下落不明等，如寻人、寻物启事等。

（2）征求类启事。因某种需要，请求别人帮助、关照时所发的启事，如征订、征稿、征婚、招聘、招商启事等。

（3）告知类启事。因有事向社会宣布或告知，并希望引起人们注意的一类启事，如开业、停业、更名、讲座、举办活动等方面的启事。

2. 声明

声明是声明人向确定或不确定的告知对象说明情况与事情而使用的一种应用文。它与启事相一致，但声明所告知的事情相比之下显得更重要，而且态度严肃，语气强硬。主要有三种：

（1）遗失声明。单位或个人的重要物品遗失后，为防止发生不良后果而声明作废，如营业执照、有关证件、重要票据的遗失声明等。

（2）警告性声明。单位或个人的合法权益受到侵犯时所作的警告声明。

（3）其他事项的声明。如侵犯他人权益所作的道歉声明，与合作人脱离关系的声明等。

（四）演讲词

1. 概念

演讲词又叫演讲稿、演说稿，它是演讲人在大会上或其他公开场合发表个人的观点、见解和主张的文稿。演讲词具有宣传、鼓动、教育和欣赏等作用，它可以把演讲者的观点、主张与思想感情传达给听众以及读者，使他们信服并在思想感情上产生共鸣，具有较强的感染力。

2. 特点

演讲词像议论文一样观点鲜明、逻辑性强，同时，它还具有以下一些特点：

（1）公众性。演讲是一种社会活动，是在公开场合面对听众进行鼓动宣传。

（2）针对性。演讲者的演讲内容既是听众所关心的问题，又是听众听得懂并心悦诚服所接受的事情，因此，演讲词要针对不同的场合与对象来设计、写作。

(3)可讲性。演讲是以“讲”为主，以“演”为辅，本质在于讲，其内容应上口入耳。

(4)鼓动性。演讲是一门艺术，演讲者依靠演讲词丰富而深刻的思想，精辟与独到的见解，激发听众情绪、赢得好感；通过生动、形象且富有感染力的语言和动作，达到鼓动听众的效果。

(5)口语性。演讲词讲究“上口”和“入耳”。所谓上口，就是讲起来通畅流利。所谓入耳，就是听起来非常顺畅，没有语言障碍，不会发生曲解。

(6)临场性。演讲活动是演讲者与听众面对面的一种沟通与交流。听众会对演讲内容及时做出反应：或赞同，或反对，或饶有兴趣，或无动于衷，等等。演讲者对听众的各种反应不能置之不顾，因此，演讲词要充分考虑它的临场性，在保证内容完整的前提下，要注意留有伸缩的余地；要充分考虑到演讲时可能出现的种种问题，以及应付各种情况的对策。

【知识链接5-6】

演讲的小技巧

一、运用态势语言

态势语言就是身体语言。演讲，是边演边讲，不但要用有声语言，还要用态势语言。态势语言用得好，将大大增强演讲效果。演讲时，运用身体语言要做到：

1. 走姿——轻快、稳健，目视前方，上身略前倾；

2. 站姿——抬头、挺胸、收腹，两臂自然垂于身体两侧。女性用丁字步，男性用平行分列步或前后错开步；

3. 鞠躬——上身前倾45度，目视下方点头，然后抬头起身，目视听众；

4. 正视——目视正前方，不可集中看一个点或某一个人，要把听众作为一个整体来看；

5. 环视——面带微笑，以诚挚的目光正视前方，眼睛随头部摆向左方(或右方)45度，然后转向右方(或左方)45度；

6. 表情——精神饱满，落落大方，从容镇定，面带微笑，随演讲内容变化而变化，把喜怒哀乐表现出来；

7. 仪表——服饰整洁、得体，适度淡妆。

二、忘词的处理

如果在演讲过程中发生了忘词，这时千万不要紧张，可采用以下方法应付：

1. 重复——可重复前面一两句话，既是争取时间，也容易把原话带出来。

2. 跳越——即跳过忘记的那几句内容，接到下面记住的内容。

3. 编词——随机应变，临时编几句相关的话，过渡到下面的内容。

二、基本格式与写作要求

(一)商业广告文稿的写作

商业广告文稿的结构一般包括标题、正文、随文和广告标语四个部分。

1. 标题

(1)标题形式。标题是广告的"眼睛",必须精心提炼,使其富有吸引力。常用的文字广告标题有三种类型:①直接标题。这类标题直截了当、开门见山,把广告中最重要的事实直接告诉公众,常以商品名称或厂家名称来表达。如"江中草珊瑚含片"、"请认准'新讯牌'电话机"、"向您提供3-4R型雷蒙磨粉机"等。这种标题的优点是简洁明了,使人一看就知。②间接标题。这类标题不直接反映事实和情况本身,而是用委婉的、耐人寻味的语言吸引读者,采取含蓄、迂回的手法,让公众产生想急于知道正文的好奇心,饶有兴趣地去读广告正文,返悟出该标题的真正含义。如"我的朋友乔·霍姆斯,他现在是一匹黑马了"(衬衫广告);"今年二十,明年十八"(美白香皂广告);"任凭强力重压"(车胎广告)。③复合标题。它由直接标题与间接标题综合而成。往往采取引题、正题与副题相组合的形式。引题说明广告的意义或交代背景,正题点明广告的主要事实,副题则补充说明正题内容。例如:"三十秒止痛,奇迹!——××牌电离子口腔治疗牙刷帮助您解除牙痛的烦恼",这个标题的前一句为正题,属间接标题;后一句为副题,属直接标题。

(2)标题的拟定方式。有直接记事式、新闻消息式、赞誉宣扬式、号召鼓动式、设问思考式、对比烘托式、比喻寓意式、设置悬念式等。

2. 正文

(1)正文的组成。正文是广告文稿的核心部分,通常由引言、主体和结尾三部分组成。①引言。位于正文开头,起解题的作用,可独自成段。②主体。说明宣传对象的优点和特征,提出推荐购买的理由。这部分内容要突出宣传对象的特性,应有较强的说服力,能激发大众产生消费动机。③结尾。这部分通常是号召人们去购买广告产品或接受服务。

(2)正文的写法。①招商、招聘广告多用布告体。②宣传新产品多用推介体。③旅游项目、餐饮服务多用描写体。④技术性、知识性较强广告多用问答体。⑤说服消费者选购广告商品或选择其服务多用论述体。⑥名牌产品、高级精密仪器和药品等多用证书体。⑦采用电视、广播形式来表现日常生活内容的广告多用相声体。

3. 随文

广告的随文就是落款,是正文内容的补充说明。它对消费者起到购买指南作用,是广告词不可或缺的组成部分。其内容包括品牌商标、厂商名称与地址、电话、销售时间与地点、购买方式与手续、银行账号、联系人、经销部门等。随文绝不可忽略,如果漏写或错写了厂址、电话号码,无论标题如何有吸引力,正文如何有说服力,这则广告都是失败的。

4. 广告标语

(1)广告标语的概念。广告标语是指作为鼓动性口号,在一段时间内反复使用的某一特定商品的商业宣传用语。它的作用在于强化人们对企业经营特点或商品优良性能的记忆,以达到广为传播的目的。它可以是广告的标题,也可以在正文的任何恰当的位置出现。同一产品广告的内容可变,但它的广告标语在相当长一段时间内保持不变。

(2)广告标语的内容。有的是强调商品或劳务的优点,如丰田车的广告标语是"车到山前必有路,有路必有丰田车";有的是动员消费者认定和选购广告商品,如某水泥厂的广告标语是“××水泥浇铸理想天地”；还有的是激发人们对商品或企业的情感，如英雄金笔的广告标语是“英雄、英雄，笔中英雄”；也有的宣传厂商的服务宗旨，如某公司的广告标语是“百万的企业，毫厘的利润”。

(3)广告标语的写作。写作广告标语时要表现广告主题，反映商品个性，具有鼓动性强、简短易记、生动有趣、富有情感的特点。

在实际应用中，每则广告不一定都由以上四部分组成。不同的广告，其构成也不一样。如霓虹灯广告多是标题与正文合一；以图为主的广告、路牌广告的文字部分相当精练，有时甚至将标题、正文与标语口号合一；电视或广播广告一般没有标题；报纸、杂志、印刷品广告的各种构成部分比较齐全，但没有标语口号。总之，要根据商品特点、宣传对象、广告载体、广告资金等实际情况来决定广告的组成内容。

(二)简报的写作

简报从结构上一般分为报头、报体和报尾三个部分。

1. 报头

简报与其他应用文相比，有一个显著的不同点，那就是它有独特的报头，一般事先铅印成固定的格式，设在首页的上方，占全页的1/4或1/3。报头由简报名称、期数、编印单位、编印日期等组成。它们在报头的位置是：第一行中间，用红色大号字体写出名称“××简报”，如税务简报、工作会议简报；第二行简报的下面写简报的期数(第×期)；第三行左边写主办单位名称，右边对称写明出报日期，在单位名称和日期之下用一条红线与报体分开。

一般的简报报头的样式：

(内部刊物 注意保存)

××简报

第×期

××办公室　　　　××年×月×日

(以下为具体内容)

2. 报体

报体是简报的内容部分，又称报核，分目录、按语、标题、导语、主体和结尾六部分。

(1)目录。综合性简报或内容较多的简报，往往在第一页报头之下编排目录，以起到醒目的作用。有的按篇章的内容性质和重要程度排列，有的按页码顺序编排，有的还以固定栏目形式编排。只有一篇文章的简报，不必排目录。

(2)按语。按语是用来说明编制简报的原因和目的，或编者对简报内容所作的提示、评论和说明，以引起读者的重视。按语写在标题的上面。按语的印刷字体与正文有别，一般比正文字体稍小些，两侧各向中间缩进两字，有时四周还加上花边，以示区别。有的简报不需要加按语。

(3)标题。标题是简报的“眼睛”，应力求确切、醒目、简短，使人看了就了解文章的主题。为了突出简报所反映的内容，有时在标题下使用副标题。标题表达文章的主旨，副标题交代报道对象及范围，起补充说明标题的作用。

(4)导语。导语是简报的开头，它要求用简明的文字把全文的中心和主要事实概括出来。一般来说，要交代谁(什么人、什么单位)、什么事、结果如何等三个方面的问题。它可以是几句话或一个自然段，以引起读者的关注，起“篇首相其目”的作用。

(5)主体。主体是简报阐述其中心思想的部分，将导语中交代的问题用典型的或有说服力的材料详细地进行诠释，使导语中所概括的内容具体化。如陈述基本情况，介绍取得成绩的具体做法，总结带有规律性的经验，提出存在的问题和解决问题的措施等。

(6)结尾。结尾常用号召式、激励式或小结式的一句话或一段文字来总结全文，进一步点明主题，有着“卒章显其志”的意义。有时简报不写结尾，随着主体写完而结束。

3. 报尾

在简报末页下方用一条横线与正文隔开，在其下左边注明本期简报的发送范围，右边注明印发份数。有的简报还注明打印、编校人员名单。有的简报不写报尾这一部分。

写好简报，要求内容真实，表达简明，形式规范，材料新颖，编发及时。

【同步案例 5-6】

金融监管信息

第×期

中国银行业监督管理委员会××监管局　　　　××××年×月×日

××银监局正式挂牌履职

××××年×月×日，中国银行业监督管理委员会××银监局正式挂牌履职。××银监局统一负责监管设在××省境内的政策性银行、国有独资商业银行、股份制产业银行、城市商业银行、城市信用社、农村信用社、金融资产管理公司、信托投资公司、金融租赁公司、邮政储蓄机构。以上金融机构在我省共设有各级分支机构7 300余个，总资产占我省全部金融资产的85%左右。

银监局的主要职责是：制定监管法规、制度方面的实施细则和规定；审查和批准辖内银行业金融机构及其分支机构的现场检查和非现场监管，依法查处金融违法、违规行为；审查和批准辖内银行业金融机构及其分支机构高级管理人员任职资格；负责统计、分析、上报辖内银行业金融机构的各种数据、信息，依据中国银监会的授权进行信息披露；对辖内金融风险进行分析、研究，并会同有关部门提出存款类金融机构紧急风险的处置意见和建议；承办中国银监会交办的其他事项。

银监局下一步将在各市(地)设立监管分局，在县(市)设立精干的办事机构，负责各地银行业金融机构的有关监管工作。

发送：省委，省政府，各位领导，各处室。

编校：×××　　　　(共印×份)

(三)启事与声明的写作

启事与声明在写作方法上基本相同,都是由标题、正文和落款组成。

1. 标题。由启事或声明的内容及种类决定标题的写法,要写在首行居中。如《启事》、《开业启事》、《×××公司招聘启事》、《遗失声明》、《道歉声明》等。

2. 正文。从标题下一行空两格写,正文内容因其种类不同而写法不同。

(1)启事的正文内容包括目的或原因、具体事项及要求、联系地址和方法等。写作启事时要求内容真实具体,语言简短,不写结尾。

(2)声明的正文内容包括声明的缘由、事实、态度与立场等,一般以“特此声明”作结尾。写声明时要求事实清楚、措辞严正、态度明确。

3. 落款。即启事人或声明人的名称和行文日期。

【同步案例5-7】

寻物启事

本公司员工昨日乘坐我市某出租车公司的黄色面的由火车站至大南门,不慎在车上遗失黑色公文包一只,内有营业执照副本、产品专利书及设计图纸若干份。如有拾到者,请即送××街××号×××公司,电话:×××××××,联系人:×××,当致薄酬人民币×××元。

×××公司　经理×××敬启

××××年×月×日

【同步案例5-8】

郑重声明

“××牌”是××省食品进出口公司于××××年依法申请的注册商标,该公司享有此注册商标的所有权。“××牌”白砂糖是××省食品进出口公司享誉国际市场的名牌产品,深受国内外消费者的信赖。但最近发现某些单位未经该公司许可,擅自制造销售“××牌”产品,并在此商品上使用“××牌”商标。此种行为违反了我国商标法,是一种严重侵权行为。为维护该公司合法权益,本律师经其特别授权郑重声明:

凡有上述商标侵权行为的单位,必须立即停止其非法行为,否则,一经发现,本律师将诉诸法律,依法追究侵权者的法律责任。

×××市××律师事务所

律师:×××,×××

××××年×月×日

(四)演讲词的写作

1. 确定讲题,选择材料

(1)根据演讲活动的性质与目的来确立讲题。讲题,就是演讲的中心话题,如学术演讲,就要介绍最新的研究成果或掌握的最新学术信息;思想教育性的演讲,就要针对现实中最新鲜的现象和听众最关心的问题发表见解,等等。

(2)根据演讲主题与听众情况来选择材料。材料是演讲词的血肉,所以材料的选择和使用在演讲词的写作过程中是一个重要的环节,要围绕主题筛选材料,同时在材料的选择上还要考虑到听众的政治素质、社会地位、文化教养以及心理需求等情况。一般而言,对青少年的演讲应形象有趣,寓理于事,举例要尽量选择他们所崇拜的人和有轰动效应的事;对工人、农民的演讲,要生动风趣、通俗浅显,尽可能列举他们周围的人和发生在他们中间的事做例子。而对知识分子的演讲,使用材料则必须讲究文化层次。

2. 精心安排好开头、主体和结尾

(1)开头。开头也叫开场白,要先声夺人,富有吸引力。写开头的方法有:①开门见山,揭示主题,如×××《在×××届毕业典礼上的讲话》的开头:同学们,你们马上就要离开学校,走入社会了!②说明情况,介绍背景,如恩格斯《在马克思墓前的讲话》的开头:三月十四日两点三刻,当代最伟大的思想家停止了思想……;③提出问题,引起关注,如×××《在×××学校小发明小创造颁奖大会上的讲话》的开头:同学们,你们知道蒸汽机是谁发明的吗?

【同步案例 5-9】

感恩老师

尊敬的老师、同学们:

大家好!今天我演讲的题目是——感恩老师。

鲜花感恩雨露,因为雨露滋润它成长;苍鹰感恩长空,因为长空让它飞翔;高山感恩大地,因为大地让它高耸;我感恩很多很多的人,但我最感恩的是我的老师。

老师的爱,无私中透露着平凡:像一股暖流,渗入我们的心田;像一种呼唤,让我们孤独的心灵找到了回家的路;像一阵春风,给我们温暖和温馨。我们的老师,没有华丽的舞台,没有美丽的鲜花,一支支粉笔是他们耕耘的犁头;三尺讲台,是他们奉献的战场!

师生情,是人世间最严肃的情:犯错误时教导我们的是老师;遇到困难时第一个想到的是老师。一个赞扬的眼神,使我万分开心;一句温暖的问候,让我浑身都能感受到浓浓的亲情!

感恩老师,并不需要我们去做什么惊天动地的大事,它表现在日常的点点滴滴:课堂上,一道坚定的目光,一个轻轻的点头,你在专心地听课,这便是感恩;下课后,在走廊里看到老师,一个淡淡的微笑,一声礼貌的“老师好”,这也是感恩!用优异的成绩,用可骄的成功,用你一点一滴的进步来告诉老师:老师,我能行!更是对老师的感恩。

感恩老师,您给我前进的动力;

感恩老师,您给我飞翔的翅膀;

感恩老师,您给我指明人生的方向;

感恩老师,您给我放眼世界的慧眼……

鲜花可以枯萎,沧海可以变成桑田。但我们感恩的心永远不会变,让我们勤奋学习,从一点一滴做起,感恩我们的老师!

谢谢大家!

(2)主体。主体是演讲词的中心部分,写作时要层层展开,步步推向高潮。演讲的高潮,是演讲中最精彩、最激动人心的段落。写作演讲词的正文,要精心安排结构层次,层层深入,环环相扣。演讲时要在理论上一步步说服听众,在内容上一步步吸引听众,在感情上一步步感染听众,水到渠成地推向高潮。

(3)结尾。结尾是主体内容发展的必然结果。结尾或归纳、或升华、或希望、或号召,方式很多。好的结尾应收拢全篇,卒章显志,干脆利落,简洁有力,切忌画蛇添足,节外生枝。

一个成功的演讲,要体现三个特点:一是思想深刻、态度明确,最集中体现演讲者的思想观点。二是感情强烈,演讲者的爱恶、喜怒在这里得到尽情宣泄。三是语句精练,不要说假话和套话,更不要讲空话和废话。

【情境总结】

计划是一种较为常见的公文,一般由标题、正文和落款三部分组成,在写作上要遵循计划的写作要求和规律。财经工作计划是计划中较为重要的一种,它侧重于定性的分析,主要用文字表述,以说明为主,内容和形式都很灵活,没有固定的模式;财务预算则比较特殊,它以数据指标为主,侧重于定量分析,主要用数字说话,辅以简要的文字说明。

思考题

一、实践题

以下是总结《"下管一级抓重点",控制支出见成效——省直机关行政经费管理工作的经验》中的小标题,请按照总结的写作要求合理安排顺序。

1. 建立完整的经费管理责任,实施定额、定员管理,是做好"下管一级"的基础。
2. 我省行政经费"下管一级"的主要做法。
3. 努力探索,创造条件,抓好全省行政经费"下管一级"工作。
4. 领导重视是关键,部门配合是保证。
5. 几点体会。
6. 划分类别,定额控制,加强管理工作。
7. 认真分析,抓住重点,解决突出矛盾。
8. 对人、车、会实行重点控制是搞好"下管一级"的关键性措施。

二、单项选择题

1. 一份完整的计划标题由四个部分组成,也可以省略,如《本学期学习计划》就省略了(　　)。

A. 行文单位(人)的名称　　B. 计划时间(期限)
C. 计划的内容　　D. 文种

2. 简报与其他应用文相比,有一个显著的不同点,那就是它有独特的(　　)。

A. 标题　　B. 按语　　C. 报头　　D. 结尾

3. 某单位要举办一个讲座活动,应该发布的启事形式是(　　)。

A. 招寻类启事　　B. 征求类启事　　C. 告知类启事　　D. 合约类启事

4. 演讲词的开头很重要,以下属于开门见山式开头的是(　　)。

A. "同学们,你们马上就要离开学校,走入社会了"

B.“三月十四日两点三刻,当代最伟大的思想家停止了思想……”

C.“同学们,你们知道蒸汽机是谁发明的吗”

D.“首先感谢大家给我这个表现自己的机会”

5. 计划的写作方法中,最普遍的一种是(　　)。

A. 表格式写法　B. 条文式写法　C. 论述式写法　D. 概念式写法

三、多项选择题

1. 计划是对生产、工作、学习等所作的提前安排,也叫(　　)。

A. 打算　B. 规划　C. 纲要　D. 方案

2. 总结的特点主要表现在(　　)。

A. 自我性　B. 回顾性　C. 客观性　D. 经验性

3. 计划的特点主要表现在(　　)。

A. 预见性　B. 针对性　C. 可行性　D. 约束性

4. 计划的三要素是指(　　)。

A. 指导思想或要求　B. 目标或任务　C. 方法或措施　D. 时间或范围

5. 按内容划分,总结的形式有(　　)。

A. 工作总结　B. 思想总结　C. 年度总结　D. 个人总结

四、判断题

1. 计划的时间或期限是已经发生了的,而总结的时间或期限是没有发生的,是未来的。(　　)

2. 采用纵式结构的方法写总结,就是按照事物或实践活动的时间发展过程来安排内容。(　　)

3. 商业广告是一种特殊的信息传播活动,是一种付费的信息传播活动,是一种投资行为,同时也是一种说服的艺术。(　　)

4. 财经规章制度是基层单位制定的适用于本单位的财经、财务、会计等方面的工作制度、责任制度和奖惩制度的总称。(　　)

5. 启事与声明在写作方法上基本相同,都是由标题、正文和落款组成。(　　)

下篇

下篇

项目六

财经应用文概述

学习目标

知识目标：了解财经应用文的概念、特点与作用，掌握财经应用文的格式和写作要求。

能力目标：认识财经应用文的重要性，提高动手能力，运用所学知识写出符合要求的不同类型的财经应用文。

【情境导入】

××××出版社××××年财务收支计划

××××年，我社在省委宣传部的正确领导和全社职工的共同努力下，提前完成了本年度各项书刊生产指标和财务指标。全年出版新书××××种、再版书××××种，印数××××千册，总定价××××万元；出版期刊××××种，共××××期，印数××××千册，总定价××××万元；全年实现利润总额××××万元。××××年，我社将面临因国民经济调整、流动资金日趋紧张、书店图书积压和出版业竞争激烈的新情况、新问题。根据上述情况，在保证社会效益的前提下，要继续努力提高经济效益。为此，特制订××××年财务收支计划。

一、生产指标

全年计划出版新书×××种、再版书×××种，印数×××千册，初版字数××××万字，用纸××××令，总定价×××万元；计划出版期刊××种，共××期，印数×××千册，字数××××万字，用纸×××令，总定价×××万元。

二、各项财务指标

1. 销售及利润

全年计划产品销售收入×××万元，产品销售利润×××万元，其他销售利润×××万元，利润总额××万元，利润率××%。

2. 产品成本

全部产品成本×××万元，销售费用××万元，销售税金××万元，营业外支出××万元，占出版物总定价的××%，每千印张成本××元，成本利润率××%。

3. 流动资金

本年计划流动资金×××万元。其中自有流动资金×××万元，可临时占用资金

××万元，向银行贷款×××万元；预计定额流动资金周转天数××天，每百元产值占用定额流动资金××元，资金利润率××%。

4. 固定资产

年初固定资产原值××××万元，计划增加固定资产××××万元。其中，固定资产更新改造资金××××万元，生产发展资金××××万元；固定资产基本折旧率××%，全年计提固定资产折旧××万元，其中上交××万元，留用××万元。

三、完成计划的措施

1. 加强财务管理，进一步降低生产成本，使企业管理费用和编辑费用的使用更为合理。

2. 积极与银行联系，争取贷款到位，解决流动资金不足的问题。

3. 缩短书刊的生产周期。在社会效益第一的前提下，努力提高经济效益。大力出版人民群众喜闻乐见的精神产品，提高产品的竞争能力。

4. 改善书刊发行的渠道。积极与新华书店和邮局联系，解决书刊积压问题；加速定额流动资金的周转速度，使其发挥更好的经济效益。同时，大力开展自办发行业务和寄销业务，为人民群众提供丰富的精神食粮。

××××出版社财务科

××××年×月×日

基于案例的问题：财务计划也叫财务收支计划，它是财经应用文的一种形式，什么是财务计划呢？财务计划与财务预算有什么不同？通过本单元的学习，我们来了解财经应用文的基本问题。

任务一 概 述

【任务描述】

财经应用文的概念、特点和作用。

【任务分析】

什么是财经应用文？它有什么特点和作用？

【知识准备】

在学习应用文的基础上再学习财经应用文的写作技巧，对于财经工作人员有很重要的作用。

【工作步骤】

财经应用文的概念；财经应用文的特点；财经应用文的作用。

一、财经应用文的概念

财经应用文是指国家机关、党政部门、军队、社会团体、企事业单位和人民群众根据党和国家的经济方针政策，以经济现象、经济工作为依据，记录、加工和传播有关经济信息，解决有关经济问题而撰写的文书。简言之，财经应用文就是在财经工作中应用的各种反映财经活动内容并具有一定的惯用格式的文章。

二、财经应用文的特点

财经应用文是应用文的一个分支，它具有一般应用文所应当具有的特点，如实用性、真实性、规范性、时效性、简明性等。此外，它还具有自身的特点。

(一)较强的政策性

财经应用文产生于财经业务的需要，受财经业务活动的制约。财经业务活动离不开国家的法律、法规和正确方针政策的指导，在改革开放和发展社会主义市场经济的今天尤其如此。财经应用文是贯彻执行党和国家方针政策、解决具体经济问题的重要工具。离开方针政策，就会失去正确的方向，从根本上失去工具的作用，给经济工作带来难以估量的损失。因此，写财经应用文一定要考虑与党中央保持一致，与上级领导的意图相吻合，严格遵守有关的法律法规，这样才能充分发挥其服务经济的巨大作用，才能维护国家和人民的根本利益。

(二)鲜明的专业性

从内容上讲，财经应用文是财经实践活动的反映。它必须大量使用专业术语精确地描述经济现象，运用社会经济信息系统、社会经济领域的其他部门及本单位所发生的各种财会、计划、统计等经济数据和有关生产经营活动的情报、信息、图表等资料，采用定性分析、定量分析等经济分析方法，归结出符合客观经济规律、赢得最佳效益的结论、措施和方案。因此，财经应用文的专业界限十分明确，是有关经济理论和财经实践活动有机结合的产物，只有精通经济领域的专门知识，具备较强的财经业务能力，才能写好财经应用文。

(三)行文的严谨性

应用文讲求真实性，要求所反映的事实有根有据、真实可靠，所引用的数据丝毫不差、准确无误，所阐述的观点要具体可行，不能像文学作品那样在现实的基础上进行虚构和艺术塑造。财经应用文直接参与经济活动的各个环节，直接涉及经济利益、经济价值、经济效益等，可以说它是“因事而作”，因此，不论是以个人名义发出，还是以机关、单位的名义发出，都必须做到严肃、谨慎。行文中的一个字、一个词、一句话，甚至是一个标点符号，如若不准确，都可能涉及经济利益，造成经济纠纷。

【知识链接6-1】

以“实”求“新”

——从应用写作的实用性特点谈创造力的培养

一

根据心理学的解释，所谓创造力就是运用已知的信息产生出某种新颖而独特、有社会价值或个人价值的物质或精神产品的能力。人人都有创造力，但人的创造力需要通过后天的教育、训练得到发展和提高。近年来，不少研究者越来越关注不同领域创造力的特殊性，提出“要大力开展特殊领域创造力的研究，提出不同学科领域的创造力理论”。笔者非常赞同这一观点。创造力不是抽象的能力，它体现在具体社会实践活动、具体领域、具体学科中，不同学科、不同领域的创造力具有各自的特殊性。因此，大力开展学科领域的创造力研究,对于加深我们对创造力本质的理解极为有益。本文拟从应用写作实用性特点的角度出发,探讨应用写作领域中创造力的表现及培养。

二

写作是充满创造力的心智活动,这毋庸置疑;但应用写作的过程是否也是充满创造力的过程,人们的看法不尽相同。虽然应用写作属于写作学大范畴,理应具备写作活动的基本特点,但由于应用写作以解决问题为直接目的,实用性、针对性是其最本质的特征,而且有着较为固定的思维模式和写作体式,因此人们常认为它很难与创新、创造联系在一起。事实上,正是应用写作的实用性特点使其在内容、思维方式甚至文种格式等方面自始至终与创造性紧紧相伴。

一、实用性特点促使应用写作内容不断有所创新

所谓应用文,"就是'应'付生活,'用'于实务的文章"。(香港陈耀南《应用文概说》)因此,社会生活是应用写作的源泉,有无实用性是判断应用写作成败的重要标准。如果应用写作不能直接作用于人的实践,不能满足实用的需要,即使写得再有文采也是废纸一张。失去了实用性也就失去了应用写作自身的价值。正因为应用文章是为公私事务而作的,其内容必定随着"事务"的变化而变化,即社会生活发生变革必将促使应用写作内容发生变革。社会实践活动的丰富性、多样性、变化性,是应用写作内容创新变化的决定性因素,与时俱进、不断创新是应用写作内容体现实用性特点的必然要求,也是应用写作中创造力体现的主要方面。

目前,随着我国改革的深入和市场经济体制的逐步完善,应用写作内容涉及的范围越来越广,要适应更加系统化、科学化的现代化管理,与之相配套的应用写作内容必然要有所调整。从调查报告、可行性研究报告、决策方案、规章制度到情况反馈、经验总结、成果报告等,都是与整个管理活动相配套的应用文书,都是为适应现代化管理的需要而出现的。随着经济一体化步伐的加快,多种新的经济形式、经济组织纷纷出现,这些也为应用写作开拓了新的领域。应用写作必须与经济发展、社会生活保持同步的客观要求,正是由其实用性特点所决定的,而这种与时代发展同步的要求恰恰是应用写作过程中创造性的突出表现。重在实用,与时俱进,应用写作正是在"实用—创造"中不断拓展写作内容,体现出创造活力的。

二、实用性特点促使应用写作中更多地运用创造性思维

美国心理学家科勒涅克认为,创造性思维是一种高品质的思维方式,它具有明显的突破性、求异性特点,它往往打破传统、常规,开辟新颖独特的思路,发现事物新的规律、新的联系,它总是以创新求异为目标,无论是进行理论研究还是对解决问题的方法进行探索,都不迷信权威、不盲从、不囿于传统,力求在观念、方法上实现超越。

从本质上讲,写作是以语言为载体的思维过程,语言是思维的工具及表达方式,思维是语言的内容。以语言文字为物质媒介的写作活动实际上是写作者一定的思维结果在语言文字上的具体显现,因此思维质量的高低直接决定着写作质量的高低。

人们通常认为,文学创作要求作者展开艺术想象,追求高于生活的艺术真实,创造崭新的艺术境界,故而写作过程中主要运用创造性思维;应用写作要实事求是地反映社会生活，以实用为终极目标，基本上是一种“发现问题—分析问题—解决问题”的模式化思维方式，故而与创造性思维相去甚远。其实这只是看到了问题的表象。应用写作固然以抽象思维为主要思维方式，但我们不能因此忽略或否定创造性思维在应用写作过程中的广泛运用。原因有二：1. 实用性的特点决定了应用写作过程实际上就是作者不断探索解决问题的新方法、新途径的思维过程。随着社会的发展、改革的深入，许多新情况、新问题不断涌现，许多问题常常无法用已有的知识经验去解决，这就要求人们突破思维定式，运用创造性思维去探索新的解决途径，从这个意义上讲应用写作过程中不可避免地贯穿和运用着创造性思维。2. 模式化的思维方式事实上是通过反复实践被证明能行之有效、快速直接地解决问题的一种思维方式，是适合应用写作实用要求的独特思维方式，是广大应用写作实践者集体智慧的结晶，也是应用写作过程中创造性思维成果的体现。

三、实用性特点促使应用文文种发生嬗变、革新

随着社会经济的快速发展，应用写作涉及的范围愈加广泛，内容更为多样，有些内容已无法套用过去的文种，有些文种则逐渐失去存在价值，许多新型文种也应运而生。如人事管理制度改革中出现了招聘书、自荐书、劳务合同、述职报告、公示等新型文种，现代企业经营管理中出现了上市公司报告、标书、专利申请书、企业形象策划方案、广告、市场预测报告等许多新的文种。与此同时，行政公文中过去用得较多的“布告”因其功能逐渐弱化已不再使用，“指示”已被“意见”代替，而“函”的功能则大大强化。归根结蒂，这些变化是应社会实践需要而发生的，是应用写作从内容到形式不断适应时代发展的必然结果。

三

应用写作以实用性价值的实现突出生活对应用写作的客观要求，也是应用写作自身发展创新的必然规律。要想体现实用性，就必须具有创造性，因此通过应用写作培养创造力既是可行的也是必要的。我们看到，在应用写作中无论是内容的创新还是文种的嬗变，本质上都是因为社会生活的变革要求应用文作者运用创造性思维寻求最具实用价值的解决问题的新思路、新方法。因此，围绕实用性这一本质特点强化创造性思维训练，是应用写作中培养创造力的关键所在。

在应用写作中培养创造性思维能力应注意以下几点：

一、拓展知识面，积累信息量，为启动发散思维、开发创造力打好基础

创造学理论认为，创造性思维是创造力的核心要素；创造性思维的突破性、求异性等特征决定了这种思维方式是发散的、扩张的，因此发散思维是创造性思维最基本、最普遍的方式。发散思维作为一种开放性思维，通过想象、联想突破原有知识圈，从一点出发多方向、多角度思考，通过知识和观念的重新组合产生更多更新的答案、设想和解决方法。发散思维是人们创造性思维的原动力，在创造性思维活动中起着至关重要的作用。

知识和信息是创造的基础和原材料，大量接受知识和信息是进行发散思维的前提条件，没有足够的知识积累，发散思维便无法启动。因此拓展知识面、丰富信息储备，是培养发散思维能力的关键，也是通过应用写作培养创造力的核心环节。对应用文作者来说，要提高创造力就应努力学习，积累丰富的文化知识，打好扎实的理论基础，具备精深的行业知识。

文化是一个国家或一个民族生活方式的总和,包括精神文化、制度文化、物质文化三个层次。一定的社会文化背景对于写作的理念、技法及交流途径等都有直接的影响,应用写作尤其如此。在当今知识经济时代,知识信息的交流已打破了地区、城市甚至国家的界限,如果缺乏文化素养、视野狭窄,就无法理解、兼容、鉴别外来的文化,对国外的或港澳的应用写作产生隔膜,更谈不上借鉴融通和革新创造了。

理论是人们从实践中概括出来的关于自然界和社会知识的系统的结论。科学的理论方法是人们行动的指南,只有具备较高的理论政策修养才能在应用写作中准确把握纷繁复杂的社会现象,才能高屋建瓴地探索解决问题的新思路、新方法。面对社会经济改革不断深化所催生的新情况、新问题,人们更需要站在理论政策的高度全面系统地分析问题,创造性地提出新的观点和意见。

知识是人们在改造世界的实践中获得的认识和经验的总和。应用写作涉及社会各行各业,要求作者对方方面面的知识都很精通是不现实的,但对于所在行业或专业范围内的业务知识应当比较熟悉,这不仅是写作积累的需要,也是培养创造力的需要。因为,“没有一定的某一领域的知识和技能,是不可能在该领域中取得创造成果的”。

二、培养创造意识,树立创造精神,为开发创造力提供条件

创造意识是指对与创造有关的信息及创造活动、方法、过程本身的综合觉察与认识,它包括动机、兴趣、求知欲、好奇心等。是否具有创造意识,往往决定着能否产生创造成果。因为具有创造意识的人会自觉地关注社会生活、实际工作中的问题,进而自觉地进入解决问题的创造过程;反之,如果没有创造意识,即使有才能也不可能产生创造成果。

创造精神是指创造过程中积极的、开放的心理状态,包括挑战精神、献身精神、使命感、责任心、勇气、毅力等。在创造过程中仅有创造意识是不够的,要使创造活动取得成功还必须具有创造精神。创造活动往往伴随着艰难挫折,如果没有创造精神,就没有创造的胆略和勇气,就不可能有克服重重困难的决心,就不可能有突破。因此,创造意识和创造精神是培养创造力极为重要的心理品质。应用文作者如果不具备这种心理品质,对现实中出现的新情况、新问题漠不关心,不下大力气研究问题,就不可能写出有价值、高水平的文稿,当然更谈不到解决问题、推动工作了,这样也就难以实现应用写作实用性价值。

三、学习创造性思维技巧,为开发创造力提供手段

1. 有意识地进行联想训练

创造性思维是一个由渐变思维转向突变思维的过程,而联想是实现突变的常用方法。经常有意识地运用联想去寻找两个概念间的联系,是提高联想能力十分有效的方法。例如思考问题时,尤其是面对新问题、新情况时,就不能沿着单一线索而应广伸触角,这样就能通过联想开阔思路。

2. 尝试不同思维方式

从心理学角度讲,传统的思维方式往往具有很强的“定式”力,这种定式力会驱使人们舍异求同,这对于创造力的培养会产生消极的影响。在应用写作中,习惯性的思维“定式"极易导致作者思路受到约束。在应用写作中尝试跳出封闭性、习惯性的思维模式，运用多种方式思维如求异性思维、逆向思维等，往往能够发现新方法、开拓新领域。

3. 注重发散思维的训练

发散思维是创造性思维最基本的形式，它能使人思维敏捷、思路活跃。应用文作者可以从思维对象的功能、结构、形态、因果关系等不同角度出发，进行发散思维训练。

21世纪是一个充满机遇与挑战的时代，在这个伟大的变革时代，"我们最需要创造力和创造精神"(奈斯比特《大趋势》)。创造力的培养是一个值得深入研究的课题，尤其是针对不同领域、不同学科中创造力培养的研究，更具有现实的作用。

三、财经应用文的作用

财经应用文是一种工具，在不同的历史时期有着不同的作用。我国市场经济体制的逐步完善，致使我们的写作内容绝大部分与经济生产、经济管理乃至个人的经济生活紧密联系在一起。财经应用文在帮助人们处理业务活动和财务活动中发生的各种关系，在推动市场经济的正常运行和发展方面，起到了重要作用，受到人们的高度重视。那么，财经应用文的功能主要有哪些呢？我们认为主要有指导经济行为、传播经济信息、提高经济管理、积累经济材料的功能。

(一)指导经济行为功能

我国的财经工作，都是根据党和国家的方针政策、法律法规进行的，即便是私营经济、外资企业也必须遵守国家的政策法令。只有依据国家的方针政策，才能处理好各种实际问题。而我国制定的有关经济活动的各项政策、法规，是以财经应用文为载体向社会各领域传达的。它的使用可以规范经济活动，维护市场秩序，保护经济活动参与者的合法权益，确保市场正常运转。

(二)传播经济信息功能

随着全球信息化进程的发展，人们越来越深刻地认识到，信息是与材料和能源同等重要的战略资源，是重要的财富和资产，要想获得最大的经济效益和社会效益，就需要及时沟通情况、总结经验、改进工作。财经应用文正是一种突破时间与空间的限制，沟通国与国、地区与地区、单位与单位、上级与下级、个人与个人的有效工具，把方方面面的零散信息集中起来，条理化、逻辑化，帮助人们创造经济价值，提高效益。

(三)提高经济管理功能

财经工作的主要目的是提高经济效益，而经济效益的提高主要依靠科学的管理。财经应用文通过反映市场情况、预测市场需求、采集经济信息得到的客观数据，可以为经济部门和企事业单位制定政策、做出决策提供依据，对提高企业的应变能力和竞争能力、搞活企业起着重要的作用。

(四)积累经济材料功能

经济活动是一个过程，财经应用文记录着财经部门各个时期的经济活动情况。它为我们提供了历史的和现实的资料，对我们研究经济现象和理论、总结经营管理的经验教训、预测经济的发展趋势、制定经济发展规划等都具有重要的参考价值，具有启发和提示的意义。

任务二　财经应用文的写作

【任务描述】

熟悉财经应用文的基本类型和写作格式；掌握其写作要求和写作方法。

【任务分析】

财经应用文有哪些基本类型？各种形式的财经应用文的写作格式和方法有何不同？

【知识准备】

每个财经工作人员在工作中都会接触到不同形式的财经应用文，如财务报告、经济合同、审计报告等。由于它们与工作关系十分密切，因此要多花时间来学习。

【工作步骤】

熟悉财经应用文的基本类型和写作格式；分析不同类型的财经应用文，并掌握其写作要求和写作方法。

一、财经应用文的基本类型和写作格式

（一）基本类型

财经应用文的形式是多种多样的，综合财经活动中使用的各种文体，大致可以分为三类：

1. 日常通用文书

日常通用文书是财经部门在处理日常行政事务工作中经常使用的文书，包括信息传递、公关礼仪、日常事务、行政公务等方面的文书，如商业信函等。

2. 财经专业文书

财经专业文书是财经部门在经济工作中，为了生产、流通、消费等环节的财经管理活动而使用的文书。如市场调查报告、经济合同、审计报告、招标投标书等。

3. 财经理论文章

财经理论文章是人们对财经领域中的各种现象与情况进行探索、分析、研究而写的论述性文章，是一种学术论文。

（二）写作格式

财经应用文的格式要求规范化、程式化，不同类型的财经应用文，其格式也各不相同。

1. 篇段合一式

在写作内容简单、篇幅短小的财经应用文时，往往不分段，全篇文章只有一段。如广告、条据、通知等。

2. 三段式

在写作内容比较复杂、篇幅较长的财经应用文时，一般由开头、主体、结尾三个部分组成，具体可分为以下几种情况：

(1)“提出问题—分析问题—解决问题”的三段式。如经济论文。

(2)"情况—做法—问题与打算"的三段式。如工作总结、调查报告等。

(3)"总—分—附"的三段式。如财经规章制度等。

二、财经应用文的写作要求和写作方法

(一)写作要求

财经应用文写作是人们写作活动的一种。因此,在写作财经应用文时,要遵循写作活动的一般规律,掌握写作的基本知识和技能。只有这样,才能将财经应用文自身的特点与实际写作相融合,写作时才会得心应手,写出符合要求的财经应用文。

1. 遵循党和国家的政策,熟悉财经业务

很强的政策性、鲜明的专业性是财经应用文的两个重要特点。财经应用文的写作是为了更好地体现、贯彻、实施党的路线、方针、政策和国家的法律法规,并以此作为我们事业胜利和工作成功的根本保证。因此,必须认真学习国家的财经政策以及有关的法令、规章、制度,学习马列主义、毛泽东思想、邓小平理论、"三个代表"重要思想、科学发展观与构建和谐社会的理论,不断提高政策理论水平,从而才能在纷繁复杂的市场经济中不迷失方向。同时,还要熟悉财经业务,掌握行业的系统专业知识,掌握社会主义市场经济的规律和法则,熟悉生产、分配、交换、消费等经济活动的特点和关系,掌握本部门、本单位的业务。只有这样,才能写出符合实际、合乎客观规律、能够指导实际工作、解决实际问题、具有较高水平的财经应用文。

2. 遵循写作规律,符合文体特点

要写好财经应用文,必须在写作时遵循写作的一般规律,注意整体构思,做到立意明确、选材恰当、布局合理、结构完整、表达流畅等;还要兼顾自身的特点,做到"实、准、简"。

(1)主题要正确、集中、深刻、鲜明。主题也就是文章要表达的中心思想或基本观点。正确是要符合党和国家的政策、法令,符合客观实际,反映事物的本质和规律。集中是要求一文一事,体现一个基本思想,不宜有多个主旨。深刻是要总结出规律性的认识,制定出切实可行的工作措施等,分析要深入,讲道理要深刻,要有所突破,有所创新。鲜明是要观点明确,有针对性,重点突出,反对什么、赞成什么,要表述清楚,不能模棱两可。

(2)材料要真实、典型、新颖。材料是作者为一定的写作目的,直接或间接地从社会生活中收集到的各种情况、事例和统计数字。材料是文章的血肉。主题统率材料,材料表现主题。写作中,材料真实是指材料中所涉及的时间、地点、人物、事件的过程、数据等都必须是真实准确的。材料典型是指选择的材料要具有独特性和说服力,能够揭示事物的本质。材料新颖是指选择的材料要新鲜、生动、能吸引人,给人一种耳目一新的感觉。选材时可以综合使用分析与综合、定性与定量、纵向比较与横向比较等方法进行梳理和归类。

(3)结构要严谨,层次分明。结构是行文的组织和构造,是文章的骨架。一篇文章的篇章结构如何,直接影响表达效果。结构安排得好,就会使主题鲜明突出,内容层次清楚,材料衔接自然,文章显得集中、完整、统一、和谐。一般来讲,财经应用文都具有开头、主体、结尾几部分。在具体写作时,要根据不同的要求选择不同的种类,并按照该类的惯用格式来安排结构。层次是思想内容表现的次序。层次的划分,在一篇文章中要取同一标准,要有逻辑性、前后有序;每个层次的分观点,应有相对完整性;每个层次中的段落也要安排好,注意段落的长短要适度;每段表达的意思要完整;段与段的联系要紧密,还要注意段落、层次之间的过渡照应,使衔接自然。

(4)语言要平实、简明、精练。财经应用文在写作中要追求实实在在反映客观事物,一般不使用夸张、修饰性词语,选用规范的书面语、规范的简称等;在表达上,要做到用词精确、语法准确,不能产生歧义;力求以最少的文字表达最丰富的内容,删除与表达观点关系不大的字、词、句、段,删去不必要的大话、空话,避免重复。

3. 遵循实践原则,注重写作训练

知识要转化为能力,必须经过实践来完成。学写财经应用文,不多写多练,就谈不到能力的培养和提高,就达不到实用的目的。写作是一种思维活动,只有勤加练习才能改善思维品质,提高思维能力。所以,在学习的过程中,一定要联系所学的专业知识,联系生活中遇到的实际问题,联系生活中的经济活动,多写多练,反复推敲斟酌,改进自己的思维方式,提高自己的思维能力,逐步提高财经应用文的写作水平。

(二)写作方法

应用文的写作方法有条列式、表格式方法等。在具体写作时还应掌握:

1. 正确地获取并选择材料。如材料的真实性、典型性、新颖性等。

2. 用叙述的方法表达内容。要抓住主要事实,用直截了当、平铺直叙的方法进行叙述,不能巧设悬念,用一波三折或意识流的手法来写。

3. 用说明的方式概括特点。用准确而简洁、朴素而科学的语言介绍事物的性质与特点,如产品说明书、总结、财务报告等文章都要这样写作,不能长篇大论,更不能自由发挥。

【情境总结】

财务计划是某单位规定一段时期内业务活动所需要的资金及其来源、财务收入和支出、财务成果及其分配的计划,一般包括流动资金计划、产品销售收入计划、利润计划、固定资产折旧计划和财务收支计划等。财务预算是在对企业生产经营的科学预测与决策的基础上,用价值形态反映企业未来一定时期内的生产经营成果和财务成果以及现金收支等价值指标而编制的计划文书。它是财务工作计划的重要组成部分。

思考题

一、实践题

下面是某单位写的一份请示,请阅读后指出其中存在的问题。

×××局:

××××年给我中心下达的培训纯收入任务为×××万元,经过中心全体职工的努力,从×月份到×月份,已完成任务的××%,现将培训收入完成的情况报告如下。

随着中央工作重点的转移和经济体制的改革,一个大搞经济建设的高潮来到了。要搞建设,就要打好基础,抓好业务培训工作,培训的作用和地位也就很重要了,这便成了全体职工努力的动力。

公司在年初给我中心下达培训纯收入任务是×××万元。这个数字是在去年计划完成的基础上重新调整确定的,比××××年多××%。任务多了,但职工并不害怕,而是更有信心地接受了。

×月份到×月份,从领导到全中心的工作人员,齐心协力,完成培训收入×××万元,占全年计划的五分之四。现在到年底还有一个季度,完成全年计划是没有问题的。

以上是我们任务完成情况的报告,如有不妥之处,请指正。

××××中心

××××年×月×日

二、简答题

1. 什么是财经应用文？它有哪些特点？

2. 财经应用文的写作要求是什么？

项目七

财经报告

学习目标

知识目标：了解财经报告的概念、特点、作用及分类，掌握市场调查报告、财务分析报告等文体的基本格式和写作方法。

能力目标：认识财经报告在经济建设中的重要性，学会写作符合规范要求的不同类型的财经报告，不断地提高写作财经报告的能力。

【情境导入】

关于农村医疗保障问题的调查

一、有关背景及实地调查情况

新型农村合作医疗制度（简称"新农合"）是由政府组织、引导、支持，农民自愿参加，个人、集体和政府多方筹资，以"大病统筹为主"的农民医疗互助共济制度，也是农村医疗保障的重要方面。自××××年以来，我国一直提倡并实施"新农合"，卫生体制进一步完善，农民的医疗保障问题得到很大程度的解决，但也存在一些问题。

为了了解"新农合"的推行情况，借"十一"长假之机，我回到老家××市××镇，做了一次有关农村医疗保障制度实施情况的调查。通过走访、填写问卷等调查形式，我对全镇的医疗保障情况有了较直观的了解。每到一户，村民们都表现出了极大的热情，对我的提问是有问必答。但由于种种条件的限制，此次的调查人数共计×××人。但以点概面也充分表明了"新农合"的实施现状。以下是调查的基本情况：

1. 全镇有农户××××户，共有×万人，其中××%以上的村民都参加了"新农合"。从被调查的××户农户看，已参加"新农合"的有××户，占调查户的××%。

2. 大部分参保农户觉得缴纳的费用可以承受得起。在被调查的参加"新农合"的××户农户中，有××户表示缴纳的费用可以承受得起，只有一户觉得勉强承受，没有农户觉得缴纳的费用不能承受。

3. 在被调查的××户农户中，有××户认为"新农合"的设置很合理，占被调查户的××%；有××户认为设置程序过于复杂，占被调查户的××%；有××户对"新农合"的设置不了解，占被调查户的××%。

4. ××%的参保农户知道身边确实有从"新农合"中明显受益的典型事例，只有××%的参保农户表示不知道。

二、××××年至今“新农合”在本地的推行与发展情况

除了走访村民之外，我还向各村委会咨询了本市及××镇有关医疗政策和医疗设施从实施“新农合”以来的变化情况。

××村从××××年开始推行“新农合”，至今已有4年。××××年之前，统筹资金标准为每人每年缴纳×××元，各级财政补贴××元；从××××年后，统筹资金调整为每人每年×××元，其中个人缴纳××元。参加医保后，住院医疗费用补偿和报销标准是“下有起报点、上有封顶线”，采用“当年累计、分段计算、累加支付”的方法。对于5种特种疾病，补偿比例为××%，全年每人报销最高总额为××××元。并且根据病情的严重程度，报销比例从××%～××%不等。门诊医疗费的小额补偿采取乡镇卫生院对本乡镇的参保农民凭证看病，并给予门诊所有费用10%的优惠。此外，参保者每两年还可到当地卫生院免费常规体检一次，并为其建立健康档案。

据了解，××××年，本地的“新农合”报销制度发生了一些变化：××市为有效提高农民的受益面及补偿标准，根据“以收定支，保障有力，略有节余”的补偿原则，对住院补偿方案进行完善。具体方案如下：

1. 市外医院住院可报费用按××%标准计入市人民医院补偿基数。

2. 中医中药住院可报费用按同段级别标准补偿增加××%。

3. 门诊优惠定点单位为乡镇(街道)卫生院、中心卫生院和片区医院，目录内药品乡镇(街道)卫生院优惠××%，中心卫生院和片区医院优惠××%；提高门诊优惠基金为人均××元(按门诊刷卡人次，每次最高补助××元)。特种疾病按××%补偿计算，年度封顶额××××元。

通过调整政策、普通门诊的优惠和特种疾病门诊的报销等措施，尤其是起报线的下降，直接扩大了受益面，提高了农民群众的参保积极性。此外，××市不断健全结报网络，积极服务群众，使参保人数有了很大增长。为了提高结报时效，市农医办在全市设立了七个片区临时结报点。这一措施，也直接方便了村民医保费的报销。据最新数据统计显示，××镇“新农合”实施后，在××××年第一季度有××××人次报销，报销金额累计为××万元。可见，这一医疗制度的实施是真正地落到实处、惠及人民的。

三、“新农合”在推行过程中存在的问题

虽然农民们对“新农合”的呼声很高，但在调查过程中我还是听到了一些消极的声音。调查得知，农民们反映强烈的问题包括：

1. 在政府与农民之间的关系上，很多农民基于过去的经验，对政府的信任度不高。在××镇，“新农合”在第一次实施过程中，在筹资环节上出现了很大的困难。尽管村干部到每家每户去做宣传，但仍存在很多盲区，无法将资金统筹到位。大部分农民比较现实，认为今天用30元参加了“新农合”，就想着明天能不能得到实际利益；许多农民认为交了钱却没有生病就吃亏了；也有的村民觉得交了钱连资助谁都不知道，等于白交。

2. 政策宣传不够深入，农户对“新农合”一知半解。从调查和座谈中我了解到，只有××%的农户知道报销医药费是有条件限制的，有××%的农户明确表示不知道。农民对报销住院费用的限制条件、如何计算报销医疗费用、医药费报销的手续等知之不详，导致农民普遍觉得报销手续十分繁琐,有的农民认为能够报销的医疗费用得不到补偿,参保的积极性大大降低。

3. 存在“交钱容易要钱难”的问题。从被调查的××户情况看,有××户农民觉得“交钱容易要钱难”,占被调查户的××%。其他农户虽不这么认为,但从座谈中我们了解到,一些农民在村卫生所看病后立刻就能得到报销,但去镇里或区里看病后再报销医药费就没那么容易,因此也不愿意交钱参保了。

4. 定点乡镇医院少,农民就医不方便,并且费用高,服务水平差。调查显示,农民就医大多数选择村卫生所,因为他们觉得村卫生所离家近,就医方便,药价便宜。农民普遍反映:在定点的乡镇医院就医,因医药费偏高,医院对农民的服务态度也不够好,即使能得到补助,自己也要支付相当多的部分(如交通费等),得不偿失。

5. 基层医疗机构基础薄弱,技术人员缺乏、素质普遍不高,医疗设施陈旧,农民们不能从中得到正常医疗保障。这也是农户反映最为强烈的问题。根据“新农合”的规定,乡镇卫生院作为基层医疗机构,它是农民群众的第一级医疗保障机构,定点的乡镇医院报销药费的幅度最大,对农民群众是否参保影响也很大。由于基层医疗机构基础薄弱,农民群众不能看好病,也不能享受医保政策带来的优惠,使他们不相信这些基层医疗机构,参保的信心也大打折扣。

四、进一步完善“新农合”的对策和建议

1. 深入群众,广泛宣传,进一步提高农民群众参保的积极性。主要做好以下三点:

(1)抓典型,以多种方式宣传农民受益事例。

(2)通过药费补偿公示来宣传参保的好处,特别在村组中要定期向农民公布补偿兑现情况。

(3)通过农民喜闻乐见的形式来宣传医保政策。如参保办法、参保人的权利义务、审核结算流程等。

通过宣传能够使“新农合”各项规定家喻户晓,提高农民的自我保健意识和互助共济意识,打消农民各种顾虑,提高农民参加“新医保”的自觉性和主动性。

2. 进一步完善各种医保制度的建设。主要做到:加强政策支持力度,加大对贫困农户补助的覆盖面。拓展融资渠道,提高赔付上限标准。只有这样,才能真正有效地解决农民群众因患大病出现的因病致贫和因病返贫现象,提高农民的医疗保障水平。

3. 简化报销措施,让农民群众及时、足额地领取到医疗补助,从而增加农民群众对“新农合”的认同感和参与积极性。尤其是在制度实施的初期,取得农民群众的信任显得尤为重要。要及时报销医疗费用,通过把补偿过程转入管理部门的内部循环系统来完成。如由财政统一拨款建立“新农合”信息系统,在各个定点医疗机构实现计算机联网,为参保农户建立家庭名册、健康状况、结算补偿金额等基础性数据,农民可随时查看。当农民住院看病时,直接按规定实行电脑结算,补偿部分由医疗机构定期汇总统计上报,简化农民的报销手续。

4. 加强基层医疗机构“农医”的培训,提高其技术水平和服务水平。鼓励优秀的医学院校毕业生到乡镇卫生院工作,提高村级卫生机构的医疗服务水平,让更多村民能就近就诊医治，做到“小病不出村，大病不出乡，疑难重病不出县”，从而降低医疗成本，减少农民群众的医疗费用负担。

五、本次调查的感想

在几天的调查实践中，我看到了农村医疗制度建设给农民带来的切实利益，尤其是“新农合”在广大农村地区的尝试以及取得的伟大成果。同时也给我们提出了值得研究探索的问题：“新农合”与社保是否可以并轨？“新农合”属于大社保，如果并轨运行，如何利用社保网络、人力资源、管理技术为“新农合”服务？怎样做到资源共享、共同完善整个农村的社会保障制度？

通过调查，我发现了“新农合”在实施过程中遇到的一些困难和问题，也体会到农民在实际生活中所面临的种种困惑，许多参保者尚未真正地享受到或不知如何享受这一政策带来的优惠。当然，每一项新政策的实施总会不可避免地出现一些问题，出现了问题并不可怕，重要的是要充分认识问题，了解出现问题的原因和存在的困难，要想方设法去解决问题。“新农合”的建设和推行需要各级政府调整财政结构，加大对农村公共卫生的投入，也需要全体农户提高自身医疗意识，更需要全社会的共同努力，切实解决农村落后的社会保障问题，让农民群众早日过上小康生活。

基于案例的问题：财经报告也叫财经工作报告，是对财经工作中的某些情况、经验、问题等进行调查和分析后写成的书面报告。市场调查报告是其中的一种重要形式，与其他报告相比，它有什么特点？

任务一　概　述

【任务描述】

了解财经报告的概念、特点、类型以及作用等，熟悉财经报告的写作要求。

【任务分析】

什么是财经报告？它有什么特点？财经报告有哪些类型？它在经济工作中的作用如何？写作财经报告有哪些要求？

【知识准备】

要掌握写作财经报告的技巧，首先要了解财经报告的概念、特点、作用等，要在工作中多观察，多动手，还要虚心请教，真正掌握它们的写作要求。

【工作步骤】

了解财经报告的概念、特点、类型以及作用等；熟悉财经报告的写作要求。

一、财经报告的概念、特点和作用

（一）财经报告的概念

财经报告是按一定的工作程序，对财经工作中的某些情况、经验、问题等进行详细调查和认真了解，在占有大量材料并经过深入分析和科学评价后引出正确的结论，然后把情况、分析和结论写成有叙有议的书面报告，也叫财经工作报告。

(二)财经报告的特点

财经报告有很多种,它们各有自己的特点和写作要求。常见的财经报告形式有:市场调查报告,市场预测报告,财经业务报告,经济活动分析报告,审计报告,资产评估报告,财经专业会议报告,等等。作为财经报告类文书,它们有以下一些共同的特点:

1. 内容真实,专业性强。财经报告最显著的特点是尊重客观实际,用事实说话。报告中运用的材料,必须真实可靠,不能弄虚作假,也不能歪曲事实,用夸大的成绩或缩小的问题来进行分析和评论也是不可取的。作为财经专业方面的报告,还要在有关法律法规的基础上充分反映经济规律的发展情况,在党和国家的财政金融政策面前,充分地体现财经专业知识。

2. 材料丰富,有叙有议。财经报告中的材料不但是真实的,而且是充分的。只有充分地占有客观材料,才能更好地研究事实,说明情况,解决问题。由于财经报告属于论说性文章,是一种论事性的报告,因此,作者在叙述事实的同时要进行议论、分析和评价,并发表意见或建议。

3. 语言简洁,结构严谨。财经报告是一种专业性很强的文章,它以反映事实为主,结构严谨,语言上不必做细腻的描写和强烈的渲染,而是用朴素的笔调和简洁的语句把客观情况反映出来。

(三)财经报告的作用

1. 处理财经事务,指导专业工作。财经报告具有工作总结、工作评估、工作研究的性质,许多成功的经验和失败的教训以及工作对策,都能在报告中体现出来,是处理具体财经事务的依据,对指导相关工作有重要的作用。

2. 为领导部门决策提供依据。在撰写财经报告之前,周密详细的调查研究,深入细致的分析论证,合理的建议或结论都是领导部门进行决策的重要参考资料。

3. 为专业评估和审核提供证据。财经报告一般由政府职能部门或财经职能部门组织有关人员来完成,由于材料真实,结论正确,建议合理,所以它具有一定的科学性、权威性和鉴定性,是进行财经专业评估和审核的重要证据。

二、财经报告的基本类型和格式

(一)财经报告的基本类型

财经报告的种类很多,按照报告所反映的内容不同,有以下几种:

1. 反映基本情况的财经报告。这类报告比较系统、深入地反映一个单位或一个系统各个方面的基本经济情况,其内容可以是现实问题,也可以是历史问题;可以是一个方面问题的具体介绍和分析,也可以是几个方面问题的综合反映。如《省直国有企业职工收入的调查》、《××集团××××年度三项主要财务指标完成情况》。

2. 总结典型经验的财经报告。这类报告的目的在于总结先进典型的经验,在介绍先进典型产生的背景、事迹、影响等基础上,如实报道先进典型的思想动力和工作方法,从而宣传先进典型的专业成绩和工作成就。如《两年三个台阶——××市工业园区经济发展的调查》。

3. 介绍新生事物的财经报告。这类报告要求具体介绍新生事物产生和发展的过程、时代背景以及所遇到的各种问题，阐明新生事物在现实生活中的意义和作用，揭示其成长规律和发展方向，从而促进新生事物的成长。这种报告对事物的发展可起到方向性的指导作用。如《我省建立农村合作医疗制度的成功启示》。

4. 考察历史事实的财经报告。这种报告虽然是调查历史，却具有较强的现实性、针对性和政策性。它是以一定的历史背景为基础，在历史进行到了一个新的阶段，对过去的问题重新调查，从而产生新的结论，具有强烈的现实意义。如《利税大户的真相——××集团经济问题的调查》。

5. 揭露问题的财经报告。这种报告在抓住社会上某一方面典型问题的基础上，通过列举确凿的事实，揭露问题的严重性，以引起社会或有关部门的重视，达到解决问题的目的。如《扶贫专项资金到哪里去了——××市扶贫专项资金使用情况的调查》。

（二）财经报告的基本格式

1. 标题。即报告的题目，有文件式标题和文章式标题两种。

（1）文件式标题，是在标题中直接写明文体名称，如"×××的调查"、"×××的报告"等。有的财经报告在报告中既突出主题又显示文件，往往采用正副标题的形式，如《稳定政策，发展经济——×××地区农村问题的调查报告》。

（2）文章式标题，是在报告中不直接表现文体，不用"调查"、"报告"等名称，而是用一个或几个简短词汇将报告的中心内容表现出来。这类报告如果不读文章仅看标题就容易误以为是议论文。如《发展中的城市住宅建设》、《对提高我市工业企业经济效益问题的探讨》等。

2. 引言。又称开头、前言或绪论，是报告正文之前的铺垫部分，不同财经报告的引言各不相同。有的引言要交代报告对象的性质、范围、调查的方式方法等情况，以说明调查资料的典型性和可信性；有的引言是对调查对象基本情况的概述，或概括成绩和经验，为主体部分的分析和阐述创造条件；有的引言直接提出问题，或介绍报告对象的组成、活动方法等，以引起回答或说明报告的客观性和可行性。

3. 正文。是财经报告的主干和核心，报告的基本情况、相关经验、一般问题等都在这部分展开和完成。其结构形式有横式（逻辑式）结构和纵式（顺序叙述）结构两种。横式结构报告中的内容部分与部分之间有并列、递进、因果、对比等关系；纵式结构报告中，有的是按事情的时间先后来叙述，有的是按事情本身的主次顺序来叙述，还有的是按报告者的前后活动过程来叙述。

4. 结尾。是财经报告最后有总结性的部分，并非报告的必备部分。如能表现文章结束了的横式结构报告，常常没有专门的结尾部分，但较长篇幅的横式结构报告和纵式结构报告都有结尾。结尾有的是结构性的，用来与开头呼应使之有头有尾；有的是归纳性的，对全文内容加以概括，或对事情做总的评价；有的是呼告性的，或发出警告，或表达决心，或展望前景；有的是余论性的，作者为了防止偏颇，就在最后做某些说明或补充。

三、财经报告的写作要求

（一）深入调查研究，大量地占有材料

搞好调查研究是写好财经报告的基础。只有在深入调查研究、大量详细地占有材料

的基础上,才能写出富有思想性、科学性和实践性的财经报告。具体要做到:

1. 要有正确的立场和鲜明的观点

对市场经济和社会问题进行调查要有正确的立场和鲜明的观点,这是每个报告人首先必须做到的。社会经济活动的发展过程是一个复杂的过程,我们要善于抓主要矛盾,揭示事物的本质,不能被某些经济现象所迷惑。我们必须用马克思主义的立场、观点和方法去观察事物,分清什么是主流,什么是支流,什么是现象,什么是本质,这样才不会在复杂的社会经济事物中迷失方向。

2. 要做好调查前的准备工作

在调查前,一方面要学习与调查内容有关的党和国家的经济方针政策,领会上级部门的有关指示精神;查阅有关的信息、情报、理论及档案资料,了解与调查问题有关的历史和现状,从中得到一些有益的启示和成功的经验。另一方面,要拟定调查提纲。在了解有关实际情况和领导意图的基础上,由参加调查的成员(或调查组)共同拟定调查提纲,包括调查的目的和要求,调查的对象、要点和项目,调查的方法、时间和进度安排等。

3. 要采用科学的调查方法

科学的调查方法有:典型调查法、统计调查法、系统分析调查法等。

(1)典型调查法。它是在一定的总体范围内,选择有代表性的典型样本为对象而进行的调查方法。它是在深入实际的基础上,直接接触群众,通过开调查会、个别访问、直接观察、听汇报、蹲点、阅读有关资料等方法来获取大量的第一手材料,从而了解典型的历史和现状,掌握典型的基本情况。典型调查法着重从质的方面考查局部对象,并做定性分析。这种方法缺乏对事物的系统调查和分析,不适合对社会经济问题做全面的量的调查和分析。

(2)统计调查法。它是在对事物量的调查和统计基础上获取数字资料,做到心中有"数",从而了解事物,有效地开展经济活动的一种调查方法。它是收集、整理和分析数据资料的基本手段。

统计调查法不能独立使用,要与典型调查法、抽样调查法等方法结合起来使用,将数量调查和定性分析结合起来,才能有效地发挥作用,提高调查水平。

(3)系统分析调查法。就是用适用现代社会经济特点的系统分析方法来考察和研究各种社会经济问题和现象的一种调查方法。这种方法从经济现象的局部和整体之间、局部结构的要素之间、各层次与外部环境之间,以及它们相互联系、相互作用、相互制约的种种关系之间,获得系统的、全面的第一手资料,并进行综合分析研究,从而得出科学的结论。

4. 要大量地、详细地获取第一手材料

用科学的调查方法进行调查研究,是获取大量的、详细的材料的重要途径。通过调查,我们得到的材料既要客观真实,又要全面详细。材料中既要有直接材料,又要有间接材料;既要了解现实材料,又要了解历史材料;既要收集面上的材料,又要收集点上的材料;既要占有正面材料,又要占有反面材料。调查资料要真实,要原原本本地、准确无误地记录调查对象的实际发生情况,必要时连时间、地点都要记下,不能把别人说的话变成自己的话记录下来。

（二）认真研究分析，精心地安排结构

在完成材料调查任务的同时，还要对本次报告的任务、目标及布局进行认真的研究和分析，合理地安排报告的结构和层次。一般来说，财经报告的格式包括标题和正文两大部分，其中正文包括引言（开头语）、主体（中心部分）和结尾三部分。一篇好的财经报告，首先要有一个好的标题。标题是报告的名称，要求具体、明确，要直接点明报告的基本观点和基本问题，如《×××市企业的资金积压问题》、《一分钱见精神——××××有限责任公司低成本经营的调查》。正文是报告的中心和主体，通过对材料的阐述，说明报告的结果。根据报告的写作目的和内容不同，正文的写作有多种形式：

1. 顺叙法，是按照事物发生、发展的先后过程来组织和安排材料、说明问题的一种方法。通常有三种情况：按工作进程来安排顺序；按时间先后来安排顺序；按事物矛盾的发展过程来安排顺序。这种方法由过去说到现在，由原因讲到结果，来龙去脉清楚，符合人们的认识规律，有较普遍的适用性。但如果处理不当，容易变得平铺直叙，使文章显得生硬呆板。

2. 倒叙法，是先写出结果，然后追叙产生结果的原因和经过的一种组织材料、说明问题的方法。常见的有两种情况：一种是先说成绩（或效果），再具体说明取得这些成绩的原因（做法或经验）；另一种是先提出存在的问题，再分析产生问题的原因和教训。倒叙法使因果关系倒置，有强调结果的作用，一开始就给读者留下深刻的印象，能引导读者去研究分析产生后果的前因，吸取经验教训。

3. 归类叙述法，是先把所掌握的材料按不同的标准加以归类，再根据事物的内在联系进行叙述的一种方法。具体运用时，先介绍基本情况，然后将内容按性质分为几个部分，再按各个部分之间的并列、递进、总分等关系安排层次，进行叙述。有时为了突出问题，还加上小标题。这种方法，层次分明，观点突出，逻辑严密，被经常运用。

4. 综合叙述法，是以上三种方法的综合运用。这种方法既考虑时间的先后顺序，体现事物发展的过程，又注意按内容和性质分类突出几个问题，纵横交错，事理结合，是多种文体的写作方法。

（三）善于选择材料，客观地说明问题

由于在撰写财经报告前获取的材料很多，且没有顺序和主次，因此要认真地总结和归纳，将那些能够充分地说明观点的材料筛选出来，做到观点统率材料，材料和观点统一。具体要做到：

1. 运用综合情况。综合情况材料反映了客观事物总的、全方面的情况，说明了事物的整体面貌，但不能用得太多，最好与典型事例、统计数字等材料相结合，以免显得抽象空洞。

2. 运用典型事例。典型事例有代表性和说服力，在相同观点情况下，可以用一个或一组互有差异的典型事例来说明问题。运用这种方法，要求这些典型材料各有特点，互不相同，但彼此之间又有着紧密的联系，能从不同侧面和不同角度来说明观点。

3. 运用群众反映。群众的反映是最客观和最真实的材料之一，它可以使报告显得更加实在和可信，增强报告的说服力。具体运用时，要根据所要反映观点的要求来选择不同的群众语言，对那些生动形象、新鲜活泼的群众语言加以提炼和概括，不能一味地照搬照抄。

4. 运用统计数字。数字可以反映事物的基本面貌，揭示事物的发展规律。用真实的、精确的数字来说明观点，不但可以反映事物量的变化，而且可以增强报告的科学性和说服力。具体运用时，要做到准确得当，不能夸大和缩小，也不能堆砌。

5. 运用对比材料。通过材料的对比，可以看到成绩，发现问题，从而解决问题。在运用材料进行对比时，可以将现在与过去进行比较，也可以拿落后与先进比较，还可以将正面与反面对比。要注意材料的可比性，做到有比较、有鉴别、有问题、有措施、有效果。

(四)力求短小精悍，简洁地表达语言

写作财经报告，要求语言简洁精练，文章短小精悍。首先，根据写作目的，明确写作对象。财经报告的目的，无非是介绍事物、反映情况、总结经验、揭露问题等几个方面。选准了目的，就可以把力量集中在一点或几点上，或者就实论虚，或者以虚带实，做到有的放矢，落笔成文。其次，中心思想要突出。要选择典型材料来说明问题，因为典型材料可以“以一当十”，减少篇幅；要合理布局，做到主次分明，重点突出，不能拖泥带水；要适当删减，与事物无关的或关系不大的材料，可不用或少用。最后，语言表达要简洁。不要让文中有一句多余的话，甚至不让句中有一个多余的字；也不要用一些华丽的词汇和夸张的语言，是什么说什么，简单明了，一清二楚。

【知识链接7-1】

如何写实习报告

社会实习是学生从学校走入社会、将自己的理论知识运用到实践中的一个必经过程，也是检验学生的专业知识和提高学生实践能力的重要方法。学生将实习目的、过程、结果以及体会用书面文字写出来的文章就是实习报告，它是学生参加社会实习的理论成果。怎样写实习报告呢？

一、收集资料

丰富的资料是写好实习报告的基础。从开始实习的那天起就要注意广泛收集资料，并以各种形式记录下来(如写工作日记等)。主要收集以下这些资料：

1. 在社会实践工作中，党的路线、方针、政策是如何在工作中贯彻执行的。比如单位组织学习，内容是什么，什么学习方式，学习后的效果如何，对大家的思想有否提高，等等。

2. 专业知识在工作中是如何灵活运用的。比如法律专业，注意法官或法律工作者在执法过程中如何灵活运用法律条款，深入了解优秀法官如何运用法律以外的手段解决民事纠纷、提高结案率的；秘书专业的学生可以直接将秘书实务、应用写作等科目中的问题带到实践中去，在实践中寻求理论与实践的结合点，等等。

3. 观察周围同事是如何处理问题、解决矛盾的。实习是观察体验社会生活、将学习到的理论转化为实践技能的过程，所以既要体验还要观察。从同事、前辈的言行中去学习，观察别人的成绩和缺点，以此作为自己行为的参照。观察别人来启发自己也是实习的一种收获。

4. 实习单位的工作作风如何。单位的工作作风对你将来开展工作、发展自己、提高自己有什么启发；某些同事的工作作风、办事效率哪些值得你学习，哪些要引以为戒，对工作对事业会有怎样的影响，等等。

5. 实习单位的部门职能是如何发挥作用的。对不同职能部门的工作作风、履行职能的情况有什么看法和认识。

二、实习报告的写法

1. 根据本专业特点，可以全面地写。如法律专业，去法院实习，获得的是作为一个法律工作者应该具有的全面素质的材料。这时，可以将所实习的全部内容，包括法律工作者的政治素质要求、业务素质要求、法律条文的运用、法官的个人魅力（言行举止、语言表达等综合因素）在法庭上的效果、法官需要的语言表达能力等写出来。文秘专业作为一个办公室文员，实习中其工作性质和内容可能涉及所学大部分骨干课程，如“办公会议”等课程，包括会议之前的准备工作、会议过程中的服务工作、会后的总结工作，以及整个会议涉及的文书有哪些，领导对这些会议文件的写作要求有哪些，写作者在准备过程中有哪些成功的做法或失败的教训，文秘工作者的仪表礼仪有什么要求，等等。

2. 根据实习的内容确定某一局部的工作，就一个专题作为重点来写。如文秘中的档案管理，单位对工作人员的要求有什么，自己学的哪些知识在工作中运用上了，所运用的方式方法是否符合工作需要，效果如何；同事是怎么对待档案管理工作的，他们有什么值得你学习的地方，等等。

3. 报告结构安排可分为三个部分。

第一部分：引言，是以实习时间、地点、任务作为引子，或把几个月的实践感受、结果，用高度概括的语言概括出来以引出报告的内容。

第二部分：实习过程，包括实习的内容、环节、做法等。

（1）将学校里学到的理论、方式方法变成实践的行为；

（2）观察体验在学校没有接触的东西，它们是以什么样的面目、方式方法，以怎样的形态或面貌出现的。比如，作为文秘专业的学生，对职能部门，原先你不了解，后来从工作中由什么样的问题，引发了你对职能部门的了解；对人际关系的协调方法，工作中的人际关系协调和你学的公关理论与实务有什么样的差异，你怎样体会公关理论等。

第三部分：实习体会、经验教训，今后努力的方向等。

报告可以实习体会、经验为条目来筑构全文。例如，在实践中发现自己的优势，如团队协作意识的增强，善于根据自己的知识、能力挑战新工作，事后善于总结等。从实践中看到的缺陷，如政治触觉不够敏感、专业知识欠扎实、动手能力差等。用这些把自己实践的过程内容串起来，这样的报告相对来说需要较高的理论知识和较强的写作能力。

三、实习报告的写作要求

1. 报告必须写自己的实习经历，可参考别人的资料，但不能抄袭。

2. 如有引用或从别处摘录的内容需注明出处。参考文献的标注方法一律采用文后注释，具体格式为：引文标题、作者、出处（刊物名称）、页码、发表日期或出版者、出版时间和版次。

3. 报告开头有内容摘要和主题词。

4. 语言要求简练，符合公务文书的要求。不要过多地说“我”如何如何，在第一段介绍了自己的实习时间、地点和分配到的任务后，下面的文字尽量少出现人称，最好不用人称。字数要在3 000字以上。

5. 去单位实习之前一定要先跟指导老师联系，相互留下联系方式。实习一段时间后，首先要提交实习报告大纲，字数在800字左右，主要是交代自己要写的报告的主要构架内容，由指导老师指导后再开始写作。具体交稿时间跟指导老师联系，最好在实习结束前10天将草稿交指导老师批改。老师认为合格后，再誊抄在统一印制的实习报告本上。

6. 实习结束后要集中交流实习情况。

【任务评价】

财经报告的目的，无非是介绍事物、反映情况、总结经验、揭露问题等几个方面。在撰写财经报告前要获取很多材料，要认真地总结和归纳，将那些能够充分说明观点的材料筛选出来，做到观点统率材料，材料和观点统一。学生写的实习报告是一种特别的市场调查报告，它要求学生在实习工作中虚心请教，不断学习，按照学校和实习单位的要求来写作实习报告。

任务二　市场调查报告、市场预测报告、审计报告、资产评估报告的写作

【任务描述】

掌握市场调查报告、市场预测报告、审计报告、资产评估报告的写作方法。

【任务分析】

什么是市场调查报告、市场预测报告、审计报告和资产评估报告？它们有什么不同特点？其写作方法各有什么不同？

【知识准备】

在学习了财经报告的一些基本知识之后，我们可以利用工作时间，认识、了解并分析一些财经问题。如企业资金利用问题，成本分析问题，单位固定资产利用问题，等等。这样就可以不断提高我们分析问题、解决问题的能力。

【工作步骤】

市场调查报告、市场预测报告、审计报告、资产评估报告的概念和特点；它们的写作方法。

一、市场调查报告

(一)市场调查报告的概念、特点和类型

1. 市场调查报告的概念

调查报告是对某一事物或某一问题进行深入细致的调查了解和科学的分析研究之后，运用调查得来的资料和研究结论写成的书面报告。市场调查报告是调查报告中较常

见的一种报告形式，它是在对宏观经济市场或微观经济市场进行调查的基础上，通过比较、分析、研究等方法对市场做出客观的反映和评价，从而得出研究结论的书面报告。

2. 市场调查报告的特点

（1）针对性。市场调查报告的针对性体现在撰写目的上。撰写市场调查报告，既是为了给决策者提供决策依据，也是为了发现典型，总结经验，指导工作，同时也为领导机关了解情况，处理实际问题提供帮助。因此，从实际出发，有针对性地调查研究，总结经验，回答人们最关心的问题，提出现实生活中迫切需要解决的问题是市场调查报告的关键所在。调查报告的针对性越强，社会作用越大。

（2）真实性。市场调查报告的主旨是在调查研究市场经济情况后来揭示其本质和规律。因此，市场调查报告的材料必须是自己亲自调查了解到的情况，绝不能道听途说、东拼西凑一些虚伪的材料。在报告中，不仅主要人物和事实要真实，就是事件的时间、地点、过程及各种细节，也要绝对真实，不能有半点浮夸和歪曲。

（3）叙议结合。市场调查报告采用叙议结合的表达方式，简明扼要、条理清楚地叙述事实，不追求事件的曲折波澜，只求叙说清楚。报告还要对调查材料中得出的结论进行适当的分析、议论，但只是画龙点睛式的，点到即止，不展开讨论，不反复论证。

3. 市场调查报告的类型

根据报告的内容和性质划分，市场调查报告有以下几种类型：

（1）进行市场研究的调查报告。这类报告是在对某个地区、某个部门或某一方面工作中存在的普遍性问题进行调查、研究和探讨，全面揭示问题和矛盾，分析其产生的原因，提出解决这些问题和矛盾的意见、建议和措施，为各级领导机关或有关部门制定决策方案和加强管理提供参考和依据，也叫市场综合报告。

（2）总结市场经验的调查报告。又叫市场典型调查报告。这类报告是反映经济建设和财经工作中出现的先进经验和先进典型，通过介绍它们取得重大经济效益或社会效益的具体做法，揭示其规律性，阐述其典型意义，从而为人们树立学习的榜样。

（3）反映市场问题的调查报告。这类报告着重于揭露和批评市场经济中存在的不良倾向或严重问题，通过披露事实真相，揭示问题的实质和产生原因，分析其造成的后果和危害，从而引起有关部门的重视和警惕，达到吸取教训、明辨是非、解决问题的目的。

（二）市场调查报告的基本格式和写作要求

1. 市场调查报告的基本格式

除标题外，市场调查报告主要由正文构成，而正文由前言、主体和结尾三部分组成。

（1）前言。前言是市场调查报告的开头部分，通常简要地叙述为什么对这个问题（工作、事件、人物等）进行调查；调查的时间、地点、对象、范围、经过以及采用什么方法；调查对象的基本情况、历史背景；以及调查后的结论等。这些方面的侧重点由调查者根据调查目的来确定，不必面面俱到。前言部分常见的写法有：说明式、概述式、提问式、结论式等，写作时不论采用何种方法，都要简明扼要，具有吸引力，便于引出下文。

（2）主体。主体是市场调查报告的核心部分，是前言的引申展开，是结论的根据所在。主体的内容一般包括三个方面：一是调查的事实情况，包括事情产生的前因后果、发展经过、具体做法等;二是研究、分析事实材料所揭示的事物本质及其特点、规律;三是提出具体建议或应采取的一些具体措施。主体部分内容丰富,结构安排力求条理清晰、简洁明快。市场调查报告主体部分的结构框架有:一是根据逻辑关系安排结构。如:纵式结构、横式结构、纵横式结构。这三种结构,以纵横式结构常为人们采用。二是按照内容安排结构。如:"情况—成果—问题—建议"式结构,多用于反映基本情况的调查报告;"成果—具体做法—经验"式结构,多用于介绍经验的调查报告;"问题—原因—意见或建议"式结构,多用于揭露问题的调查报告;"事件过程—事件性质结论—处理意见"式结构,多用于揭示案件是非的调查报告。

(3) 结尾。结尾也叫结论。市场调查报告可以有结尾部分,也可以不写结尾部分。一般而言,有四种情况需要写结尾:一是主体报告情况,介绍经验,需要结论;二是主体中没有提到的问题、希望、要求、建议等,需在结尾中提及;三是附带说明有关情况,如调查过程中遇到的一些情况,主体中没有提及,需在结尾加以说明;四是有附带材料需要加以说明的,如一些典型材料、专题报告、统计图表等。无论采用哪种形式,都必须简洁有力,切忌拖泥带水,画蛇添足。

2. 市场调查报告的写作要求

写市场调查报告之前,要明确目的,做好调查准备工作,包括熟悉有关的方针和政策,了解调查的课题和调查对象的基本情况,制订调查计划等。调查中要以实地调查为基础,充分地掌握各种材料,包括直接的和间接的材料、现实的和历史的材料、正面的和反面的材料等;要以调查对象为依据,提炼有现实意义的主题,切忌脱离实际,缺乏针对性,也不要堆砌材料,罗列现象;还要以提高表达效果为原则,充分运用有效的表达方式。在叙议结合的基础上,可以使用统计数字、比较分析、分类归纳、典型事例、群众语言等方式来增加报告的可读性。

【同步案例 7-1】

我国小家电市场营销的调查报告

近年来,我国大家电市场趋于饱和,市场上表现出来的供求矛盾日显突出。而在小家电领域,尽管各种媒介宣称小家电市场发展迅速,利润空间巨大,发展前景诱人,但实际上小家电的利润空间不断下降,到了价格战一触即发的临界状况。特别是自从国家强制性提高进入小家电领域的门槛标准,同时部分产品(如燃气具、热水器等)将推行准入制度以来,市场上必将进一步淘汰更多杂牌产品,同时品牌产品之间的竞争将更加激烈。

一、小家电市场营销现状

(一)小家电市场面临的主要问题

近几年来,国内小家电市场的发展速度进入瓶颈阶段,发展速度不尽如人意。20世纪90年代中后期,国内小家电市场迅猛发展,大多数小家电企业得以保持高速发展,并出现华帝、万家乐、万和、方太、帅康、老板、康宝、九阳等知名小家电企业。与此相比,××××年后,由于大家电品牌和外资品牌等先后大举进军小家电行业,市场竞争出现白热化,并直接导致了大多数小家电企业的发展速度迅速下滑,并出现零增长的情况。××××年初,在国内开创民营企业两权分离先河而声名大振的华帝燃具总经理姚吉庆辞职了，这从一个侧面反映出华帝对目前企业发展速度的不满意，同时也体现了整个小家电行业目前的现状。从万家乐经营报表及品牌风波中，也可窥见小家电市场之一斑。据行业内人士透露：大多数小家电企业目前都生存在进退两难之中，发展速度都陷入低谷，增长速度不超过3%，远远低于20世纪90年代10%的增长速度。

国内小家电市场发展出现的瓶颈与目前市场竞争的状况息息相关，从中也暴露出许多问题。

1. 市场营销观念落后

成功的便是好的，这是大多数企业的意识。国内的小家电企业往往以过去所积累的成功经验作为企业的金言玉律，往往固守旧有的证明成功过的营销模式和管理模式，而没有能够随着市场的变化进行观念上的更新；同时缺乏足够自我挑战和居安思危的意识。过去成功的经验固然可以为今天小家电企业生产所参考，但不能作为企业的金言玉律。

2. 产品需求有待提高

小家电需求多、品种杂的特点，决定了企业生产要尽可能贴近市场需求。然而大多数小家电企业却产生了市场近视，它们只注意现有的市场成就，仅仅满足于现阶段取得的成绩，利用广告战、价格战进行竞争，却忽视了市场是时刻发生变化的这一基本情况，忽视了以市场需求为导向的产品竞争，从而忽视了产品以市场需求为导向而进行的升级。

3. 销售渠道层次简单

大家电品牌、外资品牌的进入是小家电企业的有力竞争者；而随着物流业的迅速发展，小家电企业原有的销售渠道已难以达到企业的发展要求，甚至影响了企业的发展。在此情况下，渠道创新便成为一种必然的发展趋势。多数小家电企业的管理架构是以职能为导向的，而非以流程为导向，因而出现管理层次多、管理效率低的管理问题，从而导致小家电企业出现由于不能及时处理问题而引起企业利润下降的情况；另外，小家电企业的金字塔形经销商体制，可能产生由于经销商的原因而导致的企业发展受到制约的状况。小家电企业的利润不仅来自于市场，也来自于企业内部管理，企业的管理部门其实也是企业的利润中心。通过从单纯的管理部门到一级、二级企业利润中心的转变，是企业减少开支、节省费用的过程，也是企业组织架构重组的过程。

4. 促销手段缺乏创新

无论从现代营销理论来讲，还是从一线的营销实践来看，作为4P营销理论的重要环节，作为企业、产品与消费者实现沟通互动的一个良好平台，促销必不可少，仍将是产品地面推广的主要手段与竞争利器。而在信息爆炸的今天，小家电企业的促销却没有针对性，形式单一，缺乏创新之处，终端促销的目的也不明确。无论我们走到哪个卖场，一进门抬头低头都可以看到花花绿绿的各式促销广告牌，特价、返现、限量优惠……让人看得眼花缭乱。无论是节日、店庆什么的，就连平时的周末卖场的促销阵容也不能忽视。但无形中这样的促销让消费者逐渐失去了对促销的兴趣。因为促销天天搞，并非只是节假日、店庆才有，从而减弱了消费者的购买欲望。对厂家而言，没有明确目的的促销也让消费者对厂家的印象不好，削减了消费者的品牌忠诚度。而且企业的促销方式离不开价格促销、赠品促销、返券促销、人员促销、套餐促销这几种，从而使得各种花费昂贵的促销活动不仅不能达到促进销售、树立形象的预期效果，甚至还混淆了消费者的判断依据，让消费者产生反感情绪。

5. 产品价格体系混乱

价格是4P营销理论的重要环节，然而在国内市场上小家电的价格体系却比较混乱，各大型卖场的价格体系往往与各小型超市、零售商的价格体系存在差距。各大型卖场往往倚仗其雄厚的资金实力而刻意压低产品的价格，甚至实施短时期内的零盈利、负盈利性经营，扰乱了小家电市场的价格体系；另外，小家电企业对经销商的价格控制不到位，也导致了市场价格体系的混乱。

(二)原因分析

1. 小家电企业多数是民营家族式管理，管理方面离现代管理制度的要求差距较大。在生产管理、财务管理、人事管理等方面都存在许多不足，从而影响到企业的正常经营和发展。很多小家电企业内部成本浪费较为严重，缺乏成本预算管理体制；同时缺乏相应的监督运行机制，不能对公司运作情况做出快速准确的监督和管理。

2. 公司管理体制不甚合理，职责过于职能化，而非流程化，团队精神较为淡薄，管理水平有待于从传统企业向现代化管理提升。如生产部门的各项技术性工作，财务部门的成本预算管理，质量部门的预先质量管理控制等方面有待加强。

3. 小家电企业成功的原因往往是渠道优势，但随着大家电品牌、外资品牌以品牌优势、资本优势以及网络优势大举进军小家电市场，这种渠道优势已经不复存在了，反而可能由于渠道老化成为市场竞争中的劣势。小家电企业往往采用大区域、大片区经销商体制，建立起典型的金字塔式经销体制。而且这些大区域经销商往往是随着企业发展而发展，但当其发展不能与企业预期发展计划同步，滞后于企业发展要求时，反而可能制约企业的发展。

4. 典型的金字塔式经销体制导致终端销售价格控制不佳。尽管小家电企业推出具有市场竞争力的产品，但可能由于对终端价格控制不到位，终端价格居高不下，从而导致产品在终端销售的竞争力缺乏，最终影响到企业销售量的提升。

二、小家电市场营销策略探讨

(一)产品策略创新

1. 产品内涵延伸，做出大产品

随着近几年人们生活水平的提高，居民消费渐趋于对生活的一种原质追求，大家电成了必备物件，小家电则成了质量和档次的象征。高雅、实用的小家电备受青睐。基于这种潮流，产品内涵应由以下两方面进行延伸。

(1)横向延伸。在当前的营销创新中，要将产品和服务进行贴身捆绑设计，使产品功能和企业形象同时彰显，大家电如此，小家电也应如此。

(2)纵向延伸。资料显示，××××年小家电市场总体特征是价格战趋缓，更多集中在技术和服务水平上的良性竞争，需求上呈多重格局，由原来单一的功能性需求，开始向功能性、装饰性、与房间的整体协调性并重转化；同时个性化消费倾向增强，数字和信息家电成为市场亮点，国内外各大家电厂商纷纷举起了信息家电的大旗。如××××的智能微波炉、网络吸尘器；××××的智能除湿机和烟雾感应器等。因此，我们要加大研发力度，生产数字化与信息化小家电。

2. 多元产品设计，做出新产品

(1)品牌是产品的核心，是企业的灵魂。而大多数企业的思维仅局限于吃今天的蛋糕，以广告的狂轰滥炸为先锋，以价格战为利刃，这明显是一种透支市场的短视行为。品牌的差异，应力求一种理性的质素来支撑，只有以产品升级和市场领先为导向，才能建构企业真正的核心竞争力。小家电区别于大家电最大的特点是需求多，品种杂。这种产品的非同质化决定了市场细分要尽可能贴近市场需求。比如厨卫家电就有厨房冰冻类、烧煮烹饪类、清洁卫生类、冷热饮水电器类；在各个类别上，又可以颜色、形状、功能、材料、容量等指标做进一步的细分。

(2)由于小家电这一潜在金矿已是公开的秘密，其中诱人的利润已使中外家电大鳄竞相角逐，小家电业一场腥风血雨的大战不可避免，首先登场的当然是技术战。我国家电业已有半壁江山尽在洋品牌掌握中，只因为本土品牌技不如人，要在小家电业有所作为，一般的技术积累就得两三年，而技术恰恰是小家电业的命门。因此中国要真正成为世界制造业的中心，技术突破已急不可待；其次是研发战。由于小家电更新速度非常迅速，畅销产品极易被模仿甚至照抄，只有保证新产品开发速度，才能确定市场领先地位。

(二)渠道创新

现行的传统销售模式是，制造业身兼仓储、配送、分销、终端建设、售后服务等多项市场职能。随着流通业在近几年的发展，新兴业态如雨后春笋般涌现，商业分流趋势日益明显，制造业要真正实现规模发展，就必须适度收缩市场职能，专注研发和生产，与流通业牵手，共同承担市场职能，提升企业的赢利能力。

1. 牵手商业资本，广辟新渠道

市场格局的演变，促进了传统商品的多维分流，传统的“专卖+百货”模式正逐步被淘汰，一些全新的渠道主体正在崛起。

近日，×××公司与广州××××公司签署了一份为期三年的空调、冰箱供货合约。×××公司包下了××××公司开发的所有楼盘需要的空调、电冰箱供应及安装调试工程，价值达2亿元人民币。××××公司的家电套餐，涉及彩电、冰箱、空调、洗衣机、抽油烟机、热水器、微波炉、电饭煲8种家电产品。这是家电企业与大型连锁超市合作后，在探索大宗销售上的又一进展。家电厂商与房地产商的这种双赢结合，是时下家电业的一种新的流行趋势，其极有可能演化为一种新的家电营销模式。

另外，××××年以来，家电业一个引人注目的现象就是那些以连锁专营为基本业态形式的商业资本不断发展壮大，业界戏称为商业资本龙抬头。如今，以国美、苏宁、三联、家乐福等为代表的新兴势力四处跑马圈地，加速扩张，销售业绩明显，竞争力日强，而传统力量则一路节节败退。在这种新的市场环境下，众多家电企业纷纷向国美、苏宁等新兴连锁商业资本伸出了上帝之手，谋求与商业资本的共生之路。

2. 理顺厂商关系,合作求发展

由于产业资本与商业资本本质上是一个渠道链条上的分利者。商业资本的强大,必然会反向压缩产业资本的利润空间,这就出现了一些市场领袖品牌实施"规范一级经销商—发展二级经销商—决胜终端消费者"的渠道战略,以逐步减少对商业大户的依赖,重点营造自己的销售网络,同时向二级和终端市场转移,加强对终端市场的辐射力度,以提高铺货率。但对于一些中小企业的二三线品牌,由于品牌号召力相对较小,实力有限,还难以建立自己的渠道网络。它们往往倾向于与商业资本联合求发展,建立利益共同体。如×××公司就将几个经销大户组织起来,成立股份有限公司。这样建立的一个相对合理的利润结构,有利于稳定渠道价格体系。相对于目前大多数厂家的代理制,厂家和商家互相防范,互不信任,随时担忧可能出现的利润调整和价格体系混乱,显然要好得多。但总的来说,不管是规范,还是结盟甚或依附,关键是建立一个相对合理的利润分配体系。事实上,厂商关系的理顺就是一种最好的合作,只有在这个基础上才能求得实质的发展。

3. 突破管理模式,挑战中寻机遇

小家电企业的经销商往往随企业发展而发展,通过多年的不懈耕耘,建立起深入终端市场的金字塔式经销商体制。但这种传统的销售渠道正在老化,同时可能由于经销商在资金、业务等方面的开拓受到制约,从而使得企业的发展受到制约。因而小家电企业在倡导事业共同体的合作理念的同时,需要加强对经销商(渠道)的管理。

小家电企业的可持续快速发展需要经销商质量和数量上的同步发展。当企业发展到一定规模程度时,在保持较低速度稳定增长时,更需要强调的是经销商的质量。

通过建立和运用经销商 ABC 管理体系(Activity-Based-Costing,即有效成本分析),通过服务成本、机会成本、毛利润等去综合分析管理与经销商的关系。如果服务成本与机会成本过高而毛利润水平较低,就应当考虑到培养、提升、更换乃至于淘汰经销商。衡量某区域市场的经销商,不仅依据其现有的销售的绝对数值,而且要以有效益的规模、市场的机会成本、市场空间以及服务成本等方面进行综合评价。

(三)业务员管理

业务员不仅仅是跟单员,还是渠道开拓和管理者,是代表企业与经销商在业务方面的合作者。小家电企业在强调销售结果的同时,也应该加强日常的销售管理工作,改变传统的"放羊南山"的销售管理方式为"圈养优质羊"的管理方式。强化业务员 3E(Everyone、Everyday、Everything)管理,即建立每天的分时管理制度、目标经销商定向管理制度、单向工作定向跟进制度以及月度工作总结制度,加强对业务人员的日常管理工作。市场业务人员必须对年度销售回款进行月度分解,并依次作出下月回款和销售任务,公司以此进行管理考核。强化企业对业务员的管理,建立企业合理的业务员管理制度和激励机制,对企业来说具有非常重要的意义。

(四)价格策略转型

1. 出厂价格体系:倒金字塔价格管理

小家电企业往往采取的是正金字塔价格体系。出厂价格、促销手段等相关产品资讯往往只能提供给一级经销商,而终端价格往往是由一级经销商或二级经销商确定,这种价格体系往往导致小家电企业对终端价格的失控。而建立倒金字塔价格体系,出厂价格即为小家电企业的终端建议零售价,新产品上市终端零售价格及促销相关方面的资讯可以传达到二级及以下的分销商,从而加快产品信息的流通。

虽然采用倒金字塔价格体系会遇到一些经销商阻力和操作上的技术性问题,特别是国内各区域的运输费用问题,但这种价格体系更多地体现以市场为导向的定价策略,具有较强的价格优势:加强监控市场终端销售价格;相对透明化的价格体系;加快二级分销网络对小家电产品的信息流通,提高小家电产品在二级分销体系竞争力的提升等。

2. 价格策略反思

有人形象地把小家电市场比做一个围城,外面的想进去,里面的想出来。想进去的理由是因为进入壁垒低,利润丰厚;想出去的则称日益激烈的市场竞争摊薄了利润,前景堪忧。不论孰是孰非,中外家电巨头联合扩军小家电已是既定事实,我们所面临的不是利润高低的无谓争论,而是在既定利润空间下理性看待价格问题。

(五)促销策略创新

1. 满足消费者需求

很多厂家开展活动往往不考虑消费者需要什么,而仅仅从成本或处理库存考虑。因此经常有很多厂家的赠品是鸡肋,食之无肉,弃之可惜。因此开展促销活动应该主动深入到消费者当中,了解他们的需要是什么。如某个消费者买了某品牌电饭煲,不小心把玻璃盖摔碎了,结果跑遍整个市场都没买到,经销商也爱莫能助。对于这种情况,厂家可以搞一个主题为“把你的烦恼告诉我”的系列活动,让消费者写下使用小家电过程中遇到的种种麻烦,由厂家想办法解决。这样既起到了促进销售的作用,又提升了品牌形象,而且积累了宝贵的客户资料。

2. 与产品的利益点相结合

最近×××公司搞了一个摔电热水器的促销活动,但消费者并不买账。因为消费者对电热水器关注的利益点不是经不经得起摔,而是安全性和加热的速度等问题。怎么样关注产品的利益点呢?比如:由于男人的生活压力很大,工作繁忙,很多人都有不吃早餐的坏习惯,厂商可以搞一个“为先生准备一份好早餐”的活动、评选“关心体贴丈夫的好妻子”活动,这样就把豆浆机能提供新鲜、卫生、营养的早餐与消费者的利益结合起来了。

3. 与时俱进,满足消费者的不同需求

时代在进步,时尚在变化,小家电的促销应该紧扣社会热点。比如在现在,减肥是成年女性关注的话题,高血脂、高血压是男性健康的焦点,那么生产厨房小家电的厂家可以开展“买××送健康食谱秘笈”或者“送食疗减肥秘笈”等活动。

4. 促销注入感情含量,淡化商业气味

在促销工作中加大感情的含量,最大限度地淡化商业气味。比如,冬季销售卫厨小家电时与化妆品厂家合作,开展诸如“冬天,请爱护你的手——买电饭锅送护手霜”等方面的活动。由于在冬季清洗厨具会损害皮肤,这样的活动就显得很人性化,从而淡化商业味。

（六）加强营销信息管理

1. 及时掌握和分析小家电的营销信息。随着市场竞争白热化，产品营销信息的及时掌握、分析以及采取相应的市场动作，成为小家电企业至关重要的市场信息生命。小家电企业对信息管理必须做到每周提供一次最近产品销售状况信息分析和竞争对手分析，每半个月向业务人员反馈其所负责的区域最近回款状况及任务完成状况，每月做出一份公司经营管理信息报告，分析销售、毛利润、部门管理费用、项目完成状况等方面的工作。

2. 建立S/S(Schedule-Sharing)管理体系。企业与经销商网络之间建立S/S计划订单形式，逐步在经销商与公司间加强产品信息交流，准确反馈和预测当地需求信息变化，从而使小家电企业的生产计划能依市场变化而变化，根据市场信息去做市场，开展生产管理，而不是依企业自身的计划去管理生产和市场营销。

二、市场预测报告

（一）市场预测报告的概念、特点、类型和作用

1. 市场预测报告的概念

市场预测是在对市场进行深入细致的调查研究基础上，根据调查得来的市场信息和资料，运用预测的理论、方法和手段，对未来市场的发展趋势和发展前景进行分析、测算和推断。市场预测报告就是反映市场调查与预测的分析、研究过程及判断成果的一种书面报告。

2. 市场预测报告的特点

市场预测报告是调查报告的一种特别形式，有预见性、咨询性、综合性等特点。

（1）预见性。预见性是指市场预测报告主要着眼于对预测对象的未来进行预先的分析和推断，通过对历史和现实各种情况、资料、数据的分析研究，科学地揭示预测对象的未来发展变化趋势，准确地预见未来的前景，其主要内容和目的是预测未来的市场情况和发展规律。这是市场预测报告区别于其他报告的重要标志，也是它的根本特点。

（2）咨询性。市场预测报告的咨询性表现在：一方面，报告的材料、数据等是通过调查、咨询等方式得来的；另一方面，市场预测报告是为有关部门和管理者的经营决策提供咨询服务的，这也是市场预测报告的主要功能之一。

（3）综合性。市场预测报告是一种综合性很强的文体，其内容涉及面广，是政治、经济、文化、科学技术等各个领域的各种现象的综合反映，是预测对象的外部现象和内在原因、宏观经济环境与微观经济现象、历史发展规律与未来变化趋势等多种因素的综合表现，也是经济学、市场学、统计学、社会学等多种学科理论知识的综合运用。

3. 市场预测报告的类型

市场预测报告按照不同的标准，可分为多种类型。

（1）按照预测的时间长短来划分，有长期市场预测报告、中期市场预测报告和短期市场预测报告三类。长期市场预测报告，一般是指反映预测对象在五年以上时间的发展前景的报告；中期市场预测报告，是反映预测对象在二到五年时间的发展变化的报告；短期市场预测报告，是反映预测对象在一年以内发展变化的报告。

（2）按照预测范围的大小来划分，有宏观市场预测报告和微观市场预测报告两类。宏观市场预测报告是指对一个国家、一个地区、一个部门或者一类（或几类）商品（或其他事物）的总体发展变化状况进行分析和推断而写的报告；微观市场预测报告是对一个单位、一个企业或一种商品的市场发展前景进行分析和推断而写的报告。

4. 市场预测报告的作用

市场预测报告是市场经济发展的产物，在社会主义市场经济发展过程中，它对于帮助国家经济管理部门和各个企业深入研究市场经济规律、制订经营决策计划、加强经营管理、提高经济效益等，都有着非常重要的作用。

（1）为管理决策确定最佳方案

科学有效的市场预测是领导部门和管理者进行决策的基础。在社会主义市场经济条件下，无论是国家宏观经济管理部门制定国民经济发展的路线、方针、政策，还是各个企业确定生产经营方针、方法和具体经营措施，都要对市场情况进行深入而客观的分析，科学地预测市场发展趋势，从而找出市场经济发展的规律。市场预测报告正是人们用来反映市场预测成果的重要工具，它不仅可以通过分析市场发展的动向增进决策人员对未来市场的认识和了解，而且还可以通过预测报告的意见和建议，为决策提供参考，从而帮助管理部门和决策人员确定最佳的决策方案。

（2）为制订计划提供科学依据

无论是管理部门还是企业，要想搞好经济管理和生产经营工作，除了要有准确的决策之外，还必须制订科学周密的经济发展计划和经营管理计划，以保证各项决策得到贯彻和实施。科学周密的计划来源于人们对未来形势的充分认识。市场预测报告通过对预测对象的分析与研究，使人们预见到未来一定时期内企业和市场的发展前景，认识到影响经济发展和生产经营的各种有利条件和不利因素，从而为制订计划提供依据，保证计划科学合理、切实可行。

（3）为提高效益解决实际问题

市场预测报告是现代企业管理者控制管理流程、提高经营管理水平和经济效益的重要工具。比如，企业通过对产品的市场需求量和消费水平的预测，帮助企业了解市场潜力，加强对生产规模和资金投向的控制与管理；通过对资源的预测，帮助企业准确掌握资源的供应情况，科学地安排人力、物力、财力，起到节约资源、减少消耗、降低成本的作用；还可以通过对产品的销售数量、市场占有率以及竞争对手情况等方面的预测，帮助企业改进产品质量、合理制定产品价格、扩大市场占有份额，从而提高企业经济效益。

（二）市场预测报告的基本格式

市场预测报告由标题和正文组成。

1. 标题。有单标题和双标题两种。

单标题一般由预测期限、预测范围、预测对象和文体名称四项内容组成，如《2007 年××农村地区家电市场的分析与预测》。有时候可以省略预测期限或范围，如《××市手机市场的调查与预测》。双标题一般由正副两个标题组成。正标题说明作者的观点、看法或印象，副标题则点出预测的对象、期限并标明文种。如《国产合资进口产品三分天下——降低关税后家电市场的走势预测》。

2. 正文。一般由前言、主体和结尾三部分组成。

前言是报告的开头,是用简明扼要的语言介绍预测对象的总体情况,如预测的时间、地点、对象、范围、目的、方法等,也可以交代预测的结论,等等。

主体是报告的中心内容,也是报告的重点。它运用市场调查所获取的资料数据来说明预测对象过去和现在的有关情况,预测事物的发展趋势和发展规律,并针对预测对象的发展前景提出具体的对策与措施、意见和建议。

结尾的写法比较简单,如指明努力方向,激发信心;分析预测误差,说明预测效果;有的在写完主体后就自然结束,不再单独写结尾。

【同步案例 7－2】

××××年中国手机市场预测(有删节)

回首××××年中国手机市场,最大的特点莫过于快速增长带来的中国内地手机销量首次突破1亿部。展望××××年,伴随着中国手机市场的不断成熟和发展,差异化将成为手机制造商制胜的"法宝",手机品牌集中度将进一步提高,中国手机市场将在整合中继续保持增长的态势。

一、新入网和换机用户增长,销量首次突破1亿部

××××年,中国手机市场呈现出快速增长的势头。来自诺盛电信咨询的数据显示,中国手机市场规模首次突破×亿部,占到了全球手机销量的十分之一强。具体来看,××××年中国内地手机市场(不包括香港、澳门特别行政区和台湾省)共销售了×××××万部手机(不包括二手手机和黑手机),手机整体市场规模比××××年扩大了××%。其中,GSM手机销量为××亿部,CDMA手机销量为×××万部。

移动运营商新业务的层出不穷、手机新功能的不断增加以及手机平均价格的降低,有效地刺激了新入网用户和换机用户的增长,这是中国手机市场在××××年快速增长的主要动力。

××××年,中国移动通信新增用户以中低端用户为主,带动了中低端手机尤其是超低端手机市场的快速增长。从中国手机市场不同价格段手机销量的变化可以看出:低于1 000元的超低价手机的市场份额快速增长,从××××年第一季度的×%猛增至××××年第四季度的××%,2 000元以下的手机比例从××××年第一季度的××%跃升至××××年第四季度的××%,已经占据了中国手机市场的半壁江山。

另一方面,换机用户也在快速增长。市场激烈竞争促使手机平均价格下降,手机也在随移动运营商不断推出各种新业务而不断增加着新式功能,这都成为促使老款手机用户成为换机用户的驱动力。由于换机用户往往集中于高端领域,因此尽管相比××××年,1 000元~3 000元价位的手机在××××年所占市场份额持续降低,但是3 000元以上的高端手机的市场份额却保持了稳定,实现了销量的持续增长。

二、品牌集中度进一步加强,差异化优势更为凸现

××××年,中国手机市场的品牌集中度进一步加强。××××年第二季度,中国手机市场排名前两位的×××和××××的合计份额首次突破50%,并在第三、第四季度实现了继续增长。

×××和××××手机均依靠五款畅销机型一举包揽了××××年中国手机市场单款机型销量排名的前十名。来自诺盛电信咨询的数据显示，×××的×××、×××和×××三种型号手机赢得销量排行的前三名；而××××的××××、××××和××××则取得了四到七名的位置。由此可见，×××和××××这两大全球手机业巨头，之所以能够在中国保持并加强其市场地位，主要来自产品的强力支撑，排名位列前十名的机型销量占据了××××年中国内地手机市场总销量的××%。因此，对于中国的国产手机以及其他国外品牌手机而言，要想与×××和××××抗衡，就必须培育出热销机型以提升市场份额。

仍将继续增长的中国手机市场，为各手机制造商参与竞争创造了机会。诺盛电信咨询认为，当中国发放3G牌照后，在新移动运营商进入初期，中国移动和中国联通将采取优惠措施来应对竞争，充分挖掘潜在用户以发展新手机用户；与此同时，网络的更新换代也将推动换机市场的发展。因此，诺盛电信咨询预测，从××××年年底至3G大规模商用的××××年年底，中国手机市场将继续保持增长的态势。

在××××年中国手机市场上，竞争态势将呈现两大特点：其一，品牌集中度将进一步提高；其二，国际品牌将继续在整体市场份额中占据主导地位，而更多的国产手机将赢得更多的细分市场。

首先，伴随着市场洗牌和资源的整合，手机品牌集中度将进一步提高。在未来各种制式的手机市场中，80%以上的份额将被3到5家主要手机制造商占据。中小品牌手机制造商的生存空间将被压缩，只能进入区域市场、细分市场来参与市场竞争。

其次，国际品牌将继续在整体市场份额中占据主导地位，但不可能占据所有的细分市场，××等国产手机品牌牢牢占据双模双待机市场就是一个典型的例子。国内品牌将继续分化，以××、××、××、××等为代表的设备制造商有望在手机领域崛起，占据相当的市场份额；中国本土手机制造商将面临较大的竞争压力，无法适应市场变化的厂商的出局速度将加快。

最后，差异化竞争将是手机制造商生存的关键。核心技术、创新产品、强势品牌和渠道掌控能力，将成为未来手机制造商塑造核心竞争力的四个最主要方面。

三、审计报告

(一)审计报告的概念、特点、类型和作用

1. 审计报告的概念

审计报告是一种特殊的财经报告，它是由专业的审计人员(注册会计师等)根据审计工作内容，在审计工作结束后向审计部门或委托单位以及被审计单位出具的审计工作情况和审计结果的书面文件。它是审计工作的重要环节，是审计工作不可或缺的部分。

2. 审计报告的特点

(1)真实性。真实性是指审计报告反映的事项真实存在，有关业务在特定会计期间确实发生，并与账户记录相符，没有虚列资产、负债余额和收入、费用发生额。

(2)权威性。权威性是指审计报告由具有一定资格的人员出具,相关人员要承担法律责任;审计报告中的决定或建议对被审计单位有司法职能,必须遵照执行或研究改进。

(3)合法性。合法性是指审计报告的结构、项目、内容及编制程序和方法符合《企业会计准则》及国家其他有关法律法规的规定。例如,对存货计价、固定资产折旧、成本计算、销售确认、投资、报表合并基础等方法的改变要经过财税部门批准,经过调整后没有违规事项等。

(4)准确性。准确性是指审计报告准确无误地对审计的各个项目和内容进行分析、汇总并反映在有关会计报表中;提出的意见或建议能准确地反映被审计单位存在的问题,也是客观可行的。

3. 审计报告的类型

从不同的角度看,审计报告有不同种类。

(1)按审计目的不同可分为:财务审计报告、经济效益审计报告、财经法纪审计报告等。

(2)按审计人员出具的审计意见不同可分为:无保留意见的审计报告、保留意见的审计报告、否定意见的审计报告、无法(拒绝)表示意见的审计报告等。

(3)按审计的隶属关系分为:内部审计报告和外部审计报告。

(4)按审计范围不同分为:全面(综合)审计报告和单位(部门)审计报告。

(5)按表述形式不同分为:条文式审计报告和表格式审计报告。

4. 审计报告的作用

(1)鉴证作用。审计人员签发的审计报告,是以独立的第三者身份,对被审计单位会计报表的合法性、公允性及会计处理方法的一贯性发表意见。这种意见,被政府及有关部门和社会各界普遍认可,具有鉴证作用。

(2)保护作用。审计人员通过审计工作,可以对被审计单位出具不同审计意见的审计报告,以提高或降低会计报表信息使用者对会计报表的依赖程度,能够在一定程度上对被审计单位的财产、债权人和股东的权益及公司利害关系人的利益起到保护作用。

(3)证明作用。审计报告是对审计人员的工作完成情况及其结果所做的总结,它可以表明审计工作的质量并明确审计人员的审计责任。通过审计报告,可以说明审计人员出具的审计报告的真实性、合法性,证明审计人员审计责任的履行情况。

(二)审计报告的基本内容、基本格式和写作要求

1. 审计报告的基本内容

审计报告由文字和报表附件两部分组成。

(1)文字部分,包括审计的目的和任务、审计的范围和依据、审计的过程和使用方法、审计的结论和意见等。

(2)报表附件,包括审计报告应列示的数据报表以及有关笔录证据等文字影音资料。

2. 审计报告的基本格式

审计报告由标题、正文和落款三部分组成。

(1)标题。审计报告的标题分为上方标题、中间标题和下方标题。上方标题是审计

报告的主标题,一般由被审计单位名称、审计时间、审计内容和“审计报告”字样组成,如《××市市政管理委员会上半年项目经费使用的审计报告》。主标题有时候直接用“审计报告”表示。中间标题是审计课题的项目名称及被审计单位的名称。下方标题是审计单位的名称、地址和联系电话。

(2)正文。正文是审计报告的主要内容所在,是审计单位根据被审计单位的实际情况,对审计对象进行数据、表格、文字等方面的表述,真实、准确地反映被审计单位的客观情况,并根据审计结果发表审计意见。审计报告的正文应包括以下主要内容:①审计概况,说明审计依据、审计目的和范围、审计重点和审计标准等内容;②审计依据,说明审计工作是按照有关规则来实施的,若存在未遵循该规则的情形,应做出解释和说明;③审计结论,根据已查明的事实,对被审计单位经营活动和管理情况做出评价;④审计决定,针对审计发现的问题提出的改进和处理意见;⑤审计建议,针对审计发现的问题提出的改善经营活动和管理的建议。

(3)落款。落款包括签章、日期和有关附件。签章包括审计单位和审计人员的签章,日期是审计人员出具审计报告的时间,有关附件包括审计单位的资质证明、审核资料等。

3. 审计报告的内容组成和写作要求

(1)审计报告的内容组成。审计报告主要包括下列内容:审计的内容、范围和时间;被审计单位的有关情况;与审计事项有关的事实;对审计事项的评价;引证有关的法律、法规、规章和具有普遍约束力的决定、命令的条款以及据此作出的处理、处罚意见等。

(2)写作要求。撰写审计报告时,要求事实清楚,数据准确;意见客观,评价公正;内容详实,重点突出;语言简洁,表达严谨。

【同步案例 7-3】

对××地区××××~××××年度扶贫专项资金的审计报告

××省审计局:

根据省审字〔××××〕××号审计通知书的要求,××××会计师事务所成立专门审计组,于××××年×月×日至×月×日对××地区(以下简称我区)财政局、发改委和农发行的扶贫专项资金进行了审计,现将审计情况报告如下:

一、基本情况

中央和省投入我区的扶贫资金通过区财政局、发改委和农发行三个渠道进行分配、管理和监督。其中,支援不发达地区的发展资金通过财政部门、以工代赈资金通过发改委、扶贫贷款通过农业发展银行。

××××~××××年,中央和省共投入我区扶贫资金××××万元。其中,支援不发达地区的发展资金××××万元,以工代赈资金××××万元(其中××××、××××两年×××万元),扶贫贷款×××万元。实际拨付资金××××万元,占投入扶贫资金的××%。其中,支援不发达地区的发展资金×××万元,以工代赈资金××××万元(其中××××、××××两年×××万元),扶贫贷款×××万元。

二、审计评价

从投入资金的使用效果来看,支援不发达地区的发展资金和以工代赈资金的使用效果比较明显。在农田水利建设方面，补助小水库××座，蓄水量××××万立方米，渠道防渗×××公里，恢复新增灌溉面积××万亩，解决人畜饮水××万人/×万头；在坡改梯工程方面，完成坡改梯面积×××万亩；在交通建设方面，整修公路×××公里；修复粮食、供销商业网点××个，使用面积××万平方米；完成绿色工程×个，共计×万亩；完成农村通信线路建设×条，新增通话里程×××公里（平均×××杆/公里）；片区综合开发××个，其中，建设经济林××万亩，新建农贸市场××万平方米，牲畜基地××万平方米，蔬菜基地××万平方米。在完成了这些项目后，我区在交通和通信方面实现了乡乡通和村村通，为我区经济建设打下了良好的基础，加快了我区群众脱贫致富的步伐。

从我区财政局、发改委、农发行对扶贫资金的管理和分配来看，基本上能够按照规定执行；提供的账表数据、会计资料基本上真实地反映了年度财政收支、财务收支情况，财政收支和财务收支基本符合规定，内部控制制度健全、有效。

三、主要问题

××××~××××年上级投入的支援不发达地区的发展资金××××万元，要求地方财政匹配资金×××万元，实际仅匹配资金×××万元，占应匹配资金的××%；上级投入的以工代赈资金××××万元，要求地方财政匹配资金×××万元，实际仅匹配资金×××万元，占应匹配资金的××%，均不能满足实际需要。

四、审计建议

1. 对地方财政匹配资金不足的问题，建议地方政府在财力紧张的情况下，尽量保证有一部分资金用于扶贫资金的配套，以保证扶贫项目投入一个、完成一个、见效一个的三统一。

2. 五年来，投资扶贫贷款项目157个。由于扶贫贷款项目周期较长，大部分项目未见效，建议农发行加强对贷款项目的监督和管理，改变重放轻管的做法，使扶贫贷款落到实处。

3. 对于以工代赈资金，从2005年以后由区发改委和财政局共同管理，由财政局管资金，发改委管项目，两家密切配合，共同用好该笔资金。

××××会计师事务所　　　　中国注册会计师：×××（签名并盖章）
（签名并盖章）　　　　　　中国注册会计师：×××（签名并盖章）

××××年×月×日

附件：（略——编者注）

四、资产评估报告

（一）资产评估报告的概念、类型和作用

1. 资产评估报告的概念

资产评估报告，是指注册资产评估师遵照相关法律、法规和资产评估准则，在实施了必要的评估程序对特定评估对象价值进行估算后，编制的并由其所在评估机构向委托方提交的反映其专业意见的书面文件。它是按照一定格式和内容来反映评估目的、假设、程序、标准、依据、方法、结果及适用条件等基本情况的报告书。广义的资产评估报告还是一种工作制度。它规定评估机构在完成评估工作之后必须按照一定程序的要求，用书

面形式向委托方及相关主管部门报告评估过程和结果。狭义的资产评估报告即资产评估结果报告书，既是资产评估机构与注册资产评估师完成对资产作价，就被评估资产在特定条件下的价值所发表的专家意见，也是评估机构履行评估合同情况的总结，还是评估机构与注册资产评估师为资产评估项目承担相应法律责任的证明文件。

2. 资产评估报告的类型

(1)按资产评估的范围来划分，有整体资产评估报告和单项资产评估报告。

(2)按评估的对象不同来划分，有资产评估报告、房地产评估报告、土地估价报告等。

(3)按评估报告的内容详细不同来划分，有完整的评估报告和简明的评估报告。

3. 资产评估报告的作用

资产评估报告不仅是资产评估机构完成评估工作的总结，也是国有资产管理部门验证、确认资产评估过程和评估结果的重要依据，是公众投资者得以了解公司情况的重要途径。具体有以下几方面的作用：

(1)对委托评估的资产提供价值意见。

(2)是反映和体现资产评估工作情况，明确委托方、受托方及有关方面责任的依据。

(3)对资产评估报告书进行审核，是管理部门完善资产评估管理的重要手段。

(4)资产评估报告书是建立评估档案、归集评估档案资料的重要信息来源。

(二)资产评估报告的基本格式和写作要求

1. 资产评估报告的基本格式

资产评估报告由标题、委托评估单位名称、正文和结尾几个部分组成。

(1)标题。一般由评估机构、评估对象和文种三部分组成。如《××市××会计师事务所关于××有限责任公司资产评估报告书》。如果落款中有评估单位的名称，那么在标题中可以省略。也可在评估对象前加上时间，如《关于××有限责任公司××年固定资产价值的评估报告》。

(2)委托评估单位名称。即资产评估报告的报送单位名称。

(3)正文。包括前言和主体两个部分。①前言，也称导语、序言，是对资产评估机构名称、委托方、资产占有方、评估目的等内容的说明。②主体，是报告的主要内容，包括评估的对象、范围、内容，评估的基准日，评估的原则、依据、方法、计价标准，对评估的说明及结论等。

(4)结尾。包括附件、评估机构名称及有关评估人员的情况、落款和日期等。

2. 资产评估报告的写作要求

资产评估报告由资产评估机构独立撰写，不受资产评估委托方或其主管单位、政府部门或其他经济行为当事人的干预。资产评估机构必须依照客观、公正、实事求是的原则撰写资产评估报告，如实反映评估工作的情况，调查取证的资料要真实可靠，不得提供伪证。要求做到：

(1)材料可靠，内容真实。评估人员在撰写资产评估报告时，首先要保证评估事实真实可靠，取证的材料要列示附件，不能有半点虚假；其次要采取科学的评估方法，如现行市价法、重置成本法、收益现值法、清算价格法等。

(2)格式规范,语言周密。资产评估报告的格式要求规范而具体,概念要清楚、准确,叙述要简明扼要,要注意逻辑的严密性。

【同步案例 7-4】

关于×××有限责任公司资产的评估报告

×××有限责任公司:

你公司为了更好地开展经营活动,委托我所对你公司位于××市××区××街××号的资产进行价值评估。我们参照《国有资产评估管理办法》和《国有资产评估管理办法实施细则》及有关法律政策的规定,完全独立、公正、科学地进行了评估工作。现将评估结果报告如下:

一、资产评估机构

××资产评估事务所。本事务所系经××省国有资产管理局国资评[××××]第×号文批准,具有资产评估正式资格的专业资产评估机构。证书编号:×××;法定住所:××××。

二、委托单位:×××有限责任公司。法定住所:××××××。

三、评估目的:为公司增加注册资本提供依据。

四、评估范围和对象

××市××区××街××号的资产,包括:房屋及构筑物、机器设备、土地使用权。

五、评估原则

我所在评估中遵循了资产持续经营原则、替代性原则和公开市场等操作性原则,同时也遵循了独立性、客观性和科学性的工作原则。

六、评估依据

1.《国有资产评估管理办法》及其实施细则;

2.《资产评估操作规范》;

3. ××市××区[××××]××字第××号“建设用地批准书”;

4.房证字第×××号“房屋所有权证书”;

5.《资产评估常用数据手册》;

6.委托方提供的其他资料。

七、评估基准日:××××年×月×日

八、评估结果:人民币壹仟陆佰叁拾万零伍佰捌拾元(¥16 300 580元)(如下表):

单位:元

资产类别	账面价值	重置价值	评估价值
固定资产			
其中:机器设备	946 000	1 065 000	880 580
房屋构筑物等	5 694 000	5 620 000	
无形资产:土地使用权		9 800 000	
合计			16 300 580

九、评估结果有效期

按现行规定，本次评估结果的有效期为壹年，即××××年×月×日至××××年×月×日。

十、评估基准日后的调整事项

评估基准日后，有效期内若资产的数量发生变化，应根据原评估方法对资产额进行相应调整；若资产的价格标准发生变化并对资产评估价产生明显影响时，委托方应及时聘请评估机构重新确定评估价。

十一、评估结果有效的其他条件

本次评估结果是反映在本次评估的特定目的下根据公开市场原则确定的现行公允市价，没有考虑将来可能承担的抵押、担保事宜，以及特殊的交易方可能追加付出的价格等对其评估价的影响，也未考虑国家宏观经济政策发生变化、不可抗力等因素对资产价格的影响。若前述的评估条件及本次评估所遵循的原则等情况发生变化，评估结果一般不会失效。

十二、资产评估报告的使用范围

本资产评估报告书未经本资产评估事务所的同意，不得向委托方和评估报告审查部门之外的单位和个人提供，报告的全部内容不得发表于任何公开的媒体上。

评估机构：××××资产评估事务所(公章)

法定代表人：中国注册资产评估师 ×××(签章)

项目负责人：中国注册资产评估师 ×××(签章)

报告复核人：高级会计师 ×××(签章)

××××年×月×日

【任务评价】

市场调查报告等报告是财经报告中经常使用的文体，在写作时要注意它们的不同特点。

任务三 经济活动分析报告、成本分析报告、财务分析报告的写作

【任务描述】

掌握经济活动分析报告、成本分析报告、财务分析报告的写作方法。

【任务分析】

什么是经济活动分析报告、成本分析报告、财务分析报告？它们各有什么特点？如何掌握它们的写作方法？

【知识准备】

在工作中不断学习，不断积累，掌握写作不同形式报告的方法。

【工作步骤】

了解经济活动分析报告、成本分析报告、财务分析报告的概念；掌握各报告的写作方法。

一、经济活动分析报告

(一)经济活动分析报告的概念、特点、种类和作用

1. 经济活动分析报告的概念

经济活动是人们对物质资料和精神产品的生产、交换、分配和消费活动。经济活动分析报告是企业或其他单位根据计划、会计、统计和业务核算资料及调查研究所掌握的情况,运用科学的方法,对其经济活动进行考察和分析,并对企业的财务状况和经营成果做出正确的分析和评价,最后写成的书面报告。

2. 经济活动分析报告的特点

经济活动分析报告以经济活动数据的分析说明为主,报告的关键在于分析说明,即对过去、现在的经济情况加以分析研究,其特点是:

(1)分析性。报告一方面将各种数据进行定量、定性、定时的分析,另一方面从不同角度对宏观和微观的、全面和局部的、有利和不利的因素进行比较说明,这样才能综合地反映出一个企业或一个单位在一定时期的经营活动和经济发展情况。这是经济活动分析报告的主要特点。

(2)说明性。报告必须对所涉及的经济现象、特征、指标、数据等进行详细的说明,以此来揭示经济活动的变化规律,为经营和管理者提供决策依据。

(3)目的性。写经济活动分析报告的最终目的在于准确地指出经济活动中存在的得失,从而寻找提高经济效益的最佳途径,使经济活动沿着正确的方向发展。

3. 经济活动分析报告的种类

经济活动分析报告从不同的角度、按不同的划分标准可分为多种形式。

(1)按分析的时间划分,有事前、事中、事后分析报告。

事前分析报告也叫预测分析报告,在制订计划、对全年应完成的各种计划进行预测分析时,应充分考虑各种因素,对能否完成计划做出切合实际的准确判断。在分析时,对影响计划完成的各种因素要心中有数,并促使其最大限度地发挥作用;对影响计划完成的薄弱环节和关键问题,要提出有针对性的改进措施。

事中分析报告就是在计划的执行过程中经常对各项指标的完成情况进行分析研究,通过分析及时了解并掌握经济活动的变化和进展情况,及时总结经验,发现问题,从而保证经济活动正常顺利地进行。

事后分析报告通常在年度或计划期结束后,对上一年度或上一计划期的工作进行总结分析。

(2)按经济业务的性质划分,有经济形势分析报告、工商企业经济活动分析报告、企业资金活动分析报告、企业财务状况分析报告等。

经济形势分析报告,就是对某个企业或单位的某一时期经济形势进行分析,从中反映出生产经营成效、市场动态、消费变化、计划执行等情况。这种报告着重从统计数据中说明经济形势的变化,为企业确定经营策略和发展方向提供依据。

工商企业经济活动分析报告,就是对工商企业的生产经营、商业流通以及资金活动

情况进行分析后写成的报告。如对企业资金运用情况的分析、对企业产成品资金的分析等。

企业资金活动分析报告有定期分析报告，如月份、季度、年度的现金和信贷计划执行情况，银行资金营运情况的分析报告等；还有专题分析报告，主要是对企业生产经营过程中出现的资金问题进行分析而写的报告。

企业财务状况分析报告是考核企业生产经营成果、评价企业财务收支计划执行情况和损益情况的报告。

(3)按分析的内容划分，有综合分析报告和专题分析报告。

综合分析报告是对某一部门或某一单位一定时期的各项经济指标进行全面系统分析而写成的报告，具有普遍性的特点；专题分析报告是对某一具体的经济技术指标或经济活动的某个具体问题进行深入细致的分析而写成的报告，具有个别性和重点性的特点。

4. 经济活动分析报告的作用

(1)评价过去的经营业绩。为了进行正确的投资决策，提高企业的获利能力，无论是投资者、债权人还是管理者，都必须了解企业过去的经营情况，如利润总额的多少、投资报酬率的高低、资金的营运情况等。通过对企业经济活动的分析，可以发现存在的问题，正确评价过去的经营业绩。

(2)了解目前的财务状况。企业会计报表是一定时期内企业经济活动的财务结果，虽然能概括地反映企业的财务现状，但如果不将报表上所列的数据进一步加以剖析，就不能充分理解数字的含义，无法对企业的财务状况是否良好做出有事实根据的结论。通过对会计报表和其他数据资料的分析，揭示出各项数据的经济含义，观测企业的营运绩效、获利能力，从而更好地了解企业的财务状况，为管理者提供决策依据。

(3)预测未来的发展趋势。在市场经济环境里，企业在进行经营决策前必须制定各种可供选择的未来发展方案，然后根据目前的情况和未来的发展趋势，从中选择最佳方案加以实施。对企业经济活动进行客观细致的分析，可以了解影响企业经营活动的各种因素，找出问题和差距，并预测企业未来的发展趋势，帮助决策者选择正确的经营决策方案。

(二)经济活动分析报告的基本格式和写作要求

1. 基本格式

经济活动分析报告由标题和正文组成。

(1)标题。由分析单位、分析期限、分析对象和文种组成，如《××市××××年度工业企业经济活动分析报告》、《××××有限责任公司××××年度财务分析报告》等；有的分析报告将其内容概括后写成标题，如《电视机库存结构的分析》；还有的分析报告用正副双标题，如《抓管理 降成本 要效益——××××船务公司一季度经济活动分析报告》。

(2)正文。正文一般用一个导语开头，有的点明形势，指明所要分析的问题；有的介绍分析的时间、范围、对象等；有的简述分析的原因、目的，这些方法可以交叉使用。也有的分析报告不写导语，而是直接写主体部分。主体部分一般包括三个方面的内容：第一，经济活动的基本情况。这一部分主要是根据会计核算、统计资料以及调查研究所掌握的情况，用合适的方法列出各项经济指标并加以比较，指出取得的成绩或存在的问题。文中的数字要客观准确，要客观地反映事物的基本情况，指出“是什么”的问题，这是分析报告的基础；第二，成绩或问题的分析。根据前一部分的数据资料进行分析，并得出相应的结论，回答“怎么样”的问题，这是全文的重点；第三，提出建议。在上述结论的基础上，针对存在的问题，提出具体可行的意见和措施，解决“怎么办”的问题。

2. 写作要求

(1)正确地运用数据资料。经济活动分析报告的一个显著特点，就是大量地运用数据资料，将数据与文字相结合，使定量分析与定性分析相统一。所以在写作时，要准确地运用数据，注意数据的表达方法。例如，在表示增加的数据中，可以用倍数或百分数，但不能用倍数表示减少；在表示数据的增减上，要注意“增加(减少、降低)了”、“增加(减少、降低)到”的区别；在表示数量的界限时，要注意“以上”、“以下”的运用；还有绝对数、相对数、指数等数据的运用。

(2)合理地使用分析方法。经济活动分析报告最常见的分析方法有比较分析法、因素分析法等。

比较分析法也叫对比分析法，是将同一基础上的可比数据资料进行对比，根据比较的结果来分析和研究经济活动成果。它通常是通过实际与计划、现在与历史、本单位与先进单位的对比来找出差距，从中发现存在的问题，找出影响的各种因素，为进一步寻求解决问题的方法打下基础。

因素分析法是研究各种因素变动对总体经济指标影响程度的定量分析方法。这种方法着重于对事实的说明和对影响事物变动的因素分析，它和比较分析法常常结合起来使用。

常用的现代数量分析方法还有：ABC 分析法、线性规划分析法、目标规划分析法、投入产出分析法、回归分析法等。

(3)辩证地分析问题原因。经济活动分析主要采取具体的技术方法分析数据，但仅有数据的分析还不够，要运用辩证的方法对占有的资料和数据结果进行由此及彼、由表及里的分析研究，既看到成绩，又要发现问题，并找出问题的症结所在。

(4)及时地提出科学建议。计算数据，分析问题，是为了解决问题。在客观地找到产生问题的原因后，要及时地得出科学结论，提出解决问题的有效办法和建议。

【同步案例 7－5】

抓管理　降成本　要效益

——×××船务公司一季度经济活动分析报告

×××船务公司是一家国有公司，隶属于××水上货运总公司。公司现有职工×××人，各种船舶××艘，其中2千吨级以上的有××艘。今年年初，货运总公司对我公司下达了年度经济责任指标计划，具体指标计划有：

1. 责任成本：××××万元。

2. 船舶交通事故损失金额：(1)库区、中游：×××万元；(2)下游：×××万元；(3)××××港区：×××万元；(4)其他港区：××万元。

3. 船舶效率：(1)拖轮船产量：×××吨千米/千瓦；(2)驳船产量：×××吨千米/吨。

4. 燃油消耗：(1)企业单耗：××千克/千吨千米；(2)非生产用油：××××吨；(3)燃料油与总耗量比例：××%。

5. 驳船营运率：××%。

公司根据货运总公司下达的年度经济指标计划，对各项经济指标进一步细化，层层分解落实。为确保年度目标的完成，公司领导班子带领全体干部职工，经过近几个月的努力，取得了较好的经济效益，公司第一季度主要经济指标均达到计划要求。

一、各项经济指标运行情况分析

(一)责任成本指标

1~3月份累计责任成本××××万元，为计划××××万元的××%，比计划节约×××万元。

(二)安全、货运质量指标

1~3月份累计交通事故损失金额××万元，为计划××万元的×%；与去年同期相比减少×万元。1~3月份无货运质量事故，无货主投诉，货差损赔偿金额为零。

(三)船舶效率指标

1~3月份累计完成拖轮船产量××××吨千米/千瓦，为计划的×××%，超计划×××吨千米/千瓦；与去年同期相比，增加了×××吨千米/千瓦，增加了××个百分点。

1~3月份累计完成驳船产量××××吨千米/吨，为计划的×××%，超计划××吨千米/吨。与去年同期相比，增加了××吨千米/吨，增幅为××%。

1~3月份累计完成驳船营运率××%，为计划的××%，超计划×个百分点；比去年同期提高××个百分点。

(四)燃油消耗指标

1~3月份燃油企业单耗实际为××千克/千吨千米，与计划××千克/千吨千米相比，降低了×千克/千吨千米；比去年同期下降了×%，降幅×%。1~3月份累计非生产用油×××吨，为计划×××吨的××%；与去年同期相比减少×××吨，降低××%。1~3月份累计燃料油占总耗量的比例为××%，为计划××%的×××%，超计划××个百分点。

从第一季度各项计划指标的运行情况看，可概括为“三增、三降、一稳定”，即：拖轮船产量增长，燃料油占总耗量的比例增长，驳船营运率增长；责任成本降低，非生产用油降低，企业单耗降低，安全稳定。

二、一季度经济指标监控的主要做法

1. 全面贯彻落实货运总公司“两会”精神，积极筹备我公司“两会”，并在我公司的“两会”上认真学习，同时将年度经济指标分配到各部门，配套制定了“××船务公司××××年经济责任制方案”，提交“两会”讨论通过，为全年的经济指标运行和经济责任制考核奠定了坚实的基础。

2. 紧密结合企业经济形势，针对今年油价高、货源不足、运价下滑的严峻形势，公司将责任成本控制放在突出地位，在各项成本指标分解过程中，所有箭头向下，平均低于去年同口径水平××%。

3. 狠抓主题不松劲。在质量安全连续稳定的情况下，公司把安全工作始终作为工作的主题，常抓不懈。一季度重点抓了“百日安全无事故活动”的巩固提高，以及冬季防滑、防搁浅、防碰撞等，确保安全局面的稳定，促进了其他指标的平稳运行。

4. 结合公司安全工作实际情况，我们重新完善了《××船务公司领导安全责任制实施方案》，将安全管理责任、单船建设、推进SMS工作分片包干到公司各位领导，形成了纵向到底、横向到边的安全管理责任网络。

5. 加强各项指标运行的动态监控与管理，及时发现经济运行中出现的问题，并采取措施加以解决。

三、一季度经济运行中存在的主要问题

1. 成本控制压力没有缓解。主要体现在：

(1)随着二季度生产投入的增加，各项安全生产费用和人工成本也将随之上升，加上燃油成本居高不下，运价上涨困难，公司效益压力更大，各项成本的控制压力将更加突出，因此，控本增效将是公司的重要举措。

(2)为了进一步向内挖潜，半年工作会后上级调整指标的趋势仍然存在。

(3)海损杂支、船舶修理费都有上年下转，并在今年成本中消化，控制压力比较突出。

2. 燃油指标压力将会显现。

(1)虽然一季度劣质油掺燃比完成较好(主要是因为6千匹拖轮未上线所致)，以及非生产用油指标控制较好(是因为一季度港口作业船的减少所致)，但随着生产投入的增加，这两项指标的控制压力将会显现。

(2)单耗水平取决于货源的组织水平，如果货源不对流，附拖和空队现象以及小运转增加，对单耗产生直接影响，控制难度相当大。

3. 安全隐患犹存。我公司船舶均为老旧船，设备隐患较多，加上航道秩序混乱，不安全、不可控因素越来越多，对船舶航行安全构成很重的压力。

4. 部分船舶水电费出现异常。三月份有四艘船舶水电费出现异常，严重超计划。为了查清原因，公司责成经监处、计财处认真调查，并做出处理。规定今后财务对所有船舶的水电费进账，要登记明细账，方便考核、查询和对账。

四、今后的工作计划和改进意见

公司领导在参加了经济活动分析会后，对公司一季度经济活动进行了总结，同时提出了下一步的工作计划和整改意见，认为公司第一季度各项经济指标运行正常，并取得了较好的成绩。主要表现在：成本管理得到了科学预控；主要生产指标超计划；安全保持了稳定；服务船舶的力度进一步加大。公司下一步的工作是：

1. 认清形势，转变观念，对市场状况要保持清醒头脑。目前，我公司面临三大压力：一是完成货运总公司的效益指标不够理想；二是开支增加，成本压力更加突出；三是维修经费不足,对船舶设备养护造成困难。因此,公司要加强科学管理,做好半年工作会指标调整的思想准备。

2. 加强成本控制,重点注意四个指标的监控:(1)物料费指标;(2)海损指标(包括海损杂费支出指标);(3)修理费指标;(4)船舶水电费异常情况指标。

3. 强化责任意识。各处室负责人是本部门的经济指标第一责任人,要求各部门紧盯目标,加强管理,严格责任,严密监控,落实计划,完成目标。

4. 经监处要加大运行质量监控。具体做到:(1)加强指标动态监控,严格月度考核;(2)对指标出现异常情况的部门和单位,要督办分析,并要求相关部门写出书面分析材料,报分管领导和公司领导审阅,及时处理解决;(3)各处室要加强协调、沟通,力求将问题解决在萌芽状态。

5. 对重点指标要加大监控力度。重点指标有:工资成本指标,维修费指标,单耗指标,营运间接费指标。

6. 着重解决的几个问题:

(1)加大对安全生产的投入,改善船长办公条件和环境。

(2)关心船员生活和身心健康,特别是"五一"期间,做好对船员的慰问工作。

(3)尽快解决基层单位的困难问题。涉及安全生产的问题,要及时解决。

(4)做好个人所得税、船舶备用金的解释工作。

(5)继续为船舶和生产一线服务。

(6)机关部门要认真学习"职工在我心中,安全在我手中"文件,提高机关工作效率。

××船务公司

××××年×月×日

二、成本分析报告

(一)成本分析报告的概念、类型和作用

成本分析报告是企业在生产经营活动中,对构成产品成本的各个因素进行量化分析,利用成本计划、成本核算和其他有关资料,查明成本升降的原因,分析成本计划的完成情况,寻求降低成本的途径和方法,以求控制成本支出,实现用最少的消耗取得最大经济效益目的的研究分析报告。一般有月度成本分析、季度成本分析、年度成本分析等报告形式。

成本分析是成本管理工作的重要组成部分,是寻求降低成本途径的重要手段。通过成本分析,可以控制成本开支,降低生产成本,从而为提高企业经济效益打下坚实的基础。

(二)成本分析报告的写作格式

成本分析报告一般由标题、前言、表格与数据、文字说明、分析与建议等部分组成。

1. 标题。标题由成本分析的单位、分析的时间范围、分析内容及文种等构成,如《××棉纺厂××××年×月份的成本分析报告》。也可以简化,如《成本分析报告》。

2. 前言。前言也称导语、总述、开头等，是在正文开始前对分析的目的、对象、范围、经过、收获、基本经验、参加调查分析的单位、人员情况等所作的简单说明，但不必面面俱到。

3. 表格与数据。表格与数据是成本分析报告的基本依据。数据表格的内容一般有：销售成本表、原材料成本表、工时成本表、设备折旧表、公司管理成本表、产品额外费用表、运输成本表、辅助材料成本表、易耗品成本表、库存表、材料使用率表等。

4. 文字说明。文字说明是对上述表格数据的文字说明，包括计算公式、计算方法等。

5. 分析与建议。分析与建议成本分析报告是从影响成本诸要素的分析入手，找出影响总成本升降的主要原因，并针对原因提出控制成本(降低成本)的措施，以供领导决策参考。分析时，既要对各个成本项目进行分析，并与当期预算的情况进行比较，还要与上一年同期情况进行对比。对于有数量的成本项目，还要具体分析数量变化的影响、价格变化的影响和单耗变化的影响。在比较分析中会发现一些问题，要针对这些问题提出合理化的建议和解决措施。

以上3、4、5三个部分是报告的主体。由于内容多、篇幅长，最好把它分成若干部分，各加上一个小标题；难以用文字概括其内容的，可用序号来标明顺序。主体部分有以下四种基本写法。

(1)分述式。这种方法从多角度、多侧面分析描述事物的结果，是多向思维在谋篇布局中的反映。其特点是反映业务范围较宽、概括面较广。

(2)层进式。这种方法主要用来表现对事物的逐层深化的认识，是收敛性思维在文章谋篇布局中的反映。其特点是概括业务面虽然不广，但发掘却很深。

(3)三段式。主体部分由现状、原因、对策三个方面组成，分别进行阐述。

(4)综合式。主体部分将上述各种结构形式融为一体，加以综合运用，即为综合式。如用“分述结构”来写“三段结构”中的“现状”；用“三段结构”来写“层进结构”中的一个层次；用“总分结构”来写“分述结构”中的某一方面内容；也可以使用“总分总结构”来写，分述之后总结主要情况、做法、经验或问题，等等。

【知识链接7-2】

成本分析的技术方法

1. 比较分析法

比较分析法是指通过指标对比，从数量上确定差异的一种分析方法。其主要作用在于揭示客观上存在的差距，并为进一步分析指出方向。实际工作中通常有以下几种形式：

(1)以成本的实际指标与成本计划或定额指标对比，分析成本计划或定额的完成情况。

(2)以本期实际成本指标与前期(上期、上年同期或历史上最好水平)实际成本指标对比，观察企业成本指标的变动情况和变动趋势，了解企业生产经营工作的改进情况。

(3)以本企业实际成本指标与国内外同行业先进指标对比，找出差距，改进经营管理。

比较分析法只适用于同质指标的数量对比，因此要注意对比指标的可比性。

2. 比率分析法

比率分析法是指通过计算和对比经济指标的比率，进行数量分析的一种方法。采用这一方法，先要把对比的数值变成相对数，求出比率，然后再进行对比分析。具体形式有：

(1)相关指标比率分析。将两个性质不同但又相关的指标对比求出比率，然后再以实际数与计划(或前期实际)数进行对比分析。

(2)构成比率分析。构成比率是指某项经济指标的各个组成部分占总体的比重。如将某个成本项目同产品成本总额相比，计算该项目占总成本的比重(即构成比率)，然后将不同时期的成本构成比率相比较，观察其变动情况，从而掌握经济活动情况对产品成本的影响程度。

(3)动态比率分析。将不同时期同类指标的数值对比求出比率，进行动态比较，据以分析该项指标的增减速度和变动趋势，从中发现企业在生产经营方面的成绩或不足。

3. 因素分析法

因素分析法是依据分析指标与其影响因素的关系，从数量上确定各因素对分析指标影响方向和影响程度的一种方法。因素分析法既可以全面分析各因素对某一经济指标的影响，又可以单独分析某个因素对经济指标的影响，在财务分析和成本分析中应用广泛。具体有以下形式：

(1)连环替代法。它是将分析指标分解为各个可以计量的因素，并根据各个因素之间的依存关系，顺次用各因素的比较值(通常为实际值)替代基准值(通常为标准值或计划值)，据以测定各因素对分析指标的影响程度。

(2)差额分析法。它是连环替代法的一种简化形式，是利用各个因素的比较值与基准值之间的差额，来计算各因素对分析指标的影响情况。

(3)定基替代法。分别用分析值替代标准值，测定各因素对分析指标的影响程度，如标准成本的差异分析。

(4)指标分解法。它是将分析指标分解为不同要素，再对其进行分析的一种方法。如资产利润率是资产周转率和销售利润率的乘积，可将其分解成两个要素来分析。

(三)成本分析报告的写作要求

成本分析报告的主要作用在于今后改进工作，降低成本，提高效益。因此，撰写报告时要求采用的数据资料和其他材料是客观真实的，计算公式是符合要求的，分析方法是准确可靠的，文字说明是科学辩证的，提出建议是切实可行的。

【同步案例7-6】

××公司一季度产品销售成本分析(节选)

……

1. 全部销售成本完成情况

一季度公司全部产品销售成本×××万元，较上年同期×××万元增长××%。其中：

(1)出口产品销售成本×××万元,占成本总额的××%,同比增加×××万元,增长××%,其成本增长率大大高于全部产品销售成本总体增长水平。

(2)本部国内产品销售成本×××万元,占成本总额的××%,同比增加××××万元,增长××%;说明国内产品销售成本增长率低于全部产品销售成本增长率。

(3)A分公司产品销售成本×××万元,比去年同期增加×××万元,增长××%,占成本总额的××%;其销售成本占收入结构的××%,同比上年增长××%。

2.各销售区域产品销售成本对总成本的影响

(1)出口产品销售成本对总成本的影响为××%。

(2)国内销售产品成本对总成本的影响为××%。

(3)A分公司销售产品成本对总成本的影响为××%。

3.单位产品材料利用率同比下降对成本的影响

(1)AB1利用率只有××%,同比增加了×××万元。其原因是××不合格×××米,阿拉伯蓝色××不良产生×××标准张降级。

(2)AB2利用率只有××%,同比成本增加了××万元。主要是××不良、拉闸停电损失。

(3)AB3利用率只有××%,比上年的××%降低约×个百分点,成本增加××万元。主要是对新设备××××试验调整。

(4)AB4比计划成本高××万元,因为×月有PEX材不合格×××米,×月有××材不合格致使××××张严重降级。

……

四、存在问题及原因

(一)存在问题

1.与去年相比,产品销售成本的增长率提高了。具体表现在:成本增长率大于收入增长率;一季度出口产品销售收入同比增长××%,而其成本增长××%;A分公司收入增长××%,而成本增长××%;只有国内产品销售呈良好发展态势,收入增长大于成本增长。

2.负债增加,获利能力降低,偿债风险加大。

(1)对外负债总额一年内增长××%。以其他应收款、应付账款形式占用的外部资金有明显上升,其中应收账款是应付账款的×倍,全部应收款是全部应付款的×倍,公司对外融资所获得的资金完全被外部资金占用。

(2)赊销收入占全部收入的比重大,造成营运资金紧张,严重影响了现金净流量。一季度应收账款余额××××万元,其中各分公司的不良或风险应收账款为×××万元,占其赊销收入总额的××%;代理商及办事处赊销收入占发货总数的××%。销售收回的现金流量少,不足以支付经营现金支出,加重了支付财务利息的负担。

(二)形成的主要原因

1.外汇比率等宏观经济环境的变化、市场供求关系的不确定性使产品盈利空间不断缩小。

2. 资金结构不太合理,流动资金未能充分用于生产经营。

3. 公司自身负债增加使偿债能力日趋下降,产生潜在的财务危机。

4. 应收账款赊销比重过大,容易产生财务风险。

五、几点意见

成本费用利润率低是目前制约公司盈利能力的瓶颈,鉴于国内外各种因素的影响,针对公司目前的一些困难,我们提出以下一些改进意见:

1. 分析产品原材料利用率增减变化原因,针对不同产品,各分公司要在扩大销售业务的同时狠抓产品成本的节能降耗工作,向管理、生产要利润。

2. 抓紧应收款项的催收力度,适度从紧控制赊销比例。对于出现不良赊欠货款或风险欠款的销售区域,更要特别关注。

3. 针对汇率波动、银行放贷政策变化等外部不利影响因素而产生的财务风险,公司要完善资金管理措施,重视现金流量,合理利用资金,降低财务风险。

三、财务分析报告

(一)财务分析报告的概念

财务分析报告是企业依据会计报表、财务分析表及经营活动和财务活动所提供的信息及其内在联系,运用一定的科学分析方法,对企业的生产经营情况、资金增减变动和周转利用情况、税金缴纳情况、利润实现及其分配情况、存货及固定资产等主要财产物资的盘盈、盘亏、毁损等变动情况,对本期或下期财务状况将发生重大影响的事项,做出客观、全面、系统的分析和评价,并进行必要的科学预测而形成的书面报告。

(二)财务分析报告的类型

1. 按其内容与范围不同,可分为综合分析报告、专题分析报告和简要分析报告三种。

(1)综合分析报告,又称全面分析报告,是企业依据资产负债表、损益表、现金流量表、会计报表附表、会计报表附注及财务情况说明书、财务和经济活动所提供的其他信息资料,运用一定的科学分析方法进行客观、全面、系统的分析和评价,并进行必要的科学预测而形成的书面报告。它具有内容丰富、涉及面广、对企业各项决策有深远影响等特点。

综合分析报告主要用于年度和半年度的财务分析。撰写时必须对分析的各项具体资料的主次及先后顺序做出合理安排,既要全面具体,又要抓住重点。

(2)专题分析报告,又称单项分析报告,是指针对企业经营管理中某一时期的某些关键问题、重大经济措施或薄弱环节等进行专门分析后形成的书面财务报告。它具有不受时间限制、一事一议、易被经营管理者接受、收效快等特点。

(3)简要分析报告,是对主要经济指标在一定时期内存在的问题或比较突出的问题,进行概要的分析而形成的书面报告。

简要分析报告具有简明扼要、切中要害的特点。通过分析,能反映和说明企业在分析期内业务经营的基本情况,企业累计完成各项经济指标的情况并预测今后发展趋势。主要适用于定期分析,可按月、按季进行编制。

2. 按其分析的时间划分，有定期分析报告与不定期分析报告两种。

(1)定期分析报告，一般是由上级主管部门确定或企业根据内部规定的固定时间编制和上报的财务分析报告。如每半年度或年末编制的综合财务分析报告就属于定期分析报告。

(2)不定期分析报告，是从企业财务管理和业务经营的实际需要出发，不做时间规定而编制的财务分析报告。如上述的专题分析报告就属于不定期分析报告。

(三)财务分析报告的写作

写作财务分析报告时，定期报告的标题往往写成《××公司××××年度财务分析报告》，这也是综合分析报告的标题；专题分析报告的标题要复杂些，如《××公司×季度流动资金周转问题的分析》、《企业资产使用效率分析报告》等。除标题外，正文部分一般分为五个方面：

1. 提要。概括企业的基本情况，让读者对企业和财务分析说明有一个总括的认识。

2. 说明。运用绝对数、比较数或复合指标数对企业的生产经营及财务现状进行介绍，要求文字表述恰当、数据引用准确，对企业的重要事项要单独反映。

【同步案例7-7】

××公司××××年度财务分析报告(目录)

一、公司生产经营的基本情况

二、各项财务指标分析

(一)利润指标分析

1. 利润总额增减变动分析

2. 公司各部门利润指标分析

(二)收入指标分析

1. 销售收入结构分析

2. 销售收入的销售数量与销售价格分析

3. 赊销情况分析

(三)成本费用分析

1. 产品销售成本分析

2. 各项费用完成情况分析

(四)现金流量表分析

1. 现金流量分析

2. 现金流量表增减变动分析

(五)其他财务指标分析

1. 获利能力分析

2. 短期偿债能力分析

3. 长期偿债能力分析

三、存在问题及原因

四、意见和改进措施

3. 分析。在运用数据和事实的基础上对企业的生产经营情况进行分析研究，这是报告的关键所在。分析问题，就是寻找问题的原因和症结，以达到解决问题的目的。财务分析一定要有理有据，要细化分解各项指标，要善于运用表格和图示，突出主要内容，抓住当前要点，多反映企业的经营焦点，不能忽视一般问题。

4. 评价。在做出财务说明和分析后，对于企业的经营情况、财务状况、盈利业绩等问题，要从财务角度给予公正、客观的评价和预测。评价不能运用似是而非、可进可退、模棱两可等不负责任的语言，要从正面和负面两方面进行。评价既可以单独分段进行，也可以将评价内容穿插在说明部分和分析部分。

5. 建议。建议是企业在对生产经营、投资决策等问题进行分析后形成的意见和看法，特别是对存在的问题所提出的改进建议。在写建议时，注意不能太抽象，要具体化，要有切实可行的具体方案。

【任务评价】

经济活动分析报告、成本分析报告、财务分析报告都是反映财经领域工作情况的报告，都是用经济指标说话。在写作时要注意它们的相似之处，但也要注意它们的不同之处。

任务四 税务检查报告、预决算报告的写作

【任务描述】

了解税务检查报告、预决算报告的概念和作用，掌握它们的写作方法。

【任务分析】

什么是税务检查报告和预决算报告？它们的写作方法有何不同？

【知识准备】

税务检查报告主要反映纳税人依法纳税和违法违规等情况，是征税人依法惩处纳税人违反税收法规行为的重要依据。要注意财政预决算报告与企业财务预算报告的区别。

【工作步骤】

税务检查报告的写作；预决算报告的概念、作用和写作方法。

一、税务检查报告

（一）税务检查报告的概念及作用

1. 概念

税务检查报告，也叫税务稽查报告，是税务检查人员依据现行税收法律规章制度，对纳税人一定时期内的纳税事项进行检查，根据检查情况、存在问题及处理意见而写出的书面报告。

税务检查报告是税务机关的工作人员在对纳税人进行税务检查后制作的文书，一般不对外公布。如果纳税人存在问题，经审理、告知期满后，则下达“税务处理决定书”或“税务处罚决定书”给纳税人。

2. 作用

税务检查报告主要反映纳税人依法纳税和违法违规等情况。它是纳税人纳税情况的真实反映与文字记录，也是依法惩处纳税人违反税收法规行为的重要依据。税务检查报告如实记录、准确反映纳税人的基本情况，有利于税务机关掌握纳税人依法纳税的情况，对加强税收征收管理、严格执法、严肃处理税收违法行为等提供了客观、详实、公正、全面的依据。

【知识链接7-3】

如何写税务自查报告

税务自查报告，是纳税人将税务机关认为可能有问题的事项，用书面文字给予解释说明而写成的报告。一般只要简单地介绍一下相关情况，类似于情况说明。具体写法是：

第一部分：企业基本情况介绍，如成立日期，法定代表人，经营地址，注册资金，经营范围，主营业务，是否为增值税一般纳税人，何时认定为增值税一般纳税人等。

第二部分：核查期内的税负情况。具体根据企业情况，简要解释税负问题的原因，如行业特点、销售的淡季旺季、签订大笔供货合同后的库存准备过多、产品积压等。

第三部分：解决税负问题的一些措施，如扩大销售，提高产品质量，减少库存等。

（二）税务检查报告的写作

税务检查报告与其他财经报告一样，也包括标题、正文（主体）和落款三个部分。

1. 标题。由被检查单位、检查内容和文种组成，如《对××××公司的税务检查报告》等。

2. 主体。主体是报告的中心内容，一般应反映以下内容：(1)报告的编号；(2)纳税人名称；(3)纳税人的性质或经济类型；(4)法定代表人姓名；(5)检查所属期间；(6)检查人员姓名；(7)检查类型；(8)检查实施时间；(9)发现的问题（如违法或犯罪事实）及主要手法；(10)政策与法律依据；(11)处理意见，等等。

3. 落款。写上检查单位的名称、检查人员姓名和撰文日期。

（三）税务检查报告的写作要求

税务检查报告是由从事税务检查的工作人员在完成检查后拟写的，因此，报告反映的情况要客观、真实、准确；引用的政策法规依据要准确；提出的处理意见既要符合现行税法规定，对纳税人又要切实可行；文字表述要清楚、简练。

【同步案例7-8】

对×××发展有限公司的税务稽查报告

报告编号:××××

被检查人(纳税人):×××发展有限公司

工商编号:××××

地址:××××××××

经济类型:××××

法定代表人:×××

检查期间:××××年×月×日至××××年×月×日

检查人:×××,×××,×××

检查类型:日常稽查

根据有关规定,我局于××××年×月×日起对×××发展有限公司××××年×月×日至××××年×月×日应缴地方各税费情况依法进行了检查,对×××发展有限公司提供的会计报表、财务账簿及相关纳税资料进行了普遍检查,检查结果如下:

一、基本情况

1. ×××发展有限公司××××年度有职工人员×××人,属于自负盈亏性质的企业单位。

2. ××××年度收入合计××××万元。其中:营业税应税收入——服务性收费××××万元,包括转让费×××万元、评估费×××万元和测绘费×××万元,另外有抵押费×××万元,租赁手续费××万元,档案费××万元,资料费××万元,代理费××万元。

支出类合计××××万元。其中:工资薪金××××万元,办公费×××万元,印刷费××万元,水电费××万元,交通费×××万元,差旅费××万元,会务费××万元,招待费××万元,福利费××万元,培训费××万元,设备购置费××万元,维修费××万元,其他费用×××万元,邮电费××万元。

3. 共使用×个营业账本,支付车辆保险费×万元,实收资本增加××万元。

4. ××××以前年度地方税费已缴清。

二、各种地方税费结算情况

1. 应征营业税——服务业:××××万元×5% = ××万元。申报税额××万元,已征税额××万元,欠税0元。本次查补税额0元,应补缴税额0元。

2. 应征城建税:×××万元×5% = ×万元。申报税额×万元,已征税额×万元,欠税0元,本次查补税额0元,应补缴税额0元。

3. 应征教育费附加及地方教育费附加:×××万元× 4.5% = ×万元。申报额×万元,已征数×万元,欠缴数0元,本次查补数0元,应补缴数0元。

4. 应征印花税合计×××元。其中:应征印花税——账本:×本×5元/本 = ××元;

印花税——保险合同：×万元×1‰=××元；印花税——实收资本：××万元×5‰=×××元。申报税额0元，已征税额0元，欠税0元。本次查补税额×××元，应补缴税额×××元。

5. 应代扣代缴个人所得税××万元，申报税额0元，已征税额0元，欠税0元。本次查补税额××万元，应补缴税额××万元。

6. 应征车船税：由保险机构代扣代缴。

7. 应征水利建设基金：×××万元×0.6‰=×万元，申报数0元，已征数0元，欠缴数0元。本次查补数×万元，应补缴数×万元。

8. 应征工会经费：×××万元×2%=×万元，申报数0元，已征数0元，欠缴数0元。本次查补数×万元，应补缴数×万元。

9. 应征残保金：××万元×1.5%=×万元，申报数0元，已征数0元，欠缴数0元。本次查补数×万元，应补缴数×万元。

10. 企业所得税结算如下：

(1)总收入×××万元，其中应税收入×××万元。

(2)应税收入占全部收入总额的比例为×××万元÷×××万元=××%。

(3)支出与收入配比为×××万元×××%=××万元。

(4)应税营业利润为×××万元-×××万元-××万元=××万元。

(5)调增部分××万元。

(6)调减部分××万元。

(7)弥补以前年度亏损××万元。

(8)应纳税所得额：××万元+××万元-××万元-××万元=××万元。

(9)应征企业所得税：××万元×25%=××万元。已征税额0元，本次查补××万元，应补缴税额××万元。

三、应补缴地方税费

通过检查，该公司应缴地方税费××万元。公司申报税费××万元，已缴纳税费××万元，历史欠缴税费0元，本次检查应补地方税费××万元。

四、发票违章情况

1. ××××年×月×日第××号凭证，用收款收据支付住宿费、资料费×××元。

2. ××××年×月×日第××号凭证，用收款收据支付培训、资料费××××元。

3. ××××年×月×日第××号凭证，用材料发票入账支付工程款××××元。

五、税务违章情况

1. 未按规定代扣代缴个人所得税××万元。

2. 未按规定申报而造成少缴印花税×××元。

六、处理意见

1. 对于应补缴的地方税费××万元予以追缴。

2. 对于应补缴的税款及相关费用，根据《中华人民共和国税收征收管理法》第三十二条及相关法规的规定，分别从滞纳之日起加收 0.5‰和 5‰的滞纳金，分别为×××元和××××元。

3. 对于发票违章行为，根据《中华人民共和国发票管理办法》第三十六条、三十九条之规定，处以罚款××××元。

4. 对于税务违章行为，根据《中华人民共和国税收征收管理法》第六十九条和第六十四条之规定，处以罚款××××元。

××市××地方税务局××分局

报告人：×××，×××

××××年×月×日

二、预决算报告

(一)预决算报告的概念和特点

1. 概念

预决算报告是指财政预决算报告，是财政部门受同级政府委托，向同级人民代表大会(或常务委员会)报告当年财政预算执行情况和下年度财政预算安排草案的书面报告。

预决算报告是搞好经济工作的一项重要内容，一方面可以合理安排财政的收入和支出，对收支计划和执行结果做到心中有数；另一方面可以总结经验教训，有利于今后更加合理与完善地安排财政收支，管好用好财政资金；同时有利于加强人大、政协和社会各届对政府财政工作的监督。

2. 特点

财政预决算报告充分体现了政府财政部门工作的性质与特点，表现在：

(1)计划性。一切财政经费开支都要有目的、有计划地进行，本着开源节流、量入为出、精打细算的原则，做到事前有预算，事后有决算。

(2)真实性。财政预决算报告中的数字和内容是各财政预算单位统一汇总得来的，是预算执行的结果，因此必须符合客观实际，不得人为地增减变动。

(3)程序性。财政预决算报告是财政部门在有关领导的指导和集体讨论研究后编制的，编制后要由本部门负责人审阅，经反复修改并审定后，向人代会报告。

(4)严肃性。财政预决算报告是由政府委托财政部门提出的，报告的内容要通过政府讨论后确定。报告中的各项指标经人代会审查批准后具有法律约束力。

【知识链接 7-4】

企业如何编制财务预算

财务预算是企业在对生产经营的科学预测与决策基础上，用价值形态反映企业未来一定时期内的生产经营成果和财务成果以及现金收支等价值指标而制订的计划文书。

财务预算着眼于企业资金的运用，同时可以指导企业的筹资策略，合理安排企业的财务结构。财务预算的核心是企业的现金预算。现金预算通过对现金持有量的安排，可以使企业保持较高的盈利水平，同时保持一定的流动性，并根据企业资产的运用水平决定负债的种类结构和期限结构，从而尽量降低企业财务的风险程度。

财务预算的基本原则是：量入为出，综合平衡；效益优先，确保重点；全面预算，过程控制；权责明确，分级实施；规范运作，防范风险。编制财务预算，一般按照"上下结合、分级编制、逐级汇总"的程序进行。以企业年度财务预算为例，其基本程序如下：

1. 财务部门根据企业确定的预算年度经营目标，提出下一年度的财务预算目标。

2. 财务部门根据预算年度的经营目标，在年底最后一个月内制定下一年度预算的具体要求。

3. 企业各部门按照统一要求编制各自的下一年度预算草案，在12月份报送企业财务部门。

4. 财务部门对各部门上报的预算草案进行审查、汇总，并交相关职能部门（职代会等）进行审查，结合相关职能部门的意见，在综合平衡的基础上提出下一年度预算草案，于12月31日前报财务预算部门审查。

5. 财务预算部门对预算草案进行审核，对未能通过审核的项目，要进行调整，并报企业最高管理部门审批。

6. 财务部门将批准的年度总预算分解成一系列的预算指标，下达给企业各部门执行。

企业财务预算可以根据不同的预算项目，分别采用固定预算、弹性预算、滚动预算、零基预算、概率预算等方法进行编制。

（二）预决算报告的结构及写作要求

1. 预决算报告的结构

预决算报告由标题和正文两部分构成。

（1）标题。一般采用公文式标题，如《××市××××年预算执行情况和××××年预算草案的报告》。

（2）正文。预决算报告通常包括上年度预算执行情况（决算）和本年度预算两大部分，在写正文之前要加称呼，如"人大主席团、各位代表"。

第一部分写上年度预算执行情况，主要内容有：首先简单介绍决算编制的指导思想、原则、依据和任务完成情况等；其次介绍上年度各项收入和支出的具体完成情况；最后介绍上年度预算任务完成的做法、存在的问题及解决的措施与办法。

第二部分写本年度预算方案（草案）：首先综述编制年度预算的概况；其次说明财政收支的安排情况；再次说明各行口的财政项目安排；最后介绍完成预算任务的措施及要求。

预决算报告一般由财政部门负责人在人代会上汇报，不写落款。

2. 预决算报告的写作要求

(1)充分了解财政收支情况,掌握必备材料,做到心中有数。

(2)数字要真实而具体,内容要全面而详细,各收支项目要分别说明,使人一目了然。

(3)报告经审议批准后不得随意变动,要在当地报纸上全文刊载。

【同步案例 7-9】

××市××××年预算执行情况和××××年预算草案的报告

——××××年×月×日在××市第××届人民代表大会第×次会议上

各位代表:

我受××市人民政府的委托,向大会报告全市××××年预算执行情况和××××年预算草案,请予审议,并请市政协各位委员和其他列席人员提出意见。

一、××××年预算执行情况

××××年,在市委的正确领导下,在市人大的监督指导下,全市各级财政部门深入贯彻落实科学发展观,紧紧围绕全市60项重点工程和中心工作,充分发挥财政职能作用,狠抓增收节支,全力以赴支持稳增长、控物价、转方式、惠民生、促和谐各项工作,稳步推进各项财政管理和财政改革,较好完成了市××届人大×次会议确定的预算任务。

市××届人大×次会议审议通过的市××××年全市地方财政一般预算收入为×××亿元,全年一般预算收入完成×××亿元,完成预算的×××%,较上年增长××%,增收××亿元。其中:市区完成×××亿元,完成预算的×××%,增长××%,增收××亿元。市本级完成××亿元,增长××%,增收××亿元。

在全市地方一般预算收入构成中,增值税完成××亿元,增长××%;营业税完成××亿元,增长××%;企业所得税完成××亿元,增长××%;个人所得税完成××亿元,增长××%;契税完成××亿元,下降×%。

××市××届人大×次会议审议通过的××××年全市地方财政一般预算支出为×××亿元,其中:市本级为×××亿元。由于上年结转、省下达专项经费、中央转贷地方债以及年度追加预算等因素,全市地方财政一般预算支出调整为×××亿元,其中:市本级调整为×××亿元。全年全市地方财政一般预算支出完成×××亿元,完成调整后预算的××%,增长××%,增支××亿元,其中:市本级完成××亿元,完成调整后预算的××%,增长×%,增支××亿元。

全市地方财政一般预算收入加上预计上级补助收入、中央转贷地方债收入、上年结余收入、调入资金,减去全市地方财政一般预算支出、预计上解上级支出等收支相抵后,预计结余结转××亿元,其中:市本级财政一般预算收入加上预计上级补助收入、下级上解收入、中央转贷地方债收入、上年结余收入和调入资金等,来源合计×××亿元,减去市本级财政一般预算支出、上解上级支出、补助下级支出等,支出合计×××亿元,年终结余结转××亿元,其中:未完事项结转下年支出××亿元,年终结余×亿元。××××年全市财政均实现收支平衡。

××××年全市预算执行和财政工作有以下主要特点:

(一)财政收支运行平稳

××××年受复杂严峻的国内外经济形势影响,我市经济增长有所放缓。在此基础上,我市财政收入走势呈现“高开低走”态势,但依然保持××%以上的增速。全市一般预算收入增幅高于××市平均×个百分点。财政支出结构持续优化,支持经济发展和保民生等重点支出得到有力保障,并继续保持较快增长,其中:“三农”、教育、科学技术、医疗卫生、社会保障和就业、住房保障等支出增长分别达××%、××%、××%、××%、××%、×××%以上。

(二)促进经济平稳较快增长

……

(三)支持统筹推进城乡一体化发展

……

(四)保障和改善民生的投入不断加大

……

(五)各项财政改革管理稳步推进

……

各位代表,过去一年各项成绩的取得,是市委坚强领导的结果,是全市人民共同努力的结果。同时我们也清醒地认识到,预算执行和财政运行中还存在一些不容忽视的问题。主要是:受国际国内宏观形势变化影响,经济运行中不确定因素增多,财政增收基础还不稳固;随着财政保障的要求越来越高,财政支出的压力越来越大;部分基层财政运行比较困难;防范和化解财政风险的任务十分艰巨。我们将高度重视这些问题,切实采取有效措施,努力加以解决。

二、××××年预算草案

按照中央、省和市对经济工作的总体部署,根据《预算法》和我市××××年国民经济增长预期,××××年全市财政收支及市本级财政支出预算草案编制情况如下:

××××年预算安排的指导思想:紧紧围绕科学发展主题,认真贯彻落实省、市党代会精神,围绕市委、市政府确定的重点工程和中心工作,落实积极的财政政策,支持转型升级和科技创新,促进经济结构优化和平稳较快增长;依法组织财政收入,保持收入稳定增长;调整优化财政支出结构,严格控制一般性支出,重点支持“三农”、教育、科学技术、医疗卫生、社会保障和就业、节能环保等方面,促进城乡统筹、民生改善;坚持依法理财,创新财政管理机制,深化预算制度改革,加强财政科学化、精细化管理,提高财政管理绩效。

××××年收支预算安排的原则:坚持预算收入的增长与经济发展相适应;坚持积极稳妥、量入为出安排支出预算,确保年度支出预算正常执行;坚持统筹兼顾,突出重点,有保有压,提高公共财政服务能力;坚持厉行节约原则,加大对促进经济转型、城乡一体化发展和民生保障的投入,加大对文化等社会事业项目的投入;坚持可持续发展的财政运行机制,加强对政府性债务管理和风险防范,不断增强财政抵御风险能力。

(一)全市财政收支总预算及市本级财政支出预算

××××年全市地方财政一般预算收入拟安排×××亿元,比上年实际增长××%。全市地方财政一般预算支出拟安排×××亿元,同比增长××%。

××××年市本级一般预算支出为×××亿元,同口径增长××%,其中体制财力拟安排××亿元,同口径增长××%。

(二)关于××××年全市财政收入总预算及市本级财政支出预算的编制说明

1. 全市财政收入预算说明

……

2. 市本级财政支出预算说明

……

三、完成××××年预算的主要政策措施

为确保今年财政收支预算任务的完成,我们将重点抓好以下几方面的工作。

(一)强化财政收支管理,保持财政收入稳健增长

……

(二)着力推动转型升级,促进经济平稳较快发展

……

(三)支持城乡统筹发展,推进农业和水利现代化工程

……

(四)加大财政投入力度,大力推进民生幸福工程

……

(五)发挥财政保障职能,大力推进文化名城建设

……

(六)夯实财政管理基础,提升财政科学管理水平

……

各位代表,××××年财政工作任务十分艰巨。各级财政部门将在市委、市政府的正确领导下,在社会各界的大力支持下,依法接受人大的监督,深入贯彻落实科学发展观,开拓创新,奋发进取,努力工作,为××率先基本实现现代化和全年预算任务圆满完成做出新的贡献。

【情境总结】

财经报告也叫财经工作报告,是按一定的工作程序,对财经工作中的某些情况、经验、问题等进行详细调查和认真了解,在占有大量材料并经过深入分析和科学评价后引出正确的结论,然后把情况、分析和结论写成有叙有议的书面报告。调查报告是在对某一事物或某一问题进行深入细致的调查了解和科学的分析研究之后,运用调查得来的资料和研究的结论写成的书面报告,具有针对性、真实性、叙议结合等特点。

思考题

一、实践题

阅读下面的例文，指出文章标题的修辞手法，并谈谈文章开头一段的写作特点。

仿古家具求真 经营观念要新

——××省××市农村仿古家具市场调查

××××年春季广交会，吸引着××省××市的数家农民雕漆工艺厂的代表们来此洽谈生意。这个数字较之年前增加了×个，外贸生产厂家的增加，是否就意味着总的出口创汇能力得到增强呢？答案是否定的，那么其中的缘由是什么呢？

二、单项选择题

1.《省直国有企业职工收入的调查》是一篇(　　)调查报告。

A. 反映基本情况的　　B. 总结典型经验的

C. 介绍新生事物的　　D. 考察历史事实的

2. 财政预决算报告，是财政部门受同级政府委托，向(　　)人民代表大会(或常务委员会)报告当年财政预算执行情况和下年度财政预算安排草案的书面报告。

A. 上级　　B. 同级　　C. 下级　　D. 财政部门

3. 纳税人将税务机关认为可能有问题的事项，用书面文字给予解释说明而写成的报告是(　　)。

A. 税务稽查报告　　B. 税务检查报告

C. 税务审计报告　　D. 税务自查报告

4. 企业或其他单位根据计划、会计、统计和业务核算资料及调查研究所掌握的情况，运用科学的方法，对其经济活动进行考察和分析，并对企业的财务状况和经营成果做出正确的分析和评价，最后写成的书面报告是(　　)。

A. 经济活动分析报告　　B. 成本分析报告

C. 市场预测报告　　D. 财务分析报告

5. 预决算报告一般由(　　)在人代会上汇报，不写落款。

A. 政府部门负责人　　B. 财政部门负责人

C. 人代会主席　　D. 政协主席

三、多项选择题

1.《发展中的城市住宅建设问题》属于(　　)。

A. 文章式标题　　B. 文件式标题　　C. 辅助性标题　　D. 问题式标题

2. 审计报告的正文除了审计概况外，还包括以下主要内容(　　)。

A. 审计依据　　B. 审计结论　　C. 审计决定　　D. 审计建议

3. 经济活动分析报告的写作要求有(　　)。

A. 正确地运用数据资料　　B. 合理地使用分析方法

C. 辩证地分析问题原因　　D. 及时地提出科学建议

4. 成本分析的技术方法主要有(　　)。

A. 比较分析法　B. 连环替代法　C. 差额计算法　D. 比率分析法

5. 财务分析报告中用于分析的数据资料包括(　　)。

A. 会计报表　B. 财务分析表　C. 经营活动资料　D. 财务活动资料

四、判断题

1. 撰写财经报告的最基本要求是事先要占有大量的材料。(　　)

2. 市场预测报告就是用调查的结果来分析、预测并判断市场结果的一种书面报告。(　　)

3. 审计报告的最主要作用是鉴证作用。(　　)

4. 资产评估报告既是资产评估机构与注册资产评估师对被评估资产在特定条件下的价值所发表的专家意见,也是二者为资产评估项目承担相应法律责任的证明文件。(　　)

5. 一般来说,年末编制的综合财务分析报告属于定期分析报告。(　　)

项目八

经济合同

学习目标

知识目标：了解经济合同的含义和特点，熟悉经济合同的不同类型以及订立原则，掌握经济合同的基本内容和写作格式，熟悉合同的写作要求。

能力目标：认识经济合同的重要性，全面掌握订立合同的意识和写作合同的能力；提高动手能力，写作符合规范要求的经济合同。

【情境导入】

房屋租赁合同

出租方（以下简称甲方）：×××　　　　身份证号码：×××××××××××××××

承租方（以下简称乙方）：×××　　　　身份证号码：×××××××××××××××

根据《中华人民共和国合同法》的规定，为明确甲方与乙方的权利义务关系，经双方协商一致，签订本合同。

第一条　甲方将坐落于××市××××路××号的合计面积为×××平方米的建筑物共×间租给乙方使用。

第二条　租赁期限为×年零×个月，甲方从××××年×月×日起将上述房屋交付乙方使用，至××××年×月×日收回。

乙方有下列情形之一的，甲方可以终止合同，收回房屋：

1. 乙方擅自将房屋转租，转让或转借他人使用的；

2. 乙方利用承租房屋进行非法活动，损害公共利益的；

3. 乙方拖欠租金累计达3个月的。

租赁期届满时，租赁关系自然终止，甲方无须另行通知乙方。若双方均有意续租，可在租赁期届满前两个月提出续租意向，并议定合理租金和续租合同。

第三条　每月租金为人民币××××元整（大写），付款方式为提前壹个月支付，即本月要付清下月的租金。

第四条　协议事项：

1. 房屋的水电费、煤气费和电话费自乙方入住之日起至租赁期满迁出之日止由乙方负担。

2. 甲方应承担所出租房屋的修缮义务,乙方应对修缮工作予以配合。

3. 乙方应妥善管理和使用出租房屋的内外设备。如未征得甲方同意,乙方不能擅自变更、损坏房屋结构和设备。

4. 乙方不得利用出租房屋进行非法活动或存放危险物品,影响公共安全。

5. 租赁期满之日,在不续租的情况下,乙方应无条件退租,并将房屋设备清点后归还甲方;乙方不得请求退还租金、移转费及一切权利金;乙方应将自己的家具物品搬迁出去,不得故意留存占据,如逾期不搬,则视为乙方放弃其所有权,物品由甲方自行处理。乙方逾期不搬出房屋,甲方可向人民法院提起诉讼,由此造成的一切损失由乙方承担赔偿责任。

6. 租赁期间双方均不得无故解除合同,但乙方因特殊情况需退房时,必须提前十五天通知甲方,并支付一个月租金作为赔偿。如甲方确需收回房屋自用,也须提前十五天通知乙方,支付一个月租金作为乙方搬迁的补偿,并退还乙方未满租期的租金。

7. 甲方需对上述房产提供全部法律文件,如因房产产权等问题影响乙方在租期内对房屋的居住使用,造成的全部损失由甲方承担。

第五条　其他事项:

1. 若甲方将房产所有权转移给第三方时,合同对新的房产所有者继续有效。

2. 甲方出售房屋,须提前三个月通知乙方,在同等条件下乙方有优先购买权。

3. 乙方需与第三人互换住房时,应事先征得甲方同意。

第六条　违约责任:

1. 甲方未按前述合同条款向乙方交付合乎要求的出租房屋的,甲方应对此向乙方予以赔偿,具体情况另行商量。

2. 甲方未按时按要求对房屋进行必要的修缮,对乙方造成财务损失和人身伤害的,应承担赔偿义务。

3. 乙方非正常管理使用房屋及设施给甲方造成损失的,乙方应负赔偿责任。

4. 乙方故意逾期未交付租金的,除应及时如数补交外,还应支付一个月租金作为赔偿。如遇特殊情况暂时未交租金的,甲乙双方可协商解决。

5. 乙方违反合同擅自将房屋转租他人使用的,甲方有权收回房屋,并有权将乙方交付的期满前的租金扣留作为乙方的违约金赔偿给甲方。由此对出租房屋造成损坏的,乙方承担赔偿责任。

第七条　免责条件:房屋如因不可抗力的原因导致损坏和造成损失的,乙方不承担责任。

第八条　争议的解决方式:本合同在履行中如发生争议,由双方协商解决,协商调解不成时,双方均可向××市仲裁委员会申请调解或仲裁,或向房屋所在地人民法院提起诉讼。

第九条　本合同未尽事宜一律按《中华人民共和国合同法》的有关规定处理;经合同双方共同协商作出补充规定,补充规定与本合同具有同等法律效力。

第十条　本合同正本一式二份，甲乙双方各执一份，合同签字盖章后生效。

甲方：××× 签章　　　　　　　　乙方：××× 签章

日期：××××年×月×日　　　　　日期：××××年×月×日

基于案例的问题：在现实生活中，诸如上述租赁合同及买卖合同、保管合同等使用十分普遍，如果使用不恰当，就容易产生经济纠纷。为了避免这些纠纷的产生，我们就要学习经济合同的写作。那么，怎样写一份合乎要求的经济合同呢？

任务一　概　述

【任务描述】

了解经济合同的一般问题，如经济合同的概念、特点、类型以及作用等。

【任务分析】

什么是经济合同？它有什么特点和类型？经济合同有什么作用？

【知识准备】

经济合同依法成立后，当事人双方必须按照合同约定全面履行各自的义务，否则要承担违约责任。因此，在写作经济合同时，要注意将合同双方的责任和权利及违约责任写清楚。

【工作步骤】

经济合同的概念；经济合同的特点；经济合同的类型；经济合同的作用。

一、经济合同的概念

合同是平等主体的自然人、法人、其他组织之间设立、变更、终止民事权利义务关系的协议。经济合同是指双方或多方当事人为了实现一定的经济目的，通过平等协商，明确相互权利与义务而共同订立的一种具有经济关系和法律效力的协议。

【知识链接8-1】

经济合同的法律效力

经济合同依法成立，就产生了法律效力，主要表现在：1. 经济合同依法成立后，当事人双方必须按照合同约定全面履行各自的义务，否则要承担违约责任；2. 经济合同依法成立后，当事人需要变更和解除合同，必须符合法定条件和法定程序，任何一方不得擅自变更和解除；3. 当事人因违约造成经济合同不能履行或不能完全履行的，有过错的一方要承担违约责任；4. 发生合同纠纷，任何一方均可依据约定向仲裁机构申请仲裁，或向人民法院起诉，其合法权益受法律保护。

二、经济合同的特点

（一）经济合同是双方或多方的法律行为

首先，合同必须是双方或多方当事人意思表示一致。意思表示不一致，即未取得一致的协议，合同就不能成立。其次，签订合同的双方或多方当事人，必须具有合法的资格,即具有签订合同的权利能力和行为能力。

(二)合同双方或多方当事人的法律地位平等

合同双方或多方当事人的法律地位是平等的。任何一方都不得把自己的意志强加给对方,任何组织和个人不得非法干预。采取胁迫手段所签订的合同是无效合同。

(三)合同是合法的民事行为

经济合同一经订立,就具有了法律效力,各方面的权利和义务受到国家法律的保护,任何一方违约都要承担法律责任。经济合同在履行过程中发生纠纷,由当事人协商解决。协商不成时,任何一方均可向合同管理机关申请调解或仲裁,亦可向人民法院起诉。

三、经济合同的种类

(一)按经济合同的内容和业务范围来划分:买卖合同;供用电(水、气、热)合同;借款合同;租赁合同;承揽合同;建设工程合同;运输合同;劳动合同;技术合同;保管合同;仓储合同等。

(二)按经济合同的表现形式划分:条款式合同和表格条款结合式合同。

(三)按合同履行的时间划分:长期合同、短期合同、一次性合同等。

四、经济合同的作用

(一)经济合同是市场经济主体之间的纽带。

(二)经济合同是当事人经济利益和经济责任的反映。

(三)经济合同是发展对外经济贸易的有效手段。

(四)经济合同是解决当事人之间经济纠纷的法律依据。

【知识链接8-2】

签订劳动合同的重要性

劳动合同是劳动者与用人单位确立劳动关系、明确双方权利和义务的协议,是劳动者与用人单位依据《劳动法》和《合同法》而建立的劳动关系的书面法律凭证。劳动合同也是稳定劳动关系、用人单位强化劳动管理、劳动者保障自身权益、用人单位与劳动者处理劳动争议的重要依据。

《劳动法》规定,建立劳动关系都要签订书面劳动合同。签订劳动合同可以发挥以下三个方面的重要作用:

一、签订劳动合同可以强化用人单位和劳动者双方的守法意识。以劳动合同的形式明确劳动者与用人单位双方的权利和义务,双方之间就有了一个具有法律约束力的协议。在劳动过程中,用人单位依据劳动合同来管理职工,行使权利和履行义务;职工也依据劳动合同来维护自身的权益,履行相应的义务。

二、签订劳动合同可以有效地维护用人单位与劳动者双方的合法权益。劳动合同都要规定一定的期限,在合同期内,用人单位和劳动者都不能随意解除劳动合同。合同期满后,用人单位与劳动者可以就是否续签合同等重新协商,这就保证了用人单位用人以及劳动者求职的灵活性。

三、签订劳动合同有利于妥善处理劳动争议,维护劳动者的合法权益。如果没有劳动合同,劳动者就有可能在工资收入、工作时间、工作条件等方面与用人单位发生争议时,由于没有证据而遭受损失。

任务二 经济合同的写作

【任务描述】

熟悉经济合同的写作要求,掌握经济合同的基本内容和写作格式,分析不同类型的经济合同,按照其基本格式写作不同的合同书。

【任务分析】

写作经济合同有什么要求?经济合同有哪些基本内容?如何规范写作不同类型的经济合同?

【知识准备】

仔细想一想,每个人在工作或生活中是不是都有过签订合同的经历?如与工作单位签订劳动合同等。那么,合同有哪些内容呢?作为一个公民,在签订合同时如何维护自己的权益?

【工作步骤】

经济合同的写作要求;经济合同的基本内容和写作格式;分析不同类型的经济合同。

一、经济合同的主要内容和基本格式

(一)经济合同的主要内容

经济合同的主要内容是指经济合同当事人之间的权利和义务。具体到每一个经济合同法律关系中,就是经济合同当事人确定相互权利义务关系的各项条款。根据经济合同法的规定,经济合同的内容主要包括:

1. 当事人的名称(姓名)和住所;2. 标的;3. 数量;4. 质量;5. 价款或者酬金;6. 履行期限、地点和方式;7. 违约责任;8. 争议解决方式。

此外,根据法律规定或者按照经济合同的性质必须具备的条款,以及当事人一方要求必须规定的条款,也是经济合同的主要条款,也属于经济合同的主要内容。

【同步案例 8-1】

劳动合同

甲方:×××× 地址:××市××路××号 邮政编码:×××××× 电话:××××××

法定代表人(或委托代表人):×××

乙方:××× 性别:× 身份证号码:××××××××××

根据《中华人民共和国劳动法》之有关规定,甲乙双方经协商同意,自愿签订本合同,共同遵守本合同所列条款。

一、合同期限

本合同生效日期:××××年×月×日,终止日期:××××年×月×日(其中试用期为×个月)。

二、工作内容

1. 乙方同意根据甲方工作需要，担任××岗位（工种）工作。

2. 乙方应按照甲方的要求，按时完成规定的工作数量，达到规定的质量标准。

三、劳动保护和劳动条件

1. 执行定时工作制的，甲方安排乙方每日工作时间不超过 8 小时，平均每周不超过 40 小时；甲方保证乙方每周至少休息 1 日。甲方由于工作需要，经与工会和乙方协商后可以延长工作时间，一般每日不得超过 1 小时；因特殊原因需要延长工作时间的，在保障乙方身体健康的条件下可延长工作时间，但每日不得超过 3 小时，每月不得超过 36 小时。

2. 执行综合计算工时工作制的，平均日和平均周工作时间不超过法定标准工作时间。

3. 执行不定时工作制的，工作和休息休假由乙方自行安排。

4. 甲方延长乙方工作时间，应安排乙方同等时间倒休或依法支付加班工资。

5. 甲方为乙方提供必要的劳动条件和劳动工具，建立健全生产工艺流程，制定操作规程、工作规范和劳动安全卫生制度及其标准。

6. 甲方应按照国家或市有关部门的规定组织安排乙方进行健康检查。

7. 甲方负责对乙方进行职业道德、业务技术、劳动安全卫生及有关规章制度的教育和培训。

四、劳动报酬

1. 甲方遵循按劳分配原则，实行同工同酬。

2. 执行定时工作制的，乙方完成规定的工作任务，甲方每月（按 25 日计，下同）以货币形式足额支付乙方工资，工资不低于××元/日（其中试用期间工资××元/日）。

3. 执行不定时工作制的，月工资××××元。

4. 甲方安排乙方加班或延长工作时间超过本合同第三条第 1 款规定的，按《劳动法》第 44 条的规定支付工资报酬。

5. 由于甲方生产任务不足，使乙方下岗待工的，甲方保证乙方的月生活费不低于×××元。

五、保险福利待遇

1. 甲方应按国家和市社会保险的有关规定为乙方交纳职工养老、失业和大病医疗统筹及其他社会保险费用。

2. 甲方应为乙方填写“职工养老保险手册”。双方解除或终止劳动合同，“职工养老保险手册”按有关规定转移。

3. 乙方患病或非因工负伤，其病假工资、疾病救济费和医疗待遇按照国家有关规定执行。

4. 乙方患职业病或因工负伤的工资和医疗保险待遇按国家有关规定执行。

六、劳动纪律

1. 乙方应遵守甲方的规章制度，严格遵守劳动安全、卫生、生产工艺的操作规程和工作规范；爱护甲方的财产，遵守职业道德；积极参加甲方组织的培训，提高思想觉悟和职业技能。

2. 乙方违反劳动纪律，甲方可依据本单位规章制度，给予纪律处分，直至解除本合同。

七、劳动合同的变更、解除、终止、续订

1. 订立本合同所依据的法律、行政法规、规章制度发生变化，本合同应变更相关内容。

2. 订立本合同所依据的客观情况发生重大变化，致使本合同无法履行的，经甲乙双方协商同意，可以变更本合同相关内容。

3. 经甲乙双方协商一致，本合同可以解除。

4. 乙方有下列情形之一的，甲方可以解除合同：

(1) 在试用期间，被证明不符合录用条件的；

(2) 严重违反劳动纪律或甲方规章制度的；

(3) 严重失职、营私舞弊，对甲方利益造成重大损害的；

(4) 被依法追究刑事责任的。

5. 有下列情形之一，甲方可解除本合同，但应提前30日以书面形式通知乙方：

(1) 乙方患病或非因工负伤，医疗期满后，不能从事原工作也不能从事甲方另行安排的工作的；

(2) 乙方不能胜任工作，经过培训或者调整工作岗位，仍不能胜任工作的；

(3) 双方不能依据本合同第五条第4款规定就变更合同达成协议的。

6. 甲方濒临破产在法定整顿期间或者生产经营发生严重困难，经向工会或者全体职工说明情况，听取工会或者职工的意见，并向劳动行政部门报告后，可以解除本合同。

7. 乙方有下列情形之一的，甲方不得终止、解除本合同：

(1) 患病或非工伤、在规定的医疗期内的；

(2) 女职工在孕期、产期、哺乳期内的；

(3) 复员退伍义务兵和建设征地农转工人员初次参加工作未满3年的；

(4) 义务服兵役期间的。

8. 乙方患职业病或因工负伤，医疗终结，经县以上劳动鉴定委员会确认为完全或部分丧失劳动能力的，按有关规定可以终止合同，但不得解除劳动合同。

9. 乙方解除劳动合同，应当提前30日以书面形式通知甲方。

10. 有下列情形之一，乙方可以随时通知甲方解除合同：

(1) 在试用期内，甲方以暴力、威胁、监禁或者非法限制人身自由的手段强迫劳动的；

(2) 甲方不能按照本合同规定支付劳动报酬或者提供劳动条件的。

11. 本合同期限届满，劳动合同即终止。双方当事人在本合同期满前30天向对方表示续订意向。甲乙双方经协商同意，可以续订劳动合同。

12. 乙方达到法定退休年龄或甲乙双方约定的终止条件出现，本合同终止。

八、经济补偿与赔偿

有下列情形之一，甲方违反规定或擅自解除劳动合同的，应按下列标准支付乙方补偿金：

1. 甲方克扣或者无故拖欠乙方工资的，以及拒不支付乙方延长工作时间工资报酬的，除在规定的时间内全额支付乙方工资报酬外，还需加发相当于工资报酬50%的补偿金。

2. 甲方支付乙方的工资报酬低于本市最低工资标准的，要在补足低于标准部分的同时，另外支付相当于低于部分25%的经济补偿金。

3. 有下列情形之一，甲方应根据乙方在甲方的工作年限，每满1年发给相当于乙方解除本合同前12个月平均工资1个月的补偿金，最多不超过12个月：

(1)经与乙方协商一致，甲方解除劳动合同的；

(2)乙方不能胜任工作，经过培训或者调整工作仍不能胜任工作，由甲方解除劳动合同的。

4. 有下列情形之一，甲方应根据乙方在甲方的工作年限，每满1年发给相当于本单位上年月平均工资1个月的补偿金：

(1)乙方患病或者非工伤，经劳动鉴定委员会确认为不能从事原工作，也不能从事甲方另行安排的工作而解除本合同的；

(2)劳动合同订立时所依据的客观情况发生重大变化，致使本合同无法履行，经当事人协商不能就变更劳动合同达成协议，由甲方解除劳动合同的；

(3)甲方濒临破产在整顿期间或者生产经营状况发生严重困难，必须裁减人员的。

以上三种情况，如果乙方被解除合同前12个月的月平均工资高于本单位上年月平均工资的，按本人月平均工资计发。

5. 甲方解除本合同后，未能按规定给予乙方补偿的，除全额发给补偿金外，还须按该补偿金数额的50%支付额外补偿金。

6. 甲方支付乙方经济补偿时，按乙方在甲方工作时间1年（不满1年的按1年计算）的标准发给补偿金。

7. 乙方患病或者非工伤，经劳动鉴定委员会确认为不能从事原工作，也不能从事甲方另行安排的工作而解除本合同的，甲方应发给乙方不低于本单位上年月人均工资6个月的医疗补助费。患重病和绝症的还应增加医疗补偿费，患重病的增加部分不低于医疗补助费的50%，患绝症的增加部分不低于医疗补助费的100%。

8. 甲方违反本合同约定的条件解除劳动合同或由于甲方原因订立的无效劳动合同，给乙方造成损害的，应按损失程度承担赔偿责任。

9. 乙方违反本合同约定的条件解除劳动合同或违反合同约定的保守商业秘密事项，对甲方造成经济损失的，应按损失的程度依法承担赔偿责任。

10. 乙方解除本合同的，凡由甲方出资培训和接收的人员，应向甲方偿付培训和接收费。赔偿标准为：服务（工作）每满1年按培训费和接收费总额的20%递减；服务（工作）满5年不再偿付。

九、劳动争议处理

因履行本合同发生的劳动争议，当事人可以向本单位劳动争议调解委员会申请调解;调解不成,当事人一方要求仲裁的,应当自劳动争议发生之日起60日内向××劳动争议仲裁委员会申请仲裁。当事人一方也可以直接向劳动争议仲裁委员会申请仲裁;对裁决不服的,可以向人民法院提起诉讼。

十、其他约定

1. 甲方的下列规章制度作为本合同附件(规章制度如下)。

2. 本合同未尽事宜,或与国家有关规定相悖的,按有关规定执行。

3. 本合同一式两份,甲乙双方各执一份。

甲方(盖章):×××× 代表人(签章):×××× ××××年×月×日

乙方(盖章):×××× 代表人(签章):×××× ××××年×月×日

(二)经济合同的基本格式

经济合同由标题、当事人的名称、正文和落款四部分组成。

1. 标题。经济合同的标题一般由合同的内容、性质及文种构成,如《基本建设合同》、《粮食订购合同》,有的经济合同标题直接用《合同书》或《协议书》作为标题,在标题的下方一般要标明合同编号。在表格式经济合同中,签订日期和地点可用小一号的字体放在标题的右下方,与编号上下排列。

2. 当事人的名称。在标题与正文之间,要写明签订合同的当事人,包括当事人的名称(或姓名)、住址、身份证号码等内容。

3. 正文。正文是经济合同的主体部分,一般由以下几个部分组成:

(1)当事人签订合同的目的或依据。一般的写法是:"为了××××,根据××××的规定,双方经过充分协商,特订立以下条款,以便共同遵守。"这也是合同的引言。

(2)合同的内容。这是合同的核心,要分条款写出当事人议定的事项,明确当事人的权利和义务。具体内容包括合同的标的、数量和质量、价款或酬金、履行期限、地点和方式等。写作时要求明确、具体、周密、完善。

(3)违约责任。这也是合同的基本内容,规定了当事人如有违背合同约定、不履行或不按时履行合同、擅自修改或终止合同等行为,应该承担的经济责任和法律责任。

(4)其他内容。包括合同争议的解决办法、合同的有效期、合同的份数、合同附件和附表的名称及份数等(合同附件与附表要列在合同条款的最下方)。

4. 落款。即合同的结尾,是合同正文条款后面的署名,要求写明合同当事人和法定代表人的姓名或名称(全称),并加盖公章或签章。如有公证或鉴证,应写明公证机关或鉴证机关的名称,并加盖公章。在署名的下面写明签订合同的日期。

【知识链接8-3】

格式合同的利与弊

格式合同是指由一方当事人为了重复使用而预先拟定合同的内容,并以此与不特定相对人签订的合同。格式合同也叫格式条款、定型化合同、定式合同、标准合同等。如车票、船票、飞机票、保险单、提单、仓单、出版合同等。

提供格式合同的一方处于要约人的地位,不特定的相对人则由承诺或拒绝要约的意思表示决定是否接受合同,因此,虽然格式合同具有节约交易时间、事先分配风险、降低经营成本等优点,但也存在一些弊端。一方面,由于格式合同限制了合同自由原则,排除了相对人选择与协商的可能性,在事实上形成了对相对人的强制,这就使得缔约地位的平等掩盖了事实的不平等;另一方面,格式合同的拟定方可以利用其优越的经济地位,制定有利于自己而不利于消费者的合同条款,因此在一定情况下是一种垄断和强制消费者的工具。

【知识链接8-4】

劳动合同　让我欢喜让我忧

随着我国经济的高速发展,各单位劳动用工需求量不断增加。但现实生活中许多人迫于就业压力,不敢提出签订劳动合同;为了规避法律责任,一些企业拒绝签订劳动合同;劳动合同中诸多"陷阱"让劳动者防不胜防。

一、为什么不签劳动合同

"合同?签不签无所谓,老板说了算。"这是记者日前在福州一建筑工地采访一位农民工时得到的回答。"我们最大的心愿是找到一份满意的工作,老板讲信用比签了合同都重要。"据了解,大多数农民工与用工方的劳动关系靠的是双方"口头协议"。

为什么不签劳动合同?记者采访中发现,这其中透着许多无奈:一是农民工的法律意识淡漠,没有认识到劳动合同的重要性,对自己有哪些权利也不知道。二是农民工在劳资关系中处于弱势地位,面对生存压力,没办法与老板讨价还价。三是用工方不愿意和农民工签订劳动合同,因为签了合同就意味着要负法律责任,受约束。还有一个原因就是:部分劳动者特别是绝大部分从事建筑行业的农民工,压根就不知道"干这一行也要签订劳动合同"。

与此相反的是,有的人明知可以签订劳动合同却轻易地放弃了这一权利。在一家电脑公司,一位年轻的职员表示,他来该公司2年多了,从没有签订劳动合同。当记者询问为什么不签订劳动合同时,他说:"我的工资都能按时拿到手,为什么要签合同?签了合同多不自由啊!"

记者发现,持这一观点的多是年轻人,他们不签合同的目的是为了方便日后跳槽。至于《劳动法》中所规定的可以办理各项社会保险,他们知之甚少,考虑的也少,认为只有赚到钱才是最重要的事情。

企业方也有自己的看法。一位台资老板告诉记者,作为一家规范发展的企业,希望所有的员工都能和企业签订合同。但在实际操作中,有些员工不讲信用,看到好的去处时,领完工资就走人,弄得企业很是被动。劳动合同管不住他们,所以对签订合同一事有时也就很放松了。

泉州市总工会在调查中发现,不少非公有制企业不愿意与职工签订劳动合同,认为劳动合同束缚了企业解雇职工的权利,在解雇职工时企业要支付经济补偿金,签订劳动合同给许多小企业和季节性用工企业增加"麻烦"。另外,一些企业为了不给职工缴纳社会保险金,尽量压低工资,认为不签订劳动合同在发生劳动争议时可规避承担的相关法律责任。

二、维护职工权益的重要保证

在采访中,劳动监察执法部门有关人员告诉记者,国有企业用工比较规范,劳动合同制度执行情况较好,问题主要出在部分私营企业上。另外,目前劳动合同短期化倾向较为普遍,许多企业主滥用试用期,损害工人的利益。

有关人员提醒用人单位和劳动者,依法签订劳动合同,是每一个用人单位和员工的权利和责任。尤其是劳动者,外出打工一定要注意及时和用人单位签订劳动合同。只有这样,自己的合法权益才能得到有效保障。对那些蓄意不签劳动合同的单位和企业主,工人可以到辖区劳动保障部门举报,一经查实,将进行严肃处理。

三、《劳动合同法》值得期待

记者在采访中发现,广大职工对《劳动合同法》寄予厚望。在《劳动合同法》草案公开征集意见的一个月时间里,福州市有1138位农民工在网上提出了2475条意见。建议比较集中的是,期望《劳动合同法》能解决普遍存在的超时超强度劳动、农民工的保险及企业不与农民工签订劳动合同等问题。

闽清一陶瓷厂的周师傅说:"我在陶瓷厂工作了10多年,按照《劳动合同法》草案的相关条款,可以享受很多应有的合法权利。"中铁第十八工程局一位负责人说:"目前的法律对用工制度的规定不够具体,很多地方无法可依。出台这样一部细化的法律很有必要。"晋江市陈埭镇一外企员工梅冬林呼吁:"许多外企都有自己一套比较严格的内部规定,但这种单方的规定很难保证员工的利益,希望能通过立法来加强对外企职工的保护。"

四、谨防劳动合同中的"陷阱"

1. 口头合同:一些用人单位与求职者口头约定,并不签订书面正式文本。一些涉世未深的大学毕业生极易相信那些冠冕堂皇的许诺,以为对方许诺的东西就是真能得到的东西。可是,这种口头合同是最靠不住的,因为并不是人人都是"君子",如果碰上对方是"小人",那些许诺就会变成五颜六色的"肥皂泡"。

2. 格式合同:一些用人单位按照合同示范文本事先打好聘用合同,表面看起来似乎无可挑剔,可是具体条款却表述含糊,甚至可以有几种解释。一旦发生纠纷,招聘方总会振振有词地拿出这种所谓规范式的合同来为自己辩护,最后吃亏的还是应聘者。

3. 单方合同:一些企业利用应聘者求职心切的心理,只约定应聘方有哪些义务,如违反企业规章制度要承担怎样的责任,毁约要交纳违约金等,而关于应聘者的权利几乎一字不提。这是最典型的不平等合同,如果接受这样的合同,可以说是后患无穷。

4. "生死合同":一些危险性行业的用人单位为逃避该承担的责任,常常在签订合同时,要求应聘方接受合同中的"生死协议",即一旦发生意外事故,企业不承担任何责任。有的求职者为了得到工作,违心地签了合同,却不知这样做的结果也许是用人单位更无视劳动者的安全,如果真的发生了意外,也许连讨个说法的机会也没有。

5. "两张皮合同":有些用人单位为了逃避劳动部门的监督,往往与应聘方签订两份合同。一份合同用来应付劳动部门的检查,另一份合同才是双方真正履行的合同。而双方真正履行的那份合同,是不能暴露在阳光下的,因为那份真合同一定是只利于用人单位的不平等合同。

二、写作要求

经济合同是商品经济的产物,是一定社会经济关系客观需要的反映,当今经济合同已成为财经文书中一种十分重要且普遍使用的文书。撰写经济合同要注意合同格式的选择,还要注意合同内容的规范性、合同语言的周密性和完善性。

(一)全面准确地理解经济合同的内容

首先要明确签订经济合同的目的;其次要理顺经济合同的写作思路;再次要掌握当事人的权利和义务(包括违约责任);最后要熟悉经济合同的语言特点。

(二)周密细致地拟定经济合同的条款

经济合同具有法律约束力,一经订立,当事人必须全面地履行合同的条款,否则就要承担相应的法律责任。因此,拟写合同条款要以合同基本格式为标准,以经济活动为对象,根据当事人的权利和义务相应地列出主要条款,不能有半点马虎。

(三)认真地推敲和表达经济合同的语言

经济合同既是法律文书,又是经济文书,其内容直接与当事人的利益有关,因此,合同的语言表述需要认真地斟酌推敲。既要具体,又要简洁;既要严谨,又要完善;不能模棱两可,更不能前后矛盾。

【知识链接8-5】

签订经济合同的基本原则

签订经济合同是一种法律行为,因此,当事人在签订经济合同时,必须遵循一定的基本原则。根据《合同法》及有关法律规定,当事人在签订经济合同时,必须遵守以下原则:

1. 遵守国家法律和行政法规的原则。《合同法》第七条规定:订立经济合同,必须遵守法律和行政法规。这一规定是对当事人在签订经济合同时最基本的要求。当事人只有遵循这一原则,签订的经济合同才能得到国家的认可和具有法律效力,当事人的利益才能受到保护。这里所说的法律和行政法规,不仅包括《合同法》的有关规定,而且包括一切与订立经济合同有关的法律、法规及规范性文件。

2. 遵守平等互利、协商一致的原则。这项原则主要包含两个要素,一是经济合同当事人的法律地位平等。在我国,经济合同当事人无论是法人,还是个体工商户,无论是国有企业,还是私营企业,无论是大企业,还是小企业,它们的主体资格,即权利能力都是平等的,任何一方都不能对他方强迫命令,不能要求不平等的权利。二是当事人在签订经济合同时,必须协商一致。经济合同的签订是当事人自愿的行为,是建立在当事人各方自愿基础之上的,因此,当事人在签订经济合同时,必须要进行充分协商,只有经过充分协商,考虑到各方利益,才能最终达成一致协议,并达到各自的经济目的。

3. 遵守诚实信用的原则。诚实信用原则也是当事人在签订经济合同时应当遵循的一项基本原则,这项原则的核心是要求当事人在签订经济合同时,主观上没有损害国家、社会利益和他人利益的故意,做到不欺诈、不规避法律,恪守信用,尊重商品交易的道德和习惯，尊重社会公德。

4. 符合法律规定的合同形式和合同条款。《合同法》规定：签订经济合同，除即时清结者外，应当采用书面形式；还规定，经济合同应具备以下主要条款：标的（指货物、劳务、工程项目等）；数量和质量；价款或者酬金；履行的期限、地点和方式；违约责任，等等。

三、合同实例

关于××××的买卖合同

合同编号：××××

甲方（买方）：××××公司　地址：××××　电话：××××

乙方（卖方）：××××公司　地址：××××　电话：××××

甲乙双方经过协商，按本合同条款，甲方同意购入、乙方同意出售下述产品，谨此签约。

1. 货名：×××，规格：×××，单位：吨，数量：×××，单价：××元/吨，总价（人民币）：××××××× 元（大写）。

2. 原产国别和生产厂：×××××××国家；×××××××公司。

3. 货物包装：(1) 用坚固的木箱或纸箱包装。适合于长途海运、邮寄、空运和气候的变化，具备良好的防潮抗震能力。(2) 因包装不当或防护不善而引起的货物损坏、锈蚀，乙方应赔偿由此而造成的全部损失。(3) 包装箱内应附有完整的维护保养、操作使用说明书。

4. 装运标记：乙方应在每个货箱上用不褪色油漆标明箱号、毛重、净重、长、宽、高并书以“防潮”、“小心轻放”、“此面向上”等字样。

5. 装运日期：××××年×月×日

6. 装运港口：××市××港

7. 卸货港口：××市××港

8. 保险责任：所有货物自装运上运输工具后由甲方投保。

9. 支付条件，分以下三种情况：

(1) 用信用证支付：甲方收到乙方交货通知后，应在交货日前 15~20 天，由××××银行开出不可撤销信用证（以乙方为受益人，与装运金额相同）。乙方须向开证行出具 100% 发票金额即期汇票并附装运单据。开证行收到上述票证后立即支付（电汇或航邮）。信用证于装运日期后 15 天内有效。

(2) 托收：货物装运后，乙方出具即期汇票，连同装运单据，通过乙方所在地银行和甲方××××银行提交给甲方进行托收。

(3) 直接付款：甲方收到乙方装运单据后 7 天内，以电汇或航邮方式向乙方支付货款。

10. 关于单据的说明：

(1) 海运：全套海运提单，标明“运费付讫”或“运费预付”，作成空白背书并加注目的港名称。

(2) 空运：空运提单副本一份，标明“运费付讫”和“运费项目”，寄交给甲方。

(3)航邮:航空收据副本一份,寄交给甲方。

(4)发票一式五份,标明合同号和货运码头。若货运码头多于一个,发票需单独开列。发票要根据有关规定详细填写。

(5)由生产厂商出具的装箱清单一式两份。

(6)由生产厂商出具的质量和数量保证书。

(7)乙方在货物装运完毕后立即用电报或信件方式通知甲方。乙方在发货后10天内,将上述(1)~(6)项单据通过航邮方式寄给甲方和目的港(××××公司)各一份。

11.货物装运:

(1)FOB条款下:① 为方便租船订舱,乙方在合同规定的装运日期前30天,用电报或信件将合同号、货物名称、数量、价格、装箱号、装箱尺码、毛重和货物抵运港日期通知甲方。② 由乙方船运代理××××公司(电话:××××)负责办理租船订舱事宜。③ 为方便乙方安排装运,租船公司或其船方代理(或班轮代理)要在货船到达装运港10天前,将货船名称、装货日期、合同号等通知乙方。乙方应与船方代理保持密切联系,当需要更换运载船舶、船舶提前或推迟抵达时,甲方或其船方代理应及时通知乙方。若货船在甲方通知日后30天内尚未抵达,则从第31天起的仓储费和保险费用由甲方承担。④ 若载运船舶如期抵达装运港,乙方因备货未妥而影响装船,则空舱费和滞期费由乙方承担。⑤ 货物超过船舷并未从吊钩卸下,一切费用和风险由乙方承担;货物超过船舷并从吊钩卸下,一切费用和风险由甲方承担。

(2)CF条款下:① 在装运期内,乙方负责将货物从装运港运至目的港,不允许转船。② 货物经航邮或空运时,乙方在本合同第5条规定的交货日期前30天,以电报或信件方式把交货日期、合同号、货物名称、发票金额等通知甲方。③ 货物一经发运,乙方应立即以电报或信件方式将合同号、货物名称、发票金额、发运日期通知甲方,以便甲方及时投保。

12.装运通知:货物一经全部装船,乙方应将合同号、货物名称、数量、发票金额、毛重、船名和启船日期等立即以电报或信件方式通知甲方。乙方因通知不及时致使甲方不能及时投保,则由乙方承担全部损失。

13.质量保证:乙方保证所供货物由最好的材料兼高超工艺制成,商标为新的和未经使用的,其质量和规格符合本合同所做的说明。货物从到达目的港起12个月为质量保证期。

14.索赔:货物从到达目的港起90天内,经发现货物质量、规格、数量与合同规定不符者,除应由保险公司或船方承担的部分外,甲方可凭××××出具的商检证书,要求更换或赔偿。货物到达目的港起12个月内,甲方在使用过程中由于材料质量低劣和工艺不佳而出现的损伤,甲方即可用书面形式通知乙方并出具××××商检局开具的检验证书提出索赔。按甲方索赔要求,乙方有责任立即排除货物之缺陷、全部或部分更换货物或根据缺陷情况将货物降价处理。

15.不可抗力:在货物制造和装运过程中,由于发生不可抗力原因致使延期交货或不能交货,乙方概不负责。但乙方在不可抗力事件发生后,应立即通知甲方并在事发14天内,以航空邮件形式将事故发生所在地当局签发的证书寄交甲方作为证据。不可抗力事故发生后超过10个星期而合同尚未履行完毕，甲方有权撤销合同。

16. 合同延期和罚款：除不可抗力原因外，乙方若不能按合同规定如期交货，应按照甲方确认的数额支付罚金；付款银行相应减少议定的支付金额，但罚金不得超过迟交货物总额的5%。乙方若逾期10个星期仍不能交货，甲方有权撤销合同。但合同的撤销不影响乙方支付罚金。

17. 仲裁：凡涉及因执行本合同而发生的一切争议，应通过协商解决。如果协商不能解决，则可提交给××仲裁委员会仲裁解决。仲裁费用由败诉方承担。

18. 本合同原本一式叁份，经双方签字，各执一份，另由×××公证处留存一份，特此声明。

甲方（签章）：××××　代表人（签章）：××××　日期：××××年×月×日

乙方（签章）：××××　代表人（签章）：××××　日期：××××年×月×日

鉴证机关：×××公证处　公证人：×××（签章），×××（签章）

【情境总结】

经济合同是当事人之间为了实现一定的经济目的，通过平等协商、明确相互权利与义务而共同订立的一种具有经济关系和法律效力的协议。经济合同不同于一般的应用文，它既是财经应用文，更是法律文书。它的特点、形式、格式、要求以及写作方法都很重要。签订经济合同对当事人来说非常重要，因此，要写出合法的、符合要求的经济合同是一项十分重要的工作。

思考题

一、实践题

1. 几乎每个人都有一个手机号，无论是哪个公司的号码，当初购买使用的时候都签订了使用协议。试想一下，如何写这样的协议？

2. 如果你刚到一家公司上班，你会跟公司签订劳动合同吗？如何写这样的劳动合同？

二、单项选择题

1. 下列各项中，可以成为经济合同当事人的是（　　）。

A. 一栋房子　　B. 一批货物

C. 一个商标的使用权　　D. ××市××贸易有限公司

2. 下列各项中，不是经济合同订立的基本原则的是（　　）。

A. 遵守法规　　B. 遵照领导指示　　C. 平等互利　　D. 诚实信用

3. 经济合同的标题下面首先必须要写的是（　　）。

A. 当事人的名称、住址等　　B. 当事人的财产情况

C. 合同订立的目的或依据　　D. 违约责任

4. 下列各项中,属于经济合同的作用的是(　　)。

A. 是解决当事人之间经济纠纷的法律依据

B. 当事人获得经济收入

C. 当事人获得交易机会

D. 当事人之间进行沟通和交流

5. 一份较为完整的经济合同,其核心部分是(　　)。

A. 标题　　B. 当事人名称　　C. 正文部分　　D. 落款部分

三、多项选择题

1. 下列经济合同标题中,正确的有(　　)。

A.《货物保管协议书》　　B.《产品加工意见书》

C.《产品销售合同书》　　D.《房屋出租决定书》

2. 一份较为完整的经济合同主要由以下几个部分组成(　　)。

A. 标题　　B. 当事人名称　　C. 正文部分　　D. 落款部分

3. 依法成立的经济合同,其法律效力表现在(　　)。

A. 当事人双方必须按照合同约定全面履行各自的义务

B. 当事人的名称要写全称

C. 当事人因违约就要承担违约责任

D. 落款部分要签章

4. 经济合同在履行过程中发生纠纷,一般的解决方法有(　　)。

A. 协商　　B. 调解　　C. 仲裁　　D. 诉讼

5. 下列各项中,属于格式合同的有(　　)。

A. 火车票　　B. 飞机票　　C. 保险单　　D. 出版合同

四、判断题

1. 经济合同的当事人可以是一个,也可以是两个,还可以是三个甚至更多。(　　)

2. 写作经济合同的正文部分,一般要求先写当事人签订合同的目的或依据。(　　)

3. 经济合同的落款部分,当事人的名称可以简写,也可以写全称。(　　)

4. 经济合同既是法律文书,又是经济文书。(　　)

5. 经济合同在落款时必须有签章。(　　)

五、综合题

某房主欲将自己的一套80平方米的房子出租给某公司(用于员工居住),为此双方签订了一份房屋出租协议。房东在写了协议名称和双方当事人的有关情况后,对于签订合同的原因是这样写的:本人(甲方)由于家庭困难,而开支又大,因此想获得一些收入。经过与家人商量,决定把自己的房子租给××××公司(乙方)使用三年,目的是想获得一定的经济收益。现在乙方也愿意给钱,价钱也比较合适,因此我们签订了这份租房协议。

问题:这份房屋出租协议的开头部分写得符合要求吗?为什么?

项目九

财经论文

学习目标

知识目标：了解财经论文的概念、作用、特点和类型，掌握财经论文的写作步骤和方法。

能力目标：培养写作兴趣，认识财经论文的重要性，在学好专业知识的同时，不断地提高写作财经论文的能力。

【情境导入】

美国次贷危机和金融风波探析

[**摘要**]次贷危机是金融炒作的结果，主要是宏观调控力度不当、房地产市场失衡、金融机构推波助澜三个因素集合造成的。次贷危机引发了美元贬值、石油价格上涨和许多国家经济减速，对全球的影响将持续到2008年10月末或年末。通过分析美国次贷危机和全球的金融风波，需要我们研究和把握金融系统的整体性、金融资本的流动性、金融体系的脆弱性和金融波动的周期性等新特征，从而做到未雨绸缪，提高驾驭市场经济的能力。

[**关键词**]次贷危机　成因　特点　影响　全球金融系统

2007年4月，美国新世纪金融公司申请破产，标志着次贷危机正式爆发。一年来，这场危机的影响愈演愈烈，形成一种“蝴蝶”效应，引发了国际金融风波，导致全球闹股灾。次贷危机造成美国的坏账是4 600亿美元，由于美国把坏账证券化，经过金融机构的炒作，现在扩展到全球，波及许多国家的金融机构和银行，估计最终损失要达到1.2万亿美元，其损失和危害正在逐步显露。这件事远远没有结束，预计美国次贷危机对全球的影响将持续到2008年10月末或年末，才能最终见底。美国一打“喷嚏”，全世界都跟着“感冒”，这就是金融国际化和经济全球化带来的传感效应。

一、美国次级房产贷款的内容和特点

次级房产贷款简称次贷，是一种房地产抵押的按揭贷款。

美国的房地产抵押贷款分为三级市场，第一级是优级房贷市场，第二级是次优级房贷市场，第三级是次级贷款市场。次贷政策对中低收入的购房者很有诱惑力，因为它具备了三个特点：一是次贷低首付，有的次贷甚至没有首付，这对中低收入者特别具有吸引力。一般的按揭贷款都要有首付,大概占总额的20%~40%,而次级贷款的低首付特点则激起了人们的购房欲望。二是次贷期限长,有的20年还本息,还款周期长使贷款者压力小。三是次贷利息前低后高,即前2年是低息,后18年是高息,越到接近20年的时候利息越高。这三个特点使得中低收入者踊跃贷款购房,房地产价格涨得很快,一套豪宅最高达到几百万美元以上。

美国开办次级贷款的初衷是好的,旨在解决中低收入者买房难问题。这项措施启动后,美国的私人住房率提升了6个百分点,成功为1 000万中低收入者解决了住房问题。在美国,孩子18岁以后基本自立,剩下父母构成了家庭的小型化。次级贷款政策迎合了美国人的生活习惯,并较好地满足了美国人旺盛的购房欲望。但市场经济的供求规律是不可违背的,次贷刺激了房市,也毁了房市。因为当时美国的房地产价格暴涨,信贷双方都有一个心理底线,即最后实在不行就卖房子还贷款,反正也赔不上,结果恰恰就在这里面出了问题,房价连跌了40%,房地产市场因此溃不成军,终于爆发了次贷危机。

二、诱发次贷危机的原因

从根本上讲,次贷危机是金融炒作的结果。美国金融是全球一体化的龙头,很多银行都在发行贷款证券(英文缩写是MBS),形成债务后再卖债券(英文缩写是CDO),经过金融机构的炒作,波及全球形成了一个债务链,债务链一中断,便产生一种多米诺骨牌式的连锁效应,造成了全球性的金融风波。探求原因,主要是三个因素集合造成的:

1. 宏观调控力度不当。美联储为了有效调控经济,格林斯潘首先是在2003年之前多次降息,从5%降到1%,降息使贷款成本下降,诱使很多人靠次贷买房,促成了房地产"泡沫"。而后美联储为了治理通货膨胀,又连续13次调高了存贷款利率,到2006年初,由最初的1%调到了5.3%。因为利息高了,还贷的成本自然提高,本金滚利息,越滚越大,加重了还贷者的压力。美联储主导贷款利息前降后升的"U"形走势种下了祸根,致使很多人次贷低息买房易而后又高息还款难,最终引发了危机。

2. 房地产市场失衡。美国房地产从2006年开始降温,"泡沫"破裂后,房地产价格大跌,原来售价100万美元的房子,现在只能卖到60万美元左右,出现了房地产全面缩水和下跌的局面。这使最终指望卖房子还贷款的人始料不及,房价下跌到卖房子也还不上贷款的地步,次贷危机终于浮出了水面,引发了金融风波。

3. 金融机构推波助澜。金融机构为了追求利益最大化,便竞相炒作房地产贷款的证券和债券,炒来炒去,炒得扩大化了,以至波及全球,把很多国家和银行都卷了进去,从而引发世界性的金融波动和风险。美国次贷危机是历史的巧合。现在设想:如果美联储当年不加息,贷款的利息也就不会这么高;如果美国的房地产价格还在涨,房主还贷就不会出问题;如果只是单纯为了刺激房贷,没有证券商、银行家从中炒作金融衍生品,也就不会引发全球的金融危机。而现实的结果恰恰是这三个问题汇集在一起"交叉感染",其结果必然引发美国的次贷危机。事出有因,绝非偶然,偶然寓于必然之中,这就是历史的辩证法。

三、次贷危机的后果和危害

美国的次贷危机就像计算机病毒一样,马上蔓延到全球金融系统的各个角落,带来

了全球性的诸多问题,包括现在的股灾和金融风波。概括起来,主要有三方面:

1. 次贷危机引发美元贬值。美国处于世界霸主地位,小布什希望美元贬值,贬值后会刺激外贸出口,降低进口,减少美国的外贸逆差,这是他的基本立足点。美元贬值以后,美国可以多印美钞向全球输送通货膨胀,欧盟、日本、俄罗斯、中国都出现了反应,物价上涨、经济放缓。比如人民币升值的问题,美元和人民币的汇率从2005年7月21日晚19时开始升值,到今年4月末已累计升值18.2%,汇率已突破7元大关。到2008年年末,人民币与美元的比率将升到6.6元,接着继续再升到5元,2020年最后升到4元左右。人民币升值的另一个原因是压缩出口、增加进口,降低外贸顺差和外汇储备。美国打压人民币升值意在减少外贸逆差,内外的原因兼有,就像"天平"的两端,一端是美元贬值,另一端人民币就要升值,这是一个联动的过程。美元贬值带动人民币的升值加快,为全球输送通货膨胀。现在俄罗斯的物价涨得也很厉害,欧盟、日本、新加坡、韩国也都受到影响,物价都在上涨。面对物价上涨,我国政府提出"两个防止",加大宏观调控力度,利用财政、税收、货币政策等多种经济杠杆调控物价和股市,转变经济发展方式。

2. 次贷危机引发石油价格上涨。美元贬值之后,美国纽约和英国伦敦的期货石油价格最高接近每桶120美元(七桶为1吨),一吨是800美元左右,折合人民币6 000元左右。石油是全球的软黄金,经济高速发达之后,石油更是经济血脉。目前,我国每年石油的消耗量是2.7亿吨,仅次于美国,是世界第二大石油消耗国。如果石油涨价,会引发我国很多产品涨价,中国的物价就会形成"井喷"效应。现在中石化、中石油天天向发改委反映,我国一半的石油靠进口,如果石油不涨价,就会出现倒挂和亏损,发改委只好让财政给其补贴120亿元,让其别涨价。2007年我国物价上涨,工业品是石油领头涨,副食品是猪肉领头涨。由于我国垄断产业太多,资源管理不到位,产品成本降不下来,电力、石油、煤炭等资源性行业都嚷嚷着要涨价,但老百姓又怕涨价,这使国家发改委一手托两家,处在两难的选择中,即一手托企业要涨价,一手托民众怕涨价。若经济问题弄不好,则会引发社会问题和政治问题,影响社会的稳定与和谐。

3. 次贷危机引发很多国家经济减速。由于美元贬值,石油涨价,美国经济发展开始减速。2007年美国GDP增长率为2.2%,比2006年下降了1个百分点;2008年第一季度GDP增长率为0.4%,第二季度预计只有1%,预计2008年全年美国GDP增长率为1.5%左右,最悲观的是高盛公司预测只有0.8%。美国、日本、欧盟被称为世界经济发展的"三大引擎",现在都在减速,而"金砖四国"(中国、印度、俄罗斯、巴西)正在崛起,将引领世界经济发展的新潮流。

四、全球金融系统的新特征

通过分析美国次贷危机和全球的金融风波,发现世界金融系统出现了很多新的特征,需要我们去研究和把握,具体有以下几点:

1. 金融系统的整体性。世界经济全球化首先表现为货币的国际化和金融系统的一体化。现在看,全球的金融系统是连为一体的,已经形成一个联动互补的新格局,一个地方出问题,马上会引起连锁反应。这需要我们整体把握金融系统的形势和走向,不要孤立、片面地看待经济问题。

2. 金融资本的流动性。全球的金融资本近100万亿美元,西方发达国家资本过剩,大概有8万亿美元的流动资本掌握在一些金融大鳄的手里,在世界各地寻找机会进行投机炒作。其中,有一个金融大鳄叫索罗斯,他的手里有上千亿美金的“热”钱。1997年的时候,他看到亚洲的金融市场刚开放,也很脆弱,就到泰国去了,在金融市场搅动一番后抽资脱逃,致使泰铢当天贬值,并引发了整个东南亚的金融风险,中国的香港也深受其害。

国际游资多了以后就会到处窜,像老鼠一样哪有窟窿就往哪里钻,所以金融系统开放后要更加注意安全性。现在看,几次大的金融危机都是国际游资投机形成的。比如1997年泰铢贬值引发的东南亚金融风险,1998年俄罗斯的金融危机,1999年巴西的金融风波等,都是国际游资的流动带来的后果。在我国,这些国际游资基本上会炒四个“市”,都很有规律。第一步是炒期货市场,通过赌博抬价,把国家的物价系统搞乱;第二步是炒股票市场,把股市烘起来,出现股市“泡沫”,到高位之后再抽资逃跑,套住的是中国的股民散户;第三步是炒房地产市场,形成房地产“泡沫”后再抽逃;还有一些高手进行第四步,即炒外汇市场,在汇率浮动中挣钱。这些金融大鳄在期市、股市、房市和汇市这“四市”上做文章,投机炒作到一定程度,把老百姓和股民的钱换成美元揣走了,留下的是金融灾难,这已成为一种定式和基本规律。

3. 金融体系的脆弱性。某个环节有了风吹草动,马上形成一种“蝴蝶”效应,整个金融系统就会产生连锁反应,因为它是一体化和全球化的,这种大趋势无法遏制。虽然次贷危机本身仅仅几千亿美元,但全球都受影响。我国的股市离美国很远,但也受到了波及。股民是炒信心、炒预期,如果信心和预期都没了,股市也就跌惨了。现在看,这次次贷危机迅速蔓延,形成一种灾难,就是由全球金融系统的脆弱性和敏感性带来的。

4. 金融波动的周期性。金融系统的运行具有周期性,只有认真了解和把握,才能未雨绸缪,驾驭金融形势的变化。从学习马克思的《资本论》开始,我们就知道资本主义有经济危机,危机时会出现牛奶过剩倒到海里、产品积压卖不动、工厂倒闭、工人失业和物价飞涨等现象,这是那个年代初级阶段的经济危机,是一种生产过剩型的危机,这是即时危机的基本特征。经济发展到今天,实现了经济全球化和资本国际化,无论哪个国家、哪个地方发生经济危机,首先表现为金融危机,所以金融的安全性至关重要。由过去的生产过剩型危机转变为金融危机,这是世界资本主义经济危机的新规律。我国改革开放30年来,也出现了一些周期性的规律,比如经济过热,基本上是8~10年出现一次。1982~1984年,我国出现第一次经济过热,进行了治理整顿;1994年,出现第二次经济过热,进行了第二次治理整顿;2006年年末,出现第三次经济过热。我国股市也呈周期性变化,基本上是五“熊”三“牛”,股票行情是“横有多长、竖有多高”,这些都是辩证的。现在需要我们掌握的是周期性,准确把握经济走向和规律,从而做到未雨绸缪,提高驾驭市场经济的能力,永远立于不败之地。

参考文献(略——编者注)

基于案例的问题:论文是人们在工作和学习中,用以进行学术研究、描述科研成果的应用性文章。财经专业人员撰写的,用来探讨财经领域某些专门问题,揭示财经工作规律,探索财经领域新课题,反映财经领域研究成果的学术论文,就是财经论文。如何安排财经论文的结构?财经论文的选材有什么特点?

任务一 概 述

【任务描述】

了解财经论文的一般问题,如财经论文的概念、特点、类型以及作用等。

【任务分析】

什么是财经论文?它有哪些类型?其特点和作用是什么?

【知识准备】

作为财经工作者,在日常工作中随时随地都可能发现一些值得探讨研究的问题,对这些问题通过调查,从实践上、理论上进行探讨和研究,并把其成果写成论文,这既是一种知识的积累,也是个人工作水平和业务能力的提高。

【工作步骤】

了解财经论文的概念和特点;熟悉财经论文的类型以及作用。

一、财经论文的概念

在工作和学习中,用以进行学术研究、描述科研成果的应用性文章叫做学术论文。财经专业人员撰写的,用来探讨财经领域某些专门问题,揭示财经工作规律,探索财经领域新课题,反映财经领域研究成果的学术论文,就是财经论文。

财经论文的本质功能是表述财经领域科学研究的过程及其成果。从性质来看,它是通过摆事实、讲道理,在科学的分析论证基础上得出结论来表达作者观点的学术论文。因此,财经论文是人们进行财经工作科学研究的一种手段,又是发布科研成果、进行学术交流的一种工具。

二、财经论文的作用

作为财经工作者,在日常工作中随时随地都可能发现一些值得探讨研究的问题,对这些问题通过调查,从实践上、理论上进行探讨和研究,并把其成果写成论文,有着重要的作用。

(一)可以记录新的科学研究成果。财经论文也是一种科学积累,它将新的科研成果记录下来,既可实现科研成果的共享,又能体现财经工作者的劳动价值。

(二)能够指导日常的财经工作。财经论文的论题、材料、主题都来源于财经工作实践,其研究成果又对日常的财经工作具有直接或间接的指导意义。

(三)能够起到交流与推广科研成果的作用,从而促进新的科研成果向生产力转化或推进科学技术的发展。

(四)能够促进研究工作的深化。通过论文写作,发现自己的不足,明确自己的研究方向和方法,不断地研究财经工作实践中出现的新问题、新情况,不断地探索财经工作的客观规律,进一步提高科学研究水平和自身的素质。

(五)可以作为考核、晋升的指标之一。发表学术论文的数量、质量,事实上已经成为衡量一个人业务水平高低的公认的指标之一了。

三、财经论文的特点

财经论文与其他学术论文一样,都讲究严肃性和论辩性;都要求有科学而深刻的立论,翔实而充分的论据,周密而富于逻辑性的论证。除此以外,它还具有以下四个特点:

(一)专业性

专业性是财经论文的主要特点,具体表现为:在内容上,是作者运用财经专业系统的知识,去论证或解决财经领域范围内专业性很强的学术问题的理论性文章;在语言运用和表达上,多运用专业术语和专业性图表符号来表达内容。

(二)科学性

财经论文写作的根本宗旨,在于揭示财经领域的客观规律,探求真理,帮助人们正确地认识它,自觉地遵守它,有效地利用它。这就决定了财经论文必须具有科学性。

科学性首先要保证其内容真实、客观、准确,要经得起实践检验;其次,要从客观实际出发,运用有关的专业知识、原理,在科学的世界观和方法论指导下,科学地剖析客观事物或现象,自然得出结论;再次,在论据上,要求作者经过扎实、周密的研究,尽可能多地占有资料,为得出具有普遍意义的科学结论或理论形态打好基础;最后,要求作者经过严密的思维推理,达到严谨而富有逻辑效果的论证。

(三)独创性

独创性是衡量财经论文价值的根本标准。科学研究是一种创造性的精神劳动,需要不断开拓新领域,探索新方法,探求新知识,阐释新理论,提出新见解。在文章里提出自己在财经领域的独特发现是独创性的体现,对已有资料进行创造性的重组、从不同的角度来阐释问题,也是独创性的体现。没有创造,人类文明就不会前进。没有独创性,一篇论文就毫无价值。

(四)理论性

所谓理论性是指论文作者思维的理论性和论文结构的理论性,是在研究过程和研究内容上的理论应用和理论构建。财经论文要从对事物的感性认识上升到理性认识,揭示财经规律,才能达到指导实践的目的。

四、财经论文的基本类型

财经论文的种类很多,采用不同的标准,可划分为不同的种类。按研究的对象可以划分为宏观财经论文和微观财经论文两大类。

(一)宏观财经论文

凡以国民经济中带有普遍性、全局性的经济问题为论述对象的财经论文,称为宏观财经论文。它侧重于对国民经济各部门总体问题的研究,如国民经济计划、经济体制、经济发展战略、所有制结构、分配制度等,意在用一定的经济模式阐明道理,揭示客观经济规律。研究和撰写这类论文,要求作者有明晰的理论思维,而不在某种具体的、个别的经济现象或问题上进行个别的剖析研究。

（二）微观财经论文

凡以国民经济中带有特殊性、局部性的经济问题为论述对象的财经论文，称为微观财经论文。它侧重于对财经领域中具体事物和财经活动中具体方式、方法等问题的论述，如对某些企业的经营管理、物资供应、产品销售等的研究论述。它要求论述内容具体，所有的数据、图表、资料准确翔实，不能脱离具体的论述对象泛泛而谈。

至于高等院校财经类专业学生撰写的毕业论文、学位论文（学士学位论文、硕士学位论文、博士学位论文等）或财经工作领域人员为取得学位所撰写的学术论文，都是就其写作目的和要求而言的。按其内容来划分，都可以分别归入宏观财经论文和微观财经论文的范畴。

【任务评价】

本单元的问题虽然比较简单，但作为写作论文的基础知识，我们不能马虎，要在生活中多观察、多学习，从而不断提高自己的论文写作水平。

任务二　财经论文的写作

【任务描述】

熟悉财经论文的写作过程，掌握财经论文的选题原则和方法。

【任务分析】

财经论文的写作过程分为哪几个阶段？财经论文的选题原则和方法是什么？

【知识准备】

财经论文的写作可分为选题、收集整理素材、构思成文和修改定稿四个阶段，每个阶段的工作重点都不相同。写作前要尽量多地掌握材料，写作中要注意论文的主题思想表达。

【工作步骤】

财经论文的选题原则和方法；收集整理素材；构思成文；修改定稿。

一、选题的原则和方法

（一）选题的原则

选题即选择所要研究的课题，是论文写作的起点，也是决定论文成败的关键。有人说："选好一个研究题目就是论文成功的一半。"也有人说："选题工作十分重要，题选得好，可以事半功倍。"这些说法是有道理的，是他们从实践中获得的宝贵经验，值得我们借鉴思考。只有选择了具有研究价值，自己又力所能及的课题，才能写出具有社会价值的论文；反之，即使耗费再多的精力，表达得再完美无缺，也是没有什么价值的论文。

那么，选题时，应该遵循什么原则呢？我们认为主要的原则有：

1. 选题要有理论意义。就是指选择那些对本专业、本学科的建设与发展起先导、开拓作用，对各项工作起重要指导、推动作用的重大理论问题。

2. 选题要有现实意义。也就是说要选择那些工作实践中迫切需要解决的实际问题，着重考虑人们在社会生活和工作生活中的重点、难点、疑点和人们关注的热点、争论的焦点问题。这样的论文才能对现实生活具有很强的指导作用。

3. 选题要有科学价值。科学研究的目的是为了更好地认识世界、改造世界,以推动社会的不断进步和全面发展。科学价值主要是指,在经济活动中亟待解决的,具有较强现实性的问题;财经领域中的新发现、新探索、新创造;前人所没有涉猎过的短缺空白领域;对通说的纠正;对前人研究成果的发展性研究等。

4. 选题要有可行性。选题最好在与本专业有关的方向上和范围内选取,这样能发挥自己的业务专长,也能够保证调查对象、佐证材料以及研究写作的时间,从主观上便于撰写者展开写作思路,使论文的质量和成功率提升。

(二)选题的方法

要做好选题,只了解选题的原则还不够,还需要熟悉和掌握选题的一些具体方法。

1. 从业务强项或兴趣出发进行选题。闻道有先后,术业有专攻。选择自己在专业学习中的强项问题或自己最感兴趣的专业问题作为自己的课题方向,有利于提高论文撰写质量。有了方向不等于有了恰当的课题,还应在调研的基础上,限制题目的外延,直到缩小到适合完成的程度为止。例如:试论美国金融危机对我国的影响→试论美国金融危机对我国贸易的影响→试论美国金融危机对我国民用商品贸易的影响。

2. 从学习、工作实践中所发现的问题进行选题。学术问题总是在错误中修正,或扩大应用领域,因此,在学习深造过程中,要勤于思考,善于发现,留心本领域学科中有必要进行补充或纠正的问题,便可将这些问题作为研究的课题。在现实工作或生产实践中,总会遇到些应当解决但尚未解决的问题。有些属于宏观问题,涉及面广,可以联合进行研究;有些属于微观问题,对解决实际问题有很强的指导意义,可以结合实践进行探讨。比如,某一单位扭亏为盈,就值得探讨其成功的经验是什么,总结得好,就具有参考和推广的价值。

3. 在已知的学科理论与新发现的事实之间的矛盾中进行选题。过去已有的学科理论随着时间的推移、事物的发展,时常会出现和事实之间矛盾的现象,这些现象就是撰写者应该留心的地方,它们就是可供研究的课题。

选题的方法不止上述三种,但无论如何选题,都要量力而行,都不能脱离实际去进行。

二、收集整理素材

素材是形成观点的基础。收集素材是具体研究问题的开始,没有素材就无从分析问题。

一般来说,素材分为理论性素材和事实性素材两类。所谓理论性素材,是指与自己的论题、论点有关的原理原则,或理论观点,包括有关专著、教材、资料辑录等。了解它们以便在已有的研究成果基础上继续前进,或从前人的研究中得到启发。特别是党和国家的财经方针政策、法律法规,这是财经论文写作的最强有力的指导。所谓事实性素材,是指建立论点、证明论题的实例、数据、调查报告等各种客观实际材料,包括历史材料和现实材料。这类与选题有直接关系的事实和数据,是财经论文写作的最基本最主要的资料,能帮助我们理解经济现象和规律,增强论文的说服力。

对于素材，我们可以用直接调查的形式获得，也可以通过图书馆或档案馆查阅获得。直接调查得到的是第一手资料，反映的是最真实、可靠的情况。展开调查的方法，形式多样，可以集中开会、个别访谈、发放问卷等，但都要做到目的明确、内容明确。利用图书馆或档案馆的途径获得素材，就必须掌握文献检索的方法，并在检索前，分析好选题所需的资料表，以提高检索效率。检索工具种类很多，按出版的形式分，有期刊式、单卷式、附录式、卡片式、磁带式等；按著录的内容来分，有目录、索引、文献等。根据实际情况，可选择其中的一种方式进行检索，也可组合检索。

在收集素材的过程中，要及时、准确地掌握前人已经取得的成果，了解别人从事该课题研究的经验教训，并随时把自己的思考记录下来，从而确定自己论文的起点。

对调查、查阅而来的素材，要进行认真的验证、深入的思考，要辨别素材的真伪，探究其可信程度；鉴定其所反映的是个别现象，还是普遍现象；思考它们的深刻程度。也就是说，要经过阅读、鉴别、记录、整理等工作，才能获得对撰写论文真正有用的素材。

我们选择整理素材时，最常见的有四个标准：一是必要性，即选择与研究的课题紧密相关的。二是真实性，即材料要符合实际，要有根据，并尽可能获取第一手材料。只有借助真实可靠的素材，才能进行真正创造性的思考。三是新颖性，即要从整理后的资料中再次认真思索，从中发现新问题、新线索，得出新结论，开拓新途径。四是充分性，即不论素材的数量还是质量，必须足以说明论点，具有强大的说服力。

【知识链接9-1】

一些积累资料的方法

撰写毕业论文必须详尽地占有资料，一篇五千字左右的论文写成，可能要收集到几万甚至几十万字的资料。资料是毕业论文写作的基础，没有资料，“巧妇难为无米之炊”，研究无从着手，观点无法成立，论文不可能形成。所以，大量占有资料是毕业论文写作之前的一项极重要的工作。

一、资料类型

写作毕业论文之前，至少应当占有如下五个方面的材料：

第一，第一手资料。第一手资料包括与论题直接有关的文字材料、数字材料(包括图表)，譬如：统计材料、典型案例、经验总结等，还包括自己在亲身实践中取得的感性材料。这是论文中提出论点、主张的基本依据。没有这些资料，撰写的毕业论文就只能成为毫无实际价值的空谈。对第一手资料要注意及早收集，同时要注意其真实性、典型性、新颖性和准确性。

第二，他人的研究成果。这是指国内外对有关该课题学术研究的最新动态。撰写毕业论文不是凭空进行的，而是在他人研究成果的基础上进行的，因此，对于他人已经解决了的问题就可以不必再花力气重复进行研究，人们可以以此作为出发点，并可以从中得到有益的启发、借鉴和指导。对于他人未解决的，或解决不圆满的问题，则可以在他人研究的基础上再继续研究和探索。切忌只顾埋头写，不管他人的研究，否则，撰写的毕业论文的理性认识会远远低于前人已达到的水平。

第三，边缘学科的材料。当今时代是信息时代，人类的知识体系呈现出大分化大融合的状态,传统学科的鸿沟分界逐渐被打破了,出现了令人眼花缭乱的分支学科及边缘学科。努力掌握边缘学科的材料,对于所要进行的学科研究、课题研究大有好处。它可以使我们研究的视野更开阔,分析的方法更多样。譬如研究经济学的有关课题,就必须用上管理学、社会学、心理学、人口学等学科的知识。大量研究工作的实践表明,不懂一些边缘学科知识,不掌握一些边缘学科的材料,知识面和思路狭窄是很难撰写出高质量论文的。

第四,名人的有关论述,有关政策文献等。名人的论述极具权威性,对准确有力地阐述论点大有益处。党的有关方针、政策既体现了社会主义现代化的实践经验,又能反映出现实工作中面临的多种问题,因此,研究一切现实问题都必须占有和清楚这方面的材料,否则会出现与党的方针、政策不一致的言论,使论文出现很大的缺陷。

第五,背景材料。收集和研究背景材料,有助于开阔思路,全面研究、提高论文的质量。例如,要研究马克思的商品经济理论,不能只研究他的著作,还应该大力收集他当时所处的社会、政治、经济等背景材料,从而取得深入的研究成果。

二、资料收集和分类的方法

收集资料的方法很多,常用的主要有以下方法:

第一,做卡片。使用卡片收集资料,易于分类、易于保存、易于查找,并且可分可合,可随时另行组合。卡片可以自己做,也可以到文化用品商店去购买。一个问题通常写在一张卡片上,内容太多时也可以写在几张卡片上。当然,在收集资料的过程中,要不要做卡片,可根据个人习惯,不必有死板规定。

第二,做笔记。做笔记是任何一个毕业论文撰写者都必须要做的工作。好记性不如烂笔头,阅读书报杂志时,搞调查研究时,要随身带笔和纸,随时记下所需资料的内容,或有关的感想体会,理论观点等。在做笔记时,最好空出纸面面积的三分之一,以供记录对有关摘录内容的理解、评价和体会。

第三,剪贴报刊。将有用的资料从报纸、刊物上剪下来,或用复印机复印下来,再进行剪贴。把应剪贴的资料分类贴在笔记本、活页纸或卡片上,这种方法的优点是可以节省抄写的时间。

无论是用卡片收集资料,还是摘录资料,或是剪贴资料,都必须注明出处。如果是著作,则要注明作者、书名、出版单位、发行年月;如果是报纸,则要注明作者、篇名、版次、报纸名称、发行年月日;如果是杂志,则要注明作者、篇名、杂志名称、卷(期)号、页码等,以便附录在毕业论文的后面。

对收集来的资料不要随手一放,置之不理,一定要认真阅读,仔细加以分类,进行研究。主要的分类方法有以下两种:

第一种,主题分类法。按照一定的观点把资料编成组,这"一定的观点",可以是综合而成的观点,也可以是自己拟定的观点。例如,为研究培育建筑劳动力市场的前提条件,作者拟定了自己的四个观点:一是市场经济体制的确定为建筑劳动力市场的产生创造了客观环境;二是建筑产品市场的形成对建筑劳动力市场的培育提出了现实的要求;三是城乡体制改革的深化为建筑劳动力市场的形成提供了可靠保证;四是建筑劳动力市场的建立是建筑行业用工特殊性的内在要求。作者按这四个观点对资料加以分类,这样可以加深对资料的认识,进一步使认识条理化、系统化。

第二种,项目分类法。即按照一定的属性,把收集的资料分项归类。下面介绍一下辽宁大学王连山同志列的项目分类:

(一)理论类项目

1. 经典作家、名人言论

2. 概念

3. 科学的定义、定理、公式、法规

4. 一般公理、常识、成语、谚语、名言

5. 资料作者本人的观点

(二)事实类项目

1. 个别事例,包括资料作者所引用的古今中外的事实、人物活动、言论、诗词等

2. 各种统计数字、图表

3. 资料作者的片断论述

(三)随想类项目

1. 本人随时记下的感想

2. 观察所得

3. 调查所得

4. 零星的文字记录

三、资料整理

对收集到的资料如何进行整理呢?资料的整理过程实质上是资料的辨析过程,这里有几方面的工作是不可缺少的。

(一)辨析资料的适用性。选择资料的依据,只能是作者所要阐明的中心论点。什么资料可用,什么资料不能用,都要根据这个中心论点决定。毕业论文的中心论点一经确定之后,它就是统率一切的东西,资料必须服从于中心论点。不能把一些不能充分说明问题的资料搬来作牵强附会的解释,也不能将所有资料统统塞进文章里,搞得文章臃肿庞杂,中心反而不突出,扩大了篇幅。比如《"城市更新"与园林绿化关系的几个问题》一文,作者收集了大量的有关园林绿化的资料,却没有收集城市建设与园林绿化关系的资料,这些不适用的资料塞入论文之中,导致论文中心被冲淡,降低了论文质量。

(二)辨析资料的全面性。如果材料不全面,缺少了某一方面的材料,论文的论述也往往不圆满、不全面,会出现偏颇、漏洞,或由于证据不足难以自圆其说。以《浅论厂长负责制与职工民主管理》一文为例,由于作者只收集了两者互相依赖、互相促进的资料,没有收集两者存在矛盾的资料,结果文章只做了一半,如何处理好两者矛盾这一重要方面被疏漏了,大大影响了论文的质量。

(三)辨析资料的真实性。资料真实与否直接关系着论文的成败。只有从真实可靠的资料中才能引出科学的结论,在这方面要注意:其一,要尊重客观实际,避免先入为主的思想,选择资料不能夹杂个人的好恶与偏见,不能歪曲资料本来的客观性;其二,选择

资料要有根有据,采用的第一手资料要有来历,选取的第二手资料一定要与原始文献认真核对,以求得最大的准确性;其三,对资料来源要加以辨别,弄清原作者的政治态度、生活背景、写作意图,并加以客观的分析评价,社会科学方面的资料更应该注意这一点。

(四)辨析资料是否新颖。所谓新颖的资料包括两方面的含义:一方面是指前所未有,近期才出现的新事物、新思想、新发现、新方向。比如《股份合作制经济几议》一文的作者,选取了当时中国大地上新出现的农村股份合作制经济中的新动向进行研究。另一方面是指某种事物虽早已存在,但人们尚未发现其价值,这同样是新颖的资料。比如《试论人口与经济的循环》一文中,人口与经济的关系早已存在,它们之间存在着良性循环和恶性循环,这也是客观事实,这两种循环会带来两种根本不同的后果,而这以前人们几乎没有认识。现在以两种循环的资料来揭示两种循环的后果,从而阐明控制人口的重要性,不失为一种新颖的资料。所以,所谓新颖,不仅仅对资料产生的时间有所要求(不能太陈旧),更重要的是要从普遍常见的资料中发掘别人尚未利用的东西。

(五)辨析资料的典型性。所谓资料的典型性就是指这种材料对于它所证实的理性认识来说具有充分的代表性。恩格斯的《论权威》,选择了纺纱厂、铁路、航海三个例子作为论据。第一个论据阐述得最详细,第二个论据比较概括,第三个论据只是轻轻一笔。他没有用更多的阐述,就把问题说明了:"一方面是一定的权威,不管它是怎样造成的,另一方面是一定的服从,这两者,不管社会组织怎样,在产品的生产和流通赖以进行的物质条件下,都是我们所必需的。"材料不多,却具有无可辩驳的逻辑力量。产生这样的效果,一个重要原因,在于材料选得十分精悍典型。

三、构思成文

构思成文就是运用科学、创造性的思维,构建文章的整体框架。

在整理素材的过程中,论点也越来越明朗。论点一经确立,就成为全文的统帅。无论是选择材料、确定论证方法,还是安排论文结构及确定论文题目,都要服从论点的需要。另外,还要在这一论点下,确立可以支撑这一总论点的分论点,并按逻辑顺序安排好,使一篇文章的论点有一定的科学体系。

在确定了论点体系的基础上,要确定一个合理的论证体系,即如何用论据来证明论点。要安排好材料的归属和使用,考虑使用各种论证形式。论证的实质就是找出并剖析论点和论据间的内在联系,并以合乎逻辑的方式来说明。

在完成上述步骤后,就要开始编拟写作提纲。提纲是论文的"经络",起着疏通思路、安排材料、形成结构的作用。通过拟定详细的提纲,可以使作者的思想文字化、明朗化、系统化,可以确定论文的主调、重点。因而,在编写提纲时,要求做到有中心、有层次,即有条不紊、完整统一、严密顺畅。财经论文的写作提纲,一般包括标题、基本论点和内容纲要。

在准备工作完成后,就可以开始论文的撰写了。撰写过程中,要遵照提纲的思路、观点起草文稿,要坚持实事求是的原则,体现已确定的文章主题,遵循行文规则,起草出质量较高的文稿。

四、修改定稿

(一)修改内容

修改是对起草的文稿在形式和内容方面进行必要的调整和加工,是提高论文质量的重要环节。修改文稿一般考虑以下几个方面:

1. 观点修改。如观点是否正确,提出的问题是否抓住了本质,提出的意见建议是否可行等。

2. 材料修改。主要看材料和观点是否统一,材料是否有说服力,是否需要充实。

3. 结构的修改。主要看文章的结构是否合理,是否符合逻辑和规范化要求。

4. 文字的修改。主要看文字用语是否简明准确、通顺自然,标点符号的使用是否正确等。

(二)修改方法

在修改的具体方法上,可以采用:

1. 热改法:就是指初稿完成后,趁热打铁,立即修改的方法。

2. 冷改法:就是指初稿完成后,放一段时间再修改的方法。

3. 他改法:就是指初稿完成后,请他人帮助修改的方法。

4. 诵改法:就是指初稿完成后,诵读几遍,发现问题,然后再修改的方法。

通过修改,要使论文达到有理、有据、有序、有用,之后才可以定稿。

【任务评价】

论文的写作虽然分为四个阶段,但它们并不是孤立的,有时候可以一气呵成。但写作工作还没有完成,还要进行认真的修改,做到精益求精。

任务三 财经论文的基本格式和写作要求

【任务描述】

熟悉财经论文的基本格式和写作要求,掌握毕业论文的写作方法。

【任务分析】

财经论文的基本格式是什么?写作中有什么要求?毕业论文的写作方法有哪些?

【知识准备】

财经论文是学术论文的一种,其基本的写作格式和要求与学术论文基本相同,但在写作中我们要注意选题和材料的组织,要注意论文的时代性。

【工作步骤】

熟悉财经论文的基本格式和写作要求;掌握毕业论文的写作方法。

财经论文是学术论文的一种,其基本的写作格式和要求与学术论文的标准一样。根据国家标准的规定,各组成部分及写作要求如下:

一、标题

标题即题目,是文章的重要组成部分。通常是对学术研究过程或成果的直接阐述,是论文内容的高度概括,要求确切、鲜明、生动。论文的标题有两种基本类型:一是揭示论点的标题，如《树立和落实科学的发展观》；二是揭示课题的标题，如《论社会主义商品经济》等。

二、署名

署名是作者对研究成果拥有著作权和具有责任感的体现。署名的位置，一般在标题下方。独立完成的论文只需注明作者自己的姓名即可；合作完成的论文署名时可按贡献大小或姓氏笔画顺序一一注明；如是单位集体完成的，可写上课题组的名称。还需依次注明作者的单位、地名和邮编，单位名称与地名之间以逗号分隔，地名和邮编之间以空格分开。

三、摘要

摘要也称提要。它是论文标题的扩展，是对论文内容不加注释和评论的简短陈述，主要包含研究目的、范围、基本论点、分论点、研究方法和结论等。内容摘要写什么，不写什么，要视论文实际而定，但研究目的、研究方法、结果和最终结论，一般是不可缺少的，重点是结果和最终结论。摘要中不宜使用公式、图表，不标注引用文献编号。这一部分一般都是在文章的其他部分完成后提炼出来的，要求准确、精练，一般限制其字数不超过论文字数的5%，以“摘要：”或“[摘要]”为标识。

为了国际交流，还应有外文（多用英文）摘要，一般不超过250个实词，以“ABSTRACT：”为标识。如有特殊需要，字数可以略多。外文摘要与中文摘要合为一页。

四、关键词

关键词属主题词中的一类，是能代表论文内容特征的词汇或术语。一般是能客观反映论文主要内容的名词性词组，非名词性词组不宜做关键词，其目的是为文献检索提供方便。每篇论文可选取3~8个关键词，排在摘要的下方，以“关键词：”或“[关键词]”为标识。排列时要按照意义从大到小、从内容到形式的顺序排列，中间用空格或分号隔开。如有可能，尽量用“汉语主题词表”等词表提供的规范词。为了国际交流，应标注与中文对应的英文关键词，以“KEYWORDS：”为标识。

五、目录

篇幅较长、容量较大的论文，可设置目录，目的是让读者在阅读前对文章的内容和结构有个大概了解。一般放在论文正文之前。目录非必写要素，视情况而定。篇幅不长、容量不大的论文，可不必编写目录。

六、正文

由于研究涉及的选题、研究方法、工作进程、结果表达方式等有很大的差异，对正文内容不能作统一的规定，但是必须实事求是，客观真切，准确完备，合乎逻辑，层次分明，简练可读。在结构上，一般分为绪论、本论、结论三部分。

（一）绪论。也称前言、引言、绪言等，是论文正文的开头部分，开头是很重要的，大致包括以下内容：开篇导语，提出问题和中心论点，交代论证方法。

1. 开篇导语。一般介绍写作该论文的缘由、目的、价值、意义等。

2. 提出问题和中心论点。这是绪论的核心内容。提出问题指在研究这个课题中，有什么问题还没解决,焦点在哪里。中心论点就是用极简练的文字把对该问题的意见看法提出来,作为本论部分论证的中心。

3. 交代论证方法。就是交代清楚用什么方法论证问题。

(二)本论。本论是论文的主体、骨干、核心部分。论文的中心论点能否确立,科研成果表述得如何,论文的特点体现得如何,都要通过本论部分体现出来。

本论部分主要是对中心论点展开论证,因此,应紧紧围绕中心论点,从各个方面、各个角度建立若干分论点,用以证明中心论点的正确性。

(三)结论。结论是论文的收尾部分,是最终、总体的结论,应该准确、完整、简明、精练。包括论证得出的结果、课题研究的展望等。

七、致谢

可以在正文后对下列方面致谢:国家科学基金,资助研究工作的奖学金基金,合同单位,资助或支持的企业、组织或个人;协助完成研究工作和提供便利条件的组织或个人;在研究工作中提出建议和提供帮助的人;给予转载和引用权的资料、图片、文献、研究思想和设想的所有者;其他应感谢的组织和个人。篇幅一般不长,非必写要素,视情况而定。

【同步案例 9-1】

致 谢

在此论文完成之际,我要衷心地感谢我的母校——××××大学,是你让我掌握了大量的专业知识,获得了锻炼机会,提高了自己的涵养。同时还要感谢×××、×××、×××等几位老师,你们不但教我学习专业知识,还使我懂得学习的目的和意义,教导我做人的道理。在此我要特别感谢我的指导老师——×××教授。你渊博的知识、严谨的学风、平易近人的性格让我受益匪浅;从我论文的选题、设计、素材的选取,以及论文的修改和评点,你对我都是一丝不苟、不厌其烦,让我受益终生。最后我还要感谢同学,是你们一直关心、支持和鼓励我,让我感受到了兄弟般的情谊和亲人般的温暖。再次感谢你们!

八、注释

注释是对正文某些问题的解释和批注,交代文中一些不便详述的内容。采用尾注,一般用序码表示,序码标在引文最后一个字的右上方,注释部分的序码应与被注释处的序码相一致。

九、参考文献

它是作者撰写论文时所参考的文献资料或者是作者向读者推荐的可供参考的文献资料。注明参考文献是作者治学态度严谨的一种体现,有利于读者查对阅读原文。参考文献按次序列于文后,以“参考文献:”(左顶格)或“参考文献”(居中)作为标识,序号左顶格,并用数字加方括号表示,如[1],[2],等等,每一参考文献条目的最后均以“.”结束。

【同步案例9-2】

参考文献：

[1]×××.出版集团研究[M].北京：中国书籍出版社,2011.

[2]×××,×××.汉语变调构词研究[D].北京：北京大学出版社,2010.

【同步案例9-3】

经济法视角的产品质量法

[摘要]从经济法与其他最接近的相关部门法的关系入手分析产品质量法应当归属于经济法领域而不是其他领域。而且产品质量法以其自身的立法宗旨和精神体现了经济法的社会本位观。

[关键词]经济法　商法　社会本位　产品质量法

经济法作为一个年轻的法律部门,其所涉及的一些问题大家仍有异议,从调整对象到原则、价值,甚至包括其体系,学者们都能拿出自己的观点并提供相应的论据。争论的存在也并不是说完全没有一致的交汇点,单就其体系来说,产品质量法作为经济法的一块领地,似乎已成为所有经济法学者的共识。这样说的根据是:现存绝大多数经济法著述无一例外地都将产品质量法收纳进来,而本文所要回答的问题也就是"为什么产品质量法毫无争议地归属于经济法"。

一

经济法从产生之日起,就与传统民商法有所纠葛。而近年来商法是否可作为"独立的部门法"的争论,又使得民法和商法愈来愈"分道扬镳"。区别地看民法、商法和经济法的关系,对于分析产品质量法作为经济法的一个分支而不是其他有着"纲举目张"之作用。经济法与民法的区别并不复杂,仅从两者调整对象和利益本位的不同决定了经济法与民法是两个相对独立的法律部门。民法是调整平等主体之间财产关系与人身关系的法律,以个体利益为本位;而经济法是调整国家干预管理经济的法律,以社会整体利益为本位。在经济法与商法的关系中,商法作为调整市场运行机制之法与经济法发挥着功能互补的作用,商法从保护商人的利益出发,着眼于商事交易秩序;而经济法则从保护社会整体利益出发,维护市场的整体秩序;相对来说商法具有基础性、前置性,经济法主要解决市场已经运行,但在运行过程中产生了问题,如贫富分化、市场失灵等现象危及整个市场秩序存在时,才有政府自上而下地对这些运行机制中的偏差进行纠正。

通过以上经济法与民法、商法区别的重点归纳,如果还不足以说明产品质量法就归属于经济法,但可以明确的地方就是:产品质量法不会是民法和商法的领地。产品质量法是为了调整产品生产与销售,以及对产品质量进行监督管理过程中所形成的社会关系而由国家制定的法律规范的总称。就其主体来讲,除了理论上的平等主体生产者、销售者一方与消费者一方外,还有国家质量管理监督机关。主体地位的不平等或者说监督管理关系的存在,将其排除在民法的领域之外。

商法乃市场运行机制之法,就其基本原则来说是维护市场正常运行、提高商事交易效率和保障商事交易安全的。同时商法独特的调整对象也不可能将产品质量法包容进来。

与其说经济法与民法、商法之间的关系因亲近而争论颇多，深究起来，不如说经济法与行政法的关系更值得玩味，难怪有人至今都认为经济法不过是行政法的一个分支而已。按我国的通说，行政法是“规定国家各个方面行政管理的行政法规的总称”，是关于“调整行政关系和基于行政关系而产生的监督行政的关系的法律规范体系”。经济法部门的形成与行政法的产生和发展之间并无内在的逻辑联系。虽然经济法在一定程度上包含了政策性，但其内容并不限于经济行政，它还包括其他相关方面。从以上对行政法的分析来看，产品质量法也不能归属于行政法，尽管其中也有产品质量监督管理机构对生产者、消费者的监督管理成分的存在。

对经济法是否可以作为一个独立的法律部门进行研究，必须区别清楚经济法与民法、商法以及行政法的关系。因为在整个法律体系中，这几个部门法的关系最为接近甚至发挥着功能互补之作用，如果对部门法关系进行清晰区别，那么对其下子部门的分析则不易有所偏差。当然实践中的一部法律，对理论上部门法的划分来说，有些具体的规定并非完全专属于某单一法律部门。就产品质量法来说，我们之所以把它归入经济法的领域而没有争议，是基于它主要所体现的精神、原则、价值追求以及主要权利、义务的分配和责任形式。

二

经济法以社会为本位，以社会整体利益为其价值追求，这种利益不能简单地等同于个人利益和国家利益，它不是个人利益的简单相加，而是个人之间利益的有机统一。经济法以社会利益和社会责任为最高准则。无论是国家还是企业，都必须对社会负责，在对社会共同尽责的基础上处理和协调彼此之间的关系。而在具体的经济法律关系中，国家必须依法行使权力，对社会负责不得妨碍或损害市场主体及非国有主体依法行使权利。企业和个人等经济主体也要对社会负责，不能只讲权利，不讲义务；不得片面强调自身局部利益，置社会利益于不顾。

要对产品质量法所体现的经济法的社会本位进行分析，首先需要理解其作为一个单行法的立法宗旨，这是基本前提和基础。产品质量法是“为了加强对产品质量的监督管理，提高产品质量水平，明确产品质量责任，保护消费者的合法权益，维护社会经济秩序”。据以上法条的具体规定，产品质量法的宗旨为：

1. 保障并提高产品质量。保障和提高产品质量是产品质量法的直接目的。企业在市场竞争中，优势地位的取得一般来说可通过提高产品质量、降低产品成本等途径，而产品质量的提高所需的条件如科学技术、管理等也需要企业本身的努力。但是在市场竞争中，有些企业为了牟取利益，难免不惜以牺牲质量的做法，偷工减料，以次充好，这样的做法丧失了市场竞争应有的性质，对社会整体经济利益也是一种破坏。尤其是在我国市场经济体制尚未充分建立且不完善、商业道德和市场规则尚未成为绝大多数市场主体遵循的行为准则、竞争法制尚未健全的条件下，对产品质量的管理显得尤为必要，同时也是对整体社会经济利益的一种保护。

2. 对消费者合法权益的维护。对消费者合法权益的维护在消费者权益保护法中也有所涉及，两者对保护对象所处的角度又有所不同。对消费者合法权益的保护能促进整个市场的顺利运行，生产、分配、交换、消费，任何一个环节的缺失或者损害都会影响到整个市场的有序运行。

3. 对市场秩序的规范。社会整体经济利益的价值追求离不开良好的社会竞争秩序，良好的社会竞争秩序是现代市场经济法制的中心内容。因此，围绕着市场竞争秩序制度的优化，现代市场经济法制的每一项立法都有使命实现这一神圣目标，并把它细化在法律规范的设计中。我国产品质量法第 4 条明确规定："禁止伪造或者冒用认证标志、名优标志等质量标志；禁止伪造产品的产地，伪造或者冒用他人厂名、厂址；禁止在生产销售的产品中掺杂、掺假，以假充真，以次充好。"同时第 38 条和第 40 条明确规定了对上述行为的处罚措施。此外，第 42 条和第 44 条还分别规定了对以行贿、受贿或者其他非法手段推销、采购不符合该法规定的有关产品的，以及在产品质量检验中伪造检验数据或者检验结论的处罚措施。产品质量法中的这些规定都是同反不正当竞争法律规范有密切联系的，可以说是从产品质量管理方面来维护公平的市场秩序。

三

市场经济是一种竞争经济体制，但是市场竞争本身又存在着"背反"理论。这种"背反"体现在：一方面，市场离不开竞争，市场的维护和发展必须靠竞争来延续、强化其生命力，没有竞争就没有市场；另一方面，市场竞争又会在其内部必然地产生不正当竞争、限制竞争以及垄断，这些现象的产生又从基础上否定了竞争，当然也否定了市场。究其原因，无非是人（自然人、法人、其他组织等）本质上的"自利性"，即以对自己是否更有利来决定是否遵守"游戏规则"。单个的个人或企业不会考虑整体市场的有序竞争或运行，那么国家只有通过制定相应的法律来对整体竞争秩序进行维护，对不正当竞争、限制竞争等破坏竞争秩序的现象进行规制。

市场竞争中，产品生产者、销售者受到自身营利性的驱使，有可能会产生短视行为，为了自身利益不惜以损害他人及整个市场秩序为代价，表现为对其生产的产品质量"不负责任"、以假充真、以次充好甚至生产销售有毒有害产品，严重危及消费者的人身及财产安全。所以法律的规制成为必要，而着眼于此的相关部门法也就是经济法。从市场竞争的角度来分析产品质量法也可以看出其作为经济法领地的客观必然。

参考文献（略——编者注）

【任务评价】

论文的写作是一件很严肃的事情，它有国家的规范标准以及基本的写作要求。作者可以参考一些素材，借鉴一些写作方法，但不能抄袭，更不能照搬，否则论文不仅失去其价值，而且作者还要受到批评和谴责。

任务四　财经毕业论文的写作

【任务描述】

了解财经毕业论文的概念和特点，熟悉财经毕业论文的写作要求。

【任务分析】

什么是财经毕业论文？它有什么特点？其写作要求是什么？

【知识准备】

在过去学习财经报告的写作中，有些报告与财经论文相似。我们要在写作中发现它们的不同之处，如写作材料、写作格式、写作要求，等等。

【工作步骤】

财经毕业论文的概念；财经毕业论文的特点；财经毕业论文的写作要求。

一、财经毕业论文的概念

财经毕业论文是高等院校财经类专业毕业生提交的一份有一定学术价值的文章。它是大学生完成学业的标志性作业，是对学习成果的综合性总结和检阅，是大学生从事科学研究的最初尝试，是在教师指导下所取得的科研成果的文字记录，也是检验学生掌握知识的程度及分析问题和解决问题的基本能力的一份综合答卷，同时是高等院校教学的一个重要环节。

根据学生的层次和申请学位的高低，一般分为普通毕业论文、学士论文、硕士论文、博士论文。它们所要求的程度也不同，如硕士和博士，其论文就是学术论文，要求具有独创性；而大专和本科生，主要考察的是已学理论的应用。

二、财经毕业论文的特点

财经毕业论文具备财经论文的共有特点：专业性、科学性、独创性和理论性，还有它自己突出的三个特点：

（一）教师指导的相对性

毕业论文是在导师指导下独立完成的科学研究成果。对于如何进行科学研究、如何撰写论文等，都离不开导师的指导和帮助。在学生写作过程中，导师要启发引导学生独立进行工作，注意发挥学生的主动创造精神，帮助学生最后确定题目，指定参考文献和调查线索，审定论文提纲，解答疑难问题，指导学生修改论文初稿等。学生为了写好毕业论文，必须主动地发挥自己的聪明才智，刻苦钻研，独立完成写作任务。

（二）写作时间的特定性

毕业论文的写作一般都是在学生最后一个学年或学期安排完成。毕业论文的写作是高等院校教学的一个重要环节，是学生对所学专业基础知识的运用和深化。学生要按照学校的教学计划，认真学习本专业的基础理论，掌握本专业知识和技能，为写作毕业论文打好坚实的基础。

（三）写作过程的综合性

毕业论文是大学生毕业阶段的重要学习内容，是对学生已学知识的综合考查，其写作过程的综合性体现在：①是对运用已学专业知识分析问题、解决问题的能力的综合；②是对查询专业资料（中文资料和外文资料）的能力的考查；③是对运用计算机分析和处理数据能力的考查；④是对语言（中文和外文）表达能力和文章撰写能力的考查。

三、财经毕业论文的写作要求

财经毕业论文的写作要遵循财经论文的一般写作格式、写作特点和写作方法。同时，要注意以下几个问题：

（一）要紧紧围绕论点表述

一篇文章只能有一个中心论点，论点是文章的灵魂、统帅，要把握住论点，紧扣不放，不可节外生枝。同时，在收集整理素材的过程中分析提炼的论点，需要结合论文整体进一步凝炼，使之达到认识上升的水平。

【同步案例9-4】

浅谈我国网络营销存在的安全风险及化解

[**摘要**]随着互联网络的日益普及以及电子商务技术的逐渐成熟，网络营销已成为大多数企业的一个重要营销手段，它的价值已经得到越来越多企业的认可，但也暴露出支付、技术、信用等安全问题。针对这些安全问题，我们要健全法制，加强管理，进一步完善网络技术，发挥网络营销的更大作用。

[**关键词**]网络营销　安全　网上支付　信息安全

随着全球经济的不断发展，互联网络的日益普及，电子商务技术的逐渐成熟，网络营销已成为大多数企业的一个重要营销手段；同时，网络营销的价值已经得到越来越多企业的认可，而且网络营销也是高等院校管理类专业的核心课程之一。我国开展网络营销的时间虽然比国外晚，但发展迅速。我国政府为促进网络营销的发展创造了良好的社会和政治环境。

根据××咨询公司发布的××××年网络广告年度报告，××××年中国网络营销市场规模为×××亿元，其中网络广告收入占××%，搜索引擎占××%。调研数据显示，××××年中国网络营销市场规模（不含渠道代理商收入）比××××年的××亿元增长了××%，是××××年网络营销市场规模的×倍，预计××××年市场规模将达到××亿元，比××××年增长××%，××××年的市场规模有望达到×××亿元。网络营销正以惊人的速度迅猛发展。

但是网络营销在中国的发展并没有预测中那么理想，而网络营销所暴露出来的问题却是一大堆。其中最主要的问题就是有关网络营销的安全问题。本文简单分析了我国网络营销所存在的主要风险，并针对企业网络营销实施中暴露出的安全问题加以分析，提出了风险化解的几点建议。

一、我国当前网络营销存在的主要风险

1. 支付安全问题

网上支付是取代银行汇款、邮政汇款、货到付款等传统支付手段的现代化支付方式。上网购物给我们带来了便捷、便宜，但同时也让我们对网络支付的安全性有所质疑，最终还有部分买家因此只能望而兴叹。

目前企业对网络营销最担心的问题之一是支付的安全问题，有很多企业对网上交易的安全性表示担心。这主要是因为目前缺乏满足网络营销所要求的交易费用支付和结算手段，银行的电子化水平不高，安全性差，银行之间相对封闭。虽然银行方面也作出了很大的努力，但远不能满足全面网络营销的要求，消费者面临网上欺诈的危险，害怕自己的信用卡被盗用,担心个人隐私被泄露。而企业与企业之间安全、快捷的资金结算更有很长的一段路要走。因此,建立一个安全的交易环境将是网络营销亟待解决的问题。

网上支付不统一,难以实现真正意义上的网络营销。网络营销的核心内容是信息的互相沟通和交流,交易双方通过互联网进行交流、洽谈和确认,最后才能发生交易。而对于通过网络营销手段谈完交易的双方来说,只有银行等金融机构的结算介入才能最终完成。这就需要有银行的信用卡、电子货币等各种电子支付方式的支持和保证。而目前我国各大专业银行选用的网络通信平台不统一,各银行的信用卡不能通用,无法实现各银行之间跨行业务的互联互通,直接限制了网络营销的发展。

2. 技术安全问题

从总体来看,我国目前网络基础设施的建设与发达国家相比还相对滞后,还不能完全适应网络营销快速发展的需要。网络营销的发展,要求网络传输有极快的响应速度和畅通的道路,同时对安全防范的要求也越来越高。例如,采用假冒在线服务站点(比如eBay)登录页面盗取密码、盗取身份、窃取数据,等等,这些都将继续成为公众关心的主要问题,如不解决,结果会导致电脑数据被盗、移动设备受到攻击等情况的发生。

迈克菲旗下防病毒和漏洞紧急响应小组实验室研究表明,从2006年1月1日起,迈克菲在其数据库里增加了大约5万个新威胁,而且有可能在年底超过22万5千个新威胁。根据目前的趋势,迈克菲预计在2007年年底,将会发现第30万个来自互联网的威胁。这些技术上的安全问题,将直接影响到网络营销的顺利开展,由于这种威胁直接给使用者带来利益上的损失,使得网络营销缺乏最起码的人气基础。虽然近年来上网用户急剧增长,网络营销较几年前有了很大的提高,但相对全国12.95亿国民来说,所占比例仍然太小,而且还造成网络利用率低下,致使网络资源大量闲置和浪费,投资效益低,严重制约着网络营销工作的进一步发展。

3. 信用安全问题

我国的信用体系还不健全,假冒伪劣商品屡禁不止,坑蒙、欺诈时有发生,市场行为缺乏必要的自律和严厉的社会监督。消费者担心将款汇出后得不到应有的商品。企业担心拿到的信用卡号码是盗用的从而导致收款出问题。

网络技术异化,一定数量的网站成为经济欺诈的"帮凶",一些网站甚至成为骗钱的工具。许多电子商务是"穿新鞋,走老路",即"网上订货,场外交易"。网上银行是金融服务最先进的交易手段,但作为网上交易的主体,即商业银行、商人、企业经营者,却大都持观望态度,真正敢于"吃螃蟹"的人寥若晨星,屈指可数。银行不愿意通过网络划拨款项,人们也不愿意通过网络存款。如今,人们对对方当面提供的货币是真是假,都将信将疑。

与网络经济相适应的应该是一个组织性最强的社会,而信用危机与信用瑕疵,便是威胁这个社会组织的天敌。中国虽然已经进入了市场经济阶段,但因为市场经济管理和法制建设的相对滞后,一直未能建立起与市场经济相适应的信用保障体系。与网络经济相比,中国的信用保障体系更处于待建阶段。

二、风险的防范与化解

1. 完善网络交易的法律法规

无论网络安全、网上结算还是货物配送,都涉及法律法规问题。只有健全法制,才能保证网络营销的正常运行。因此,国家必须在立法和执法上加大力度。从网络安全来说,要组织力量,选择符合我国国情的网络交易安全技术,积极开发我国自己的网络安全产品。要强化网络交易安全管理,制定有关的网络交易标准和管理标准,规范买卖双方和中介方的交易行为。要尽快完善网络交易的法律法规,明确交易各方当事人的法律关系和法律责任,严厉打击利用网络营销进行欺诈的行为。

2. 加强网上支付的管理

网上支付是网络营销一个重要的组成部分。金融服务的发展创新、开展网上支付业务,可以减少银行成本,加快业务处理速度,方便客户,同时也有利于银行拓展业务,增加中间业务的收入。更重要的是它改变了银行支付处理方式,使消费者在任何地方、任何时间都可通过互联网获得银行服务。但网上支付的安全性却成为制约网上支付发展的重要因素。

为此,我们应该尽快采取相应的措施,以适应快速发展的网络营销的需求。我个人有以下几点认识:一是各大商业银行之间尽快实现统一,可跨行互联、互通;二是牢固树立安全第一的意识,处理好安全与发展速度的关系;三是加大支付技术上的攻关力度,进一步提高网上支付安全保障,将风险环节前移,在产品开发初期充分考虑到安全性,对存在安全隐患的产品,绝对不投入使用,不投入市场。

2006年4月1日,我国正式开始实施《电子签名法》和《电子认证服务管理办法》,对电子支付进行规定。6月9日,中国人民银行发布《电子支付指引》,从金融机构到第三方支付平台都有涉及,而且明确了第三方支付平台商的责任,没有提出第三方账户权限问题。国务院《关于发展电子商务网上支付若干意见》积极研究第三方支付的相关法规,引导商业银行通过银联等机构建设安全、快捷、方便的网上支付平台,大力推广使用银行卡、网上银行、电子钱包等网上支付工具。金融监管部门对网络营销、网上支付的发展给予高度重视,正在研究出台一些相关制度和办法加强监管,促进网络营销的健康发展。

3. 加强信息安全技术研究

网络营销要适应市场全球化的新形势,广泛应用于社会的各个领域和各行各业,并为我国企业参与国际市场竞争提供现代化的信息手段,信息安全至关重要。因此,加强信息安全研究是我国发展网络营销亟待解决的关键问题。信息安全体系的突出特点之一,是必须有先进的技术系统来支持,没有信息安全技术就没有信息安全。在安全技术方面,涉及技术标准、关键技术、关键设备和安全技术管理等环节,而其核心问题有两个:一是有关的安全技术及产品只能是我国自主开发的和国产化的。没有国家自主开发的、国产化的安全技术和安全产品,也就没有真正的国家信息安全。信息安全不可能靠直接引进国外安全技术和国外安全产品来实现,否则后果是灾难性的。二是信息安全技术的开发与采用和国产信息安全产品的采购与装备,也应纳入法制范围。信息安全技术产品市场是一个特殊的市场,它不仅受市场机制的调控,还要受国家安全机制的调控。

因此，必须协调好国家信息安全体制与信息安全技术开发及产业法制体制之间的关系。要依靠国家的投入和政策扶持，依靠各类网络单位的积极支持，依靠信息安全产业和市场的推动，建立起我国信息安全的技术支撑体系和技术管理体系。

4. 建立我国完善的信用评估体系

网络将在21世纪的经济中扮演越来越重要的角色，这点毋庸置疑，可以肯定地说，网络营销给营销者的是一个全新的视角。但这并不是说，网络营销会取代传统营销，它是经由信息科技发展、创新和重组营销的过程。对于传统企业来说，企业诚信已提上了企业战略日程，估计没有哪个企业主会质疑诚信对于企业的重要性。对于网络营销而言，诚信主要体现在：一是公司对产品宣传方面的诚信，二是网络服务和产品质量的诚信。因此，建立我国完善的信用评估体系是网络营销得以迅速发展的重要组成部分。

中国信用评估要得到快速健康发展需要具备这样几个基本条件：其一，建立健全科学的信用评级体系。信用评级的客观性与准确性，关键取决于信用评级体系的科学性。建立信用评级体系要在“三个结合”上做文章：一是国际惯例与中国国情的结合；二是定性方法与定量方法的结合；三是传统研究方法与现代先进评级技术和互联网技术的结合。其二，尊重评级规律，建立独立、公正的评级机构。信用评级机构依靠专业技术和内部管理来保证其信用评估的客观性，它不应该受到政府、企事业单位和被评级对象的干预。独立性应该成为信用评级机构的最重要的特征。其三，政府积极支持信用评级机构开展工作。离开政府的推动和规范，目前依然处于初级阶段的中国信用评级事业难以获得健康快速的发展。其四，加强对评级机构的规范管理。

从某种意义上讲，建立在信用基础上的中介机构种种“自毁长城”的不检点行为，是威胁信用评级事业的最大天敌。信用评级机构要在国家有关部门的支持下，建章立制，认真规范中介的服务行为，逐步提高评级服务水平，并逐步建立健全企业管理制度，推动中国信用评级事业健康发展。

参考文献（略——编者注）

（二）要注意行文过渡

组织素材成文过程中，要注意标题、层次、段落、过渡、照应、开头、结尾等文章结构要素，不能出现松散无序、前后矛盾或无故残缺、支离破碎的现象，不能让人摸不清文章的脉络；要通过逻辑关系表现文章各部分的内在联系，使内容形式完善结合，形成一个统一的有机体。

（三）要注意语言表达

毕业论文以议论为主，叙述、说明、议论相结合，运用数字、图表分析论证。语言表达最基本的要求是标点正确、语言通顺。在此基础上，要求准确、简练、严密，不必过分修饰，力求朴实；可以运用调整句式、增添修饰语或限定语、同义词或近义词替换等方式为文章的语言润色，避免语言呆板，增强语句的表现力。文中的数字、图表、公式、计量单位、缩略词等的运用一律要遵照国家标准的相关规定执行。

【情境总结】

在论文写作的四个阶段中，第二个阶段是收集整理素材，第三个阶段是构思成文。

在第二个阶段中，分别介绍了素材的分类、获取途径、选材的标准问题；在第三个阶段中，介绍了确立论点、确定论证体系、编写提纲的构思成文一般方法。针对上述第一个问题，我们可以以课本中的理论知识为引导，找出文章的论点，提炼出文章的写作提纲，分析文章的论证体系，进而搞清文章的行文结构和逻辑。第二个问题是要解决案例中选材的特点，我们可以按照选材的"必要性、真实性、新颖性、充分性"四个标准来逐一展开分析，从而说明案例的选材特点。

思考题

一、实践题

仔细阅读"同步案例 9-4"《浅谈我国网络营销存在的安全风险及化解》一文，回答以下问题：

1. 这篇财经论文是什么类型的论文？
2. 这篇论文的中心论点是什么？
3. 列出这篇论文的提纲。

二、单项选择题

1. 论文的摘要一般限制其字数不超过论文字数的(　　)。

A. 3%　　B. 5%　　C. 10%　　D. 15%

2. 大学生的毕业论文除了具备论文共有的专业性、科学性、独创性和理论性等特点外，它还具有自己最突出的一个特点(　　)。

A. 教师指导的相对性　　B. 写作时间的固定性
C. 论文主旨的广泛性　　D. 语言表达的程序性

3. 下列各标题中，属于微观财经论文标题的是(　　)。

A.《对社会主义市场经济价值规律的探索》
B.《小微型企业发展的困境》
C.《企业财务分析的几种方法及应用》
D.《××市经济发展战略研究》

4. 根据国家标准的规定，财经论文各组成部分除了标题、署名、摘要、关键词外，还包括(　　)。

A. 目录、正文、致谢、注释、参考文献等
B. 目录、正文、致谢、索引、参考文献等
C. 目录、正文、落款、注释、参考文献等
D. 目录、正文、致谢、注释、写作时间等

5. 下列各项中，关于书写论文中的"摘要"，正确的是(　　)。

A. 摘要——　　B. 摘要：　　C.（摘要）　　D. 摘要—

三、多项选择题

1. 论文的关键词可以有(　　)。

A. 2 个　　B. 5 个　　C. 8 个　　D. 10 个

2. 在进行论文选题时，一般应遵循的原则有（　　）。

A. 要有理论意义　　B. 要有现实意义　　C. 要有科学价值　　D. 要有可行性

3. 论文的正文部分主要包括以下几个方面（　　）。

A. 绪论　　B. 本论　　C. 结论　　D. 结尾

4. 撰写论文需要选择整理素材，选用素材有以下几个标准（　　）。

A. 必要性　　B. 真实性　　C. 新颖性　　D. 充分性

5. 财经论文要讲究严肃性和论辩性，同时它还具有以下几个特点（　　）。

A. 专业性　　B. 科学性　　C. 独创性　　D. 理论性

四、判断题

1. 对论文材料的修改，主要看材料和观点是否统一，材料是否有说服力，是否需要充实。（　　）

2. 独创性是衡量财经论文价值的根本标准。（　　）

3. 用冷改法修改论文，就是指初稿完成后，请他人帮助修改的方法。（　　）

4. 财经论文的写作可分为选题、收集整理素材、构思成文和修改定稿四个阶段。（　　）

5. 财经论文既是人们进行工作研究的一种手段，也是发布科研成果、进行学术交流的一种工具。（　　）

项目十

财经司法文书

学习目标

知识目标:了解财经司法文书的概念、作用和特点,掌握财经司法文书的写作步骤及写作方法。

能力目标:认识财经司法文书的重要性,熟悉各种文书的类型,运用所学知识写出各种符合规范要求的财经司法文书。

【情境导入】

起诉书

原告人:×××,男,汉族,×××学院职工,住××市××路××号,身份证号码:××××××××××××,电话:××××××××××

被告人:×××公司,法定代表人:×××,男,汉族,×××公司总经理,住××市××路××号,身份证号码:××××××××××××,电话:××××××××××

诉讼请求:责令被告继续履行合同,并按合同要求支付原告合同违约金。

事实与理由:

××××年×月×日,原告与被告在协商一致的基础上签订了一份商品房买卖合同。合同规定:被告出售×××学院××小区×栋×单元××号房(建筑面积××××平方米)给原告,并约定在××××年×月×日前交房;合同同时约定原告在签订此合同前交纳房款总价的80%,余款在房屋竣工验收合格后付清。按合同要求,原告已经在××××年×月×日交纳了80%的房款,共计人民币××万元,另支付了天然气和太阳能安装费××××元,完全履行了合同义务。而被告没有在××××年×月×日前交房,构成了事实上的违约。根据合同规定,被告逾期交房,应按日向原告支付已交房款万分之二的违约金。从××××年×月×日至××××年×月×日,被告应该支付违约金(人民币)××××元给原告。

我国法律规定,合同依法成立,即具有法律约束力,当事人必须全面履行合同规定的义务。被告无视合同的规定,无故拖延时间,不按期交房,致使原告的合法权益受到侵害，应承担责任。因此，原告请求贵院判令被告支付违约金，并承担本案的诉讼费用。

此致

××人民法院

具状人：×××

××××年×月×日

附：1. 本状副本×份

2. 书证×份

3. 身份证复印件×份

基于案例的问题：起诉状亦称诉状、起诉书，是法律文书中的一种。什么是起诉书？它应该具有哪些要素？

任务一　概　述

【任务描述】

了解财经司法文书的概念、作用、特点和类型。

【任务分析】

什么是财经司法文书？它有什么特点和作用？财经司法文书包括哪些类型？

【知识准备】

法制社会产生矛盾和纠纷，就要依靠法律来解决问题，这就要运用到法律文书。特别是在经济建设和发展中，财经类的法律文书更是普遍使用，这就要求我们做一个知法、懂法、守法的人。

【工作步骤】

财经司法文书的概念；财经司法文书的作用；财经司法文书的特点；财经司法文书的类型。

一、财经司法文书的概念

法律文书是指公民、法人、国家机关及其他组织在处理各种法律事务中，为实现法律赋予的权利和履行法律规定的义务而依法制作的、具有法律效力和法律意义的一系列文书的总称。

法律文书有广义和狭义之分。广义上的法律文书，泛指一切法律上有效的文件、文书。狭义的法律文书就是司法文书，它是指侦查、检察、审判、公证等司法机关在处理各类案件的各个环节、步骤上形成与使用的具有法律效力和法律意义的专用文书。

财经司法文书是财经工作领域的法律文书，如经济纠纷调解书、合同纠纷起诉书等。

【知识链接 10－1】

什么是刑事自诉书？

刑事案件包括公诉和自诉两种形式。公诉就是检察机关向人民法院提起诉讼，自诉是公民个人向人民法院提起诉讼。自诉书是刑事自诉案件中的原告人（自诉人）所书写的诉状。根据《刑事诉讼法》第 13 条的规定，告诉才受理和其他不需要进行侦查的轻微的刑事案件，由当事人自诉。自诉案件包括：侮辱、诽谤、暴力干涉婚姻自由、重婚等案件。

书写刑事自诉书应当注意：(1)必须是刑事自诉范围内的案件，如果属于公诉案件，人民法院不能受理当事人的起诉。(2)原告的意思表述要清楚，要有明确的证据和诉讼请求。

二、财经司法文书的特点

（一）行文格式的统一与规范性

统一与规范的司法文书不仅是形式上的需要（便于制作、查阅、执行、管理等），而且还是法律文书管理的规范化和科学化的需要。在长期的法律实践过程中，逐步形成了相对统一的体裁和格式，依照法律的规定，按照一定的格式，把相关事项和内容简明扼要、条清理晰地表达出来。

（二）语言风格的严肃与准确性

在制作财经司法文书时，必须严格依法办事，语言必须严谨、明确，切忌模棱两可、含糊其辞；在认定事实时，要准确地揭示案件的本来面貌，全面阐述案件的各个侧面，准确表达事情各个部分的事实；对于数据部分，更是要求真实、准确、具体；语言风格力求朴实简练，通俗易懂，不用或少用各种修辞手法，不能滥用文言文，造句多用肯定、陈述、判断句式，少用或不用反问、设问、疑问、感叹等加强语气和感情色彩的句式。

（三）哲理、事理、法理、文理四者的统一性

司法文书的内容主要包括叙事、举证、说理和结论等方面，因此在写文书时要把事情的哲理、事理、法理、文理四者充分地结合起来，形成一个有理有据的统一整体。

（四）结构上事实、理由、结论排列的顺序性

司法文书的结构相对固定，除标题、首部、尾部和落款外，正文部分一般是按照事实、理由、结论的顺序排列，这既符合文章的一般写作要求，也符合司法实践的程序要求。

（五）文书执行的严肃与权威性

生效的司法文书在执行时具有高度的权威性和严肃性，它的解释是单一性的，没有任何词语的歧义和模棱两可的提法；同时它是依靠国家的强制力保证实施的，因此具有绝对的权威性。

三、财经司法文书的作用

财经司法文书作为适用法律的书面依据和凭证，代表国家的意志惩罚罪犯，保护公民的合法经济利益，调整国家、集体（团体）、个人之间的经济法律关系，从而保障了社会经济秩序稳定发展。其作用主要表现在：

(一)是体现国家意志的重要工具。

(二)是维护社会经济秩序稳定、惩罚犯罪的锐利武器。

(三)是国家机关对社会主义市场经济实现调整和管理的有力手段。

(四)是开展司法实践活动、实现依法治国的书面凭据。

(五)是宣传法制、教育公民的有效形式。

四、财经司法文书的类型

(一)按文书的范围不同划分,有公安部门、人民检察院、人民法院(简称"公检法")使用的司法文书以及律师事务所、仲裁机构、其他单位与个人使用的法律文书。

(二)按文书的性质不同划分,有民事、刑事、行政等方面的司法文书。

(三)按文书制作主体和内容的不同,可分为侦查文书、检察文书、裁判文书、公证文书、仲裁文书、律师实务文书等。

【知识链接 10-2】

法律文书、司法文书、诉讼文书的区别

法律文书是指我国公安机关(含国家安全机关)、检察院、法院、监狱或劳改机关以及公证机关、仲裁机关依法制作的处理各类诉讼案件和非诉讼案件的文书和案件当事人、律师及律师事务所自书或代书的具有法律效力或法律意义的文书的总称,即指规范性法律文书(国家立法机关颁布的各种法律)以外,所有非规范性的法律文书的总称。

司法文书是公安机关、检察机关、审判机关、公证机关等司法机关在处理各类案件的各个环节、步骤上形成与使用的专用文书。

诉讼文书是司法活动中民事案件、刑事案件和行政案件的当事人为了维护自己的合法权益,针对案情,根据法律和诉讼程序的规定,向人民法院提出诉讼要求或答辩的文字材料。

三者的区别主要在于范围不同。诉讼文书属于司法文书的一部分,广义上的司法文书包括诉讼文书、公证机关的公证文书等,而法律文书包含司法文书和诉讼文书的全部内容。

任务二 经济诉讼文书:起诉状、答辩状、上诉状、申诉状

【任务描述】

熟悉经济诉讼文书的写作,包括起诉状、答辩状、上诉状、申诉状的写作。

【任务分析】

什么是起诉状、答辩状、上诉状、申诉状?如何写起诉状、答辩状、上诉状、申诉状?

【知识准备】

当公民或法人等组织因自身合法权益遭受侵害时,都可以向人民法院提起诉讼请求。这种起诉要以书面形式进行,因此有了起诉书(状)。起诉书(状)既可以本人写,也可以由他人代写。但不管怎样,起诉书(状)的格式要求是不能错误的。

【工作步骤】

起诉状和答辩状的写作；上诉状和申诉状的写作。

一、起诉状与答辩状

(一)起诉状

1. 起诉状的概念

起诉,俗称告状,是指公民个人、法人组织或其他单位为了维护自己的权益向人民法院提起诉讼,由人民法院进行裁决而解决矛盾纠纷的一种法律活动。起诉状,也叫起诉书、诉状等,是指公民或法人等组织因自身合法权益遭受侵害而向人民法院提起诉讼请求的法律文书。根据诉讼的性质和目的不同,起诉状可以分为民事起诉状、行政起诉状和刑事自诉状三类。

2. 起诉状的写作

起诉状在司法实践活动中使用比较普遍,在写作中与一般的司法文书有许多相似之处。它的结构形式包括首部、正文和尾部三个部分。

(1)首部。首部由标题和诉讼当事人的基本情况组成。①标题是根据不同诉状来确定的:民事诉状一般写“民事起诉状”或“起诉状”;行政诉状写“行政诉讼状”或“行政起诉状”;刑事诉状有两种情况:属于自诉的写成“刑事自诉状”或“刑事附带民事自诉状”;属于公诉的写成“起诉书”。②当事人的基本情况包括原告人和被告人,或者是公诉人(自诉人)和被告人。如果当事人是公民个人(包括代理人),则应写明姓名、性别、出生年月日、民族、籍贯、职业或工作单位、职务、住址等事项;如果当事人是单位(如法人组织、社会团体等),则要写明单位名称、地址、法定代表人姓名、职务、电话、单位性质等。

(2)正文。正文部分由诉讼请求和事实与理由两部分组成。①诉讼请求,是当事人向人民法院明确提出的诉讼目的和请求事项。实践中,诉讼请求有确认、变更和给付三种情况,如要求判令被告赔偿原告的经济损失为给付诉求。当事人如有数项诉讼请求,一般相互之间都有一定的联系,因此在写作时要具体、准确地分开列出。②事实与理由,是当事人提出诉讼请求的主要依据。这是诉状的核心内容,是诉讼内容的重点,写作时要按照“事实—理由—证据及来源”的顺序来写。

【同步案例 10－1】

起诉状(刑事自诉书)

自诉人(原告人):谭××,男,××××年×月×日生,汉族,××市××县人,××县××乡政府干部,家住该县××乡××村,电话:××××××××。

被告人:史××,女,××××年×月×日生,汉族,××市××县人,××县××市场××餐馆业主,家住该县××镇××村,电话:××××××××。

诉讼请求:被告人史××犯侵占罪,请依法追究其刑事责任。

事实和理由:

××××年×月×日下午×时许,自诉人和同事苏××、孔××三人在被告人开办的××餐馆吃饭,离开时不慎将内装×万元现金和几张重要单据的棕色皮包遗忘在饭店餐桌上。被告人在收拾餐桌时,见到该包并发现内有现金,即将该包藏匿。约一个小时后,自诉人发现丢失皮包,回忆起遗忘在被告人的餐馆里,即和同事一起返回餐馆询问,被告人矢口否认拾到皮包的事实。自诉人当面表示,如交出皮包,愿意重谢,被告人仍不承认拾到皮包。当日晚7时,自诉人又托与被告人丈夫熟悉的潘××前去说合,被告人再次否认。自诉人无奈,遂向××县公安局××派出所报案,经××派出所传讯,被告人还是否认拾到皮包之事。直到第三天公安人员向被告人的家人询问此事并对被告人进行教育时,被告人不得已交代了自己拾包及企图占有的事实。公安机关将皮包及×万元现金等物品提取,经清点核实后发还给了自诉人。

自诉人认为,被告人拾得自诉人的财物后将其隐匿,企图占为己有,并且在自诉人和公安人员追索时仍百般抵赖,拒不交出,其行为触犯了《中华人民共和国刑法》第270条第2款之规定,已构成侵占罪。为了维护自身的合法权益和法律尊严,自诉人特向贵院提起诉讼,请依法判处。

证据和证据来源,证人姓名和住址:

1. 证人苏××、孔××,系自诉人同事。二人各写1份证明材料,证明被告人非法侵占财物属实。苏××住××县××乡××村,孔××住××县××镇××村。

2. ××县公安局讯问笔录1份,证明被告人非法侵占原告人财物属实。

此致

××县人民法院

自诉人:谭××

××××年×月×日

附:1. 本自诉状副本×份;

2. 书证×份。

事实部分主要叙述被告侵犯原告合法权益的事实经过,如当事人之间纠纷的发生、发展、结局以及纠纷的起因、时间、地点、后果等。一般按照时间的先后顺序来写。

理由部分是在讲清了事实后分析被告的侵权行为,并分析双方争执的矛盾性质及侵权行为造成的后果,写明被告应承担的法律责任。在写理由时要写明有关法律法规依据,论证请求的合理与合法性。有些案件较为简单的,可以把事实与理由合在一起写,不必分段。

证据和证据来源部分是当事人向人民法院提供的各种证据,包括人证、物证、书证等。人证要写明证明人的姓名、性别、住址、单位等情况;物证与书证应该提供原件,如果是复印件、抄件、照片、复制品等,则要注明确切的出处和持证人的姓名、住址等情况。证据和证据来源要分条写。

(3)尾部。尾部是诉状的结尾和落款部分,写明诉状呈送的人民法院名称、诉状副本的份数等附件和起诉人姓名及具状日期。

3. 起诉状的写作要求

(1)当事人是公民个人的,应写明双方当事人的姓名、性别、年龄、民族、籍贯、职业、工作单位、住址(户籍地或经常居住地)、电话号码、邮政编码。当事人是法人或其他组织的，应写明名称、住所和法定代表人或者主要负责人的姓名、职务、单位电话号码、邮政编码。

（2）诉讼请求和所根据的事实与理由要相辅相成，不能说此言彼，更不能互不关联。

（3）证据和证据来源、证人姓名和工作单位、住址等要尽量细致、具体。如数据资料、文字表格、音像图片、视频资料等要客观真实，不能凭空捏造，更不能自我创作。

（4）文书必须打印或用蓝黑墨水或碳素墨水书写，并按被告人数提出副本份数，如系法人或其他组织，落款处须加盖公章。

【知识链接 10－3】

写起诉状的“六要六不要”

要实事求是，不要夸大缩小；要具体细致，不要抽象空洞；要清楚明白，不要含糊其辞；要前后一致，不要相互矛盾；要语言平和，不要挖苦讽刺；要有理有据，不要捕风捉影。

（二）答辩状

1. 答辩状的概念

答辩状是在经济纠纷诉讼活动中，被告人或被上诉人针对起诉的事实和理由，或上诉的请求和理由进行答复和辩解的一种司法文书。

法律面前人人平等，这在我国的诉讼法中也得到充分体现。诉讼中原告和被告的权利与机会是相等的，当被告人被起诉或不服判决时，相应地也有为自己辩解和反驳的机会，因此就有了答辩状，它是被诉人维护自己合法权益的重要手段。

答辩状在诉讼活动中有很重要的作用。一方面，被告人或被上诉人可以利用答辩状对原告人或上诉人的起诉和上诉理由、根据、请求等事项进行答复、辩解和反驳，并提出证据，维护自己的合法权益；另一方面，人民法院可以通过了解控辩双方的诉讼意见、要求和主张，全面分析案情，恰当地行使审判权，作出公平合理的裁判。

2. 答辩状的格式和写法

答辩状与上诉状相对应，在写作格式上是相同的，也是由首部、正文和尾部三部分组成。

（1）首部。首部包括标题、答辩人的基本情况和案由三项内容。

标题要写明答辩状的性质和名称，如“民事答辩状”、“经济纠纷答辩状”、“合同纠纷上诉答辩状”等。要写在首页的正上方，字体略大些。

【同步案例 10－2】

民事答辩状

答辩人：赵××，男，汉族，××××年×月×日生，××省××市××县人，住××市××县××乡××村，身份证号：××××××××××，联系电话：××××××××。

被答辩人：李××，男，汉族，××岁，住××市××县××乡××村，系死者李×之父。

被答辩人：李×，男，××岁，农民，汉族，住××市××县××乡××村。

答辩人就被答辩人李××提起人身损害赔偿纠纷一案答辩如下：

请求事项：

1. 请求驳回原告的全部诉讼请求；

2. 本案诉讼费用由原告承担。

事实和理由：

一、答辩人赵××不应该对李×的死亡承担任何法律责任，所支付的××××元为补偿款而非赔偿款。

1. 被答辩人李××以“事发当天答辩人邀约死者到街上吃饭”为由，要求答辩人承担赔偿责任，没有任何法律依据。答辩人邀约死者到街上吃饭和李×的死亡之间没有直接的因果关系，吃饭并不会必然导致李×的死亡。

2. ××××年×月×日晚9时许，李×自己酒后驾驶摩托车，由于车速过快以致摔伤，后经抢救无效死亡。此结果与答辩人没有任何法律上的因果关系。

3. 本案原被告双方就李×的死亡达成的协议性质属于补偿协议，而不是赔偿协议。

××××年×月×日晚上，李×驾驶摩托车自己摔倒致伤后，答辩人从朋友角度出发，积极打电话通知其家人，并积极参与了李×从镇卫生所、县医院、市医院的系列抢救工作。李×死亡后，在××乡××村委会工作人员的主持下，答辩人从人道主义的角度出发，于××××年×月×日与被答辩人李××就李×死亡问题签订了“协议书”。根据该协议书第1条约定“赵××自愿一次性弥补李×家属×万元（大写）”，明确地载明该款项是“弥补”款，即补偿款，而不是赔偿款。说明在签署该协议时，双方当事人认可这是一份补偿协议，而不是赔偿协议。

二、被答辩人李××不顾已经发生法律效力并已经履行的协议约定，再次将此事诉至人民法院，是一种出尔反尔、背信弃义的行为。

根据双方××××年×月×日签订的协议书第×条约定：“李×家属无异议，付清弥补资金后，当事双方和睦相处、互相关照，双方签字后，不得以任何借口纠缠此事。”据此约定，答辩人对李×家属进行一次性补偿后，双方不得以任何借口纠缠此事。答辩人已经按照协议履行了补偿款支付的义务，意味着双方因李×死亡而产生的民事权利义务关系已经终止。

三、原被告双方签订的补偿“协议书”使原有的法律关系变成了合同关系。

原被告双方于××××年×月×日达成的补偿协议书，意思表示真实、内容合法、赔偿金额合理，符合民事法律行为的要件，具有法律效力，应认定为合法有效。

我国《合同法》第八条规定：“依法成立的合同，对当事人具有法律约束力。当事人应当按照约定履行自己的义务，不得擅自变更或者解除合同。依法成立的合同，受法律保护。”本案当事人双方自愿达成补偿协议，并已实际履行，该补偿协议并不违反我国法律、行政法规的强制性规定，对双方当事人具有约束力，当事人应当依照协议的约定履行相应责任。当事人双方就李×死亡而自行达成的补偿协议，应视为双方以协议形式排除了法律规定的侵权损害赔偿责任的适用问题。双方因自愿协商而达成协议这样一个法律事实，使原有的赔偿法律关系变成了合同关系。因此，本案中双方签订的一次性补偿协议，符合民事法律行为的要件，具有法律效力。双方基于合同关系形成的合同之债，不是侵权之债,应由合同法予以调整。

四、当事人赵××(答辩人)已经全面、完整地履行了该协议内容,意味着原被告双方因李×死亡而产生的权利义务关系已经终止。

协议签订后,如果义务人不履行义务则应承担违约责任。如果义务人已将补偿协议履行完毕,那么合同之债权债务关系就随之消灭。本案双方签订的补偿协议对原被告双方均具有约束力,被告既然已经依协议支付相应补偿款,就无须再承担其他任何责任。

综上所述,答辩人认为:本答辩人对李×的死亡没有任何过错和责任,不应该对李×的死亡承担任何法律责任;本答辩人在李×死亡后,考虑朋友关系,从人道主义的角度出发,与被答辩人李××就李×的死亡补偿问题达成了补偿协议书。该协议书双方意思表示真实,内容合法,赔偿金额合理,符合民事法律行为的要件,具有法律效力,应认定为合法有效;答辩人已经全面、完整地履行了协议约定的补偿义务,当事人双方因李×的死亡而产生的民事权利义务关系已经终止,但被答辩人出尔反尔、背信弃义,在达成补偿协议并获得履行后诉至法院,其诉讼请求违反了我国民法的诚实信用原则,也违反了我国《合同法》第八条的规定,没有任何法律依据,起诉显系滥用诉权,请求人民法院依法予以驳回。

此呈

××县人民法院

答辩人:赵××

××××年×月×日

附:答辩状副本×份。

答辩人的基本情况包括答辩人的姓名、性别、年龄、民族、籍贯、职业、住址、电话号码等。答辩人如果是法人单位或其他组织,则要写明单位全称、地址、法定代表人的姓名、性别、年龄、职务等。有诉讼代理人的,要写明其姓名、性别、年龄、职务、所属律师事务所名称等。

案由是答辩的理由,一般是在写了答辩人的基本情况后另起一段写"答辩人因某某一案,现提出答辩意见如下",或类似意思的文字。

(2)正文。正文包括答辩理由和答辩意见两部分。

答辩理由是答辩人对原告人或上诉人提出的事实、证据、理由和法律根据等问题进行回答,然后提出自己新的事实、证据和法律依据进行辩驳。答辩状的重点不在"答",而在于"辩"。因此,答辩状中的"辩"十分重要,否则难以胜诉。

(3)尾部。尾部包括答辩状呈送的人民法院名称、答辩人的签章、具体日期(年月日)、附件等内容。如答辩状是代写的,还要写明代写人的姓名、职务等。

3. 答辩状的写作要求

答辩状是针对诉状写的,目的是反驳对方,自己胜诉。因此,在写答辩状时应注意:

(1)根据客观事实,提出证据和法律依据。

(2)抓住诉状争执焦点和关键问题,找出对方的漏洞或破绽,列举理由进行辩驳。

(3)善于使用犀利的语言,击中对方的要害,改变自己(被告人或被诉人)的不利局面。

(4)符合法律文书的基本写作格式和要求。

【知识链接 10-4】

上诉答辩状

答辩人:(姓名、性别、民族、住址、电话、法定代表人的姓名、职务、委托代理人的姓名、性别、年龄、民族、职务、工作单位、住址、电话等)

答辩人因××××××××一案,对上诉人×××不服××××人民法院××字第××号判决,提出如下答辩意见(答辩的理由和法律依据):

1. ××。

2. ××。

……

此致

××××人民法院

答辩人:×××(盖章)
法定代表人:×××(签章)
××××年×月×日

附:答辩状副本×份。

二、上诉状与申诉状

(一)上诉状

1. 上诉状的概念

上诉状是民事、刑事、行政案件的当事人或其法定代理人,不服一审人民法院的判决或裁定,在法定的上诉期内,向原审人民法院的上一级人民法院提出要求重新审理案件的法律文书。

上诉状只能由具有法定身份的人提出才具有法律效力。根据我国《民事诉讼法》的规定,民事案件的原告和被告,包括民事诉讼中只有一个原告和一个被告的双方当事人,原告或被告有两个以上共同诉讼人和有独立请求权的第三人都可提出上诉。无行为能力的当事人本人不能提出,但可由其法定代理人提起上诉。

上诉状必须在法定上诉期限内提交给上级人民法院才具有法律效力。民事上诉期限有两种,一是对判决提起上诉的期限为15日,二是对裁定提起上诉的期限为10日。期限从判决书送达后的第二日起算。逾期提交的上诉状,不具有法律效力,人民法院不予受理。

2. 上诉状的格式与写作

上诉状同起诉状一样,包括首部、正文和尾部三部分。

(1)首部。首部由标题和当事人的基本情况组成。①标题一般写“上诉状”或“民事上诉状”。②当事人的基本情况包括上诉人和被上诉人的姓名、性别、出生年月日、民族、籍贯、职业或工作单位、职务、住址等事项；如果当事人是单位（如法人组织、社会团体等），则要写明单位名称、地址、法定代表人姓名、职务、电话、单位性质等。上诉人是代理人的，要写明代理人的姓名、性别、工作单位、职务等情况。

在写当事人的情况时应注意两点：一是在上诉人和被上诉人之后要注明在原审中的地位，并用括号括住。如上诉人（原审原告人或原审被告人）张××，男，××岁，……，被上诉人（原审被告人或原审原告人）鲁××，男，××岁，……。二是民事案件和刑事自诉案件中的原告和被告，自诉人和被告人，谁提出上诉，另一方就是被上诉人。

（2）正文。正文部分包括开头和上诉的请求与理由两个方面。①在当事人情况的下面另起一段写开头，一般用“上诉人因××一案，不服××人民法院××××年×月×日×字第×号的民事判决（裁定），现提出上诉。上诉的请求和理由如下”来表达，由此引出上诉的请求和理由。②上诉的请求和理由。这是上诉状的中心内容，在写作时要先把原判决书或裁定书中不妥或错误的原话引出来，有的把原裁决不妥或错误之处概括成一段话，然后有针对性地陈述理由，予以反驳。或以讲述理由为主，接着指明原审裁决的不当之处。

（3）尾部。尾部包括四项内容，一是上诉状呈文或呈转的二审人民法院或上一级人民法院。如果是前者，就写“此致××人民法院”；如果是后者，就写“××人民法院（原审法院）转送××人民法院（二审法院）”。二是上诉人或代理人的签名盖章。三是具状的年月日。四是附项，按顺序列出上诉状副本的份数，书证的件数，物证的件数。如有证人，还要写出证人的姓名和地址等情况。

【同步案例 10－3】

民事上诉状

上诉人：××公司，地址：×××××××××，法定代表人：×××，职务：×××

被上诉人：曹××，女，汉族，身份证号：××××，住址：××××，联系电话：×××××

上诉人与被上诉人因劳动合同纠纷一案，不服××区人民法院（××××）××法民（劳）初字第××号判决书，提起上诉。

上诉请求：

1. 撤销原判，改判上诉人不须支付被上诉人未签订劳动合同的双倍工资差额××××元。

2. 诉讼费用由被上诉人承担。

事实及理由：

一、上诉人与被上诉人存在实质的劳动合同，被上诉人故意不与上诉人改签规范的劳动合同，无权要求双倍工资。上诉人与被上诉人签订了《××××年财务文员考核制度》，该文件明确约定了用人单位的名称、劳动者的姓名、合同期限、工作内容和地点、工作时间和休息休假、劳动报酬等事项，符合《劳动合同法》第十七条的规定，名为考核制度，实为双方签订的实质的劳动合同。

《××××年财务文员考核制度》第三条规定，被上诉人的工作职责为：严格按员工聘任管理制度和程序办理员工入职、在职和离职手续；负责具体考勤统计，每月按时统计和打印考勤表，提供财务核算及发放工资的依据；办好新员工入职手续和保管好员工的一切资料。依照上述制度的第三条规定,被上诉人本应在入职后一个月内为自己改签劳动局规范的劳动合同,但其为达到谋取双倍工资的目的,给其他员工改签了规范的劳动合同,却未为自己改签。

保管人事档案是被上诉人的职责,所以员工的劳动合同都保存在被上诉人手上,上诉人一直以为被上诉人为自己签订了规范的劳动合同。而被上诉人为了个人私利,利用工作便利,在与上诉人签订《××××年财务文员考核制度》后,故意不与上诉人改签规范的劳动合同,属于××省高级人民法院、××省劳动争议仲裁委员会《关于适用〈劳动争议调解仲裁法〉、〈劳动合同法〉若干问题的指导意见》第二十一条第二款之情形,上诉人依法无须支付双倍工资给被上诉人。

二、原审法院判决书认定双倍工资差额为××××元存在明显的错误。

依照原审法院在事实查明部分的数据,可以计算得出被上诉人××××年×月×日至××××年×月×日的工资总额为××××元,但原审判决认定上诉人应支付被上诉人双倍差额为××××元,重复计算了×××元,属于明显计算错误。

综上所述,一审判决认定事实错误,适用法律不当,请求贵院依法查清事实,支持上诉人的诉讼请求。

此致

××市中级人民法院

上诉人:××公司

××××年×月×日

3. 上诉状的写作要求

在写上诉状时,除了一般的格式要求不能错误外,还要考虑三个方面的问题:

(1)关于对人民法院裁决的事实认定问题。如果原审裁决在事实的认定上有错误,包括某种行为事实根本不存在,或有重大出入,或缺乏证据等,那就要用确凿的证据说明事实真相,全部或部分地否定原审裁决认定的事实。

(2)关于定性、裁决和适用法律问题。如果原审裁决在认定事实方面没有出入,而是在认定案件性质、确定罪名以及适用法律做出的处理有错误,那就要从法律上进行论证并引用具体的法律依据,指明原审裁决在适用法律方面的错误。

(3)关于诉讼程序问题。如果原审法院在审理案件和最后裁决中,存在违反诉讼程序的错误,包括是否应当回避,是否应指定辩护人,审判方式是否公开,审判组织是否合法等,也应根据有关法律规定,指出其错误。在阐明上诉理由的基础上提出具体的诉讼请求,如请求二审撤销、变更原裁决,或请求重新审理等。

(二)申诉状

1. 申诉状的概念

申诉状是指公民或民事案件中的当事人、法定代理人以及刑事案件中的当事人、被害人及家属,对已经发生法律效力的判决、裁定认为有错误而不服,向人民法院或者人民检察院提出诉求,请求人民法院或人民检察院重新审查案件的法律文书。

上诉是对一审判决、裁定不服而向上级人民法院提出的诉求。申诉是对二审已经生效的判决、裁定不服而向人民法院或人民检察院提出的诉求,其特点表现在:一方面申诉可以不受时间限制,无论以前的判决、裁定是否经过上诉,或这些判决、裁定是否已经执行完毕,都可以进行申诉。但提出申诉,并不能停止判决、裁定的执行。另一方面,申诉状是能否引起审判监督程序的主要参考材料,是一种书面形式的法律文书。当事人也可口头提出申诉,但应由人民法院或人民检察院的工作人员如实笔录,最后形成书面形式的申诉状。

使用申诉状,可以维护法律的尊严。人民法院的判决和裁定发生法律效力之后,必须严格执行,判决、裁定的严肃性和稳定性必须维护。但如果发现生效的判决或裁定确有错误,那么当事人利用申诉状提出申诉,要求人民法院实事求是地纠正错误,也是必要的。实事求是、坚持真理、有错必纠更有利于维护人民法院的判决、裁定的严肃性,更能提高人民法院的判决、裁定在人民群众中的威信。使用申诉状,更重要的是可以维护申诉人的合法权益。申诉状是运用特殊程序保护申诉人合法权益的诉讼文书,是当事人和其他有关人员的诉讼权利的体现。

2. 申诉状的写作格式与写作方法

申诉状在格式上与上诉状等法律文书基本相同,具体来说有以下几个方面:

(1)标题。写明“申诉状”,位置居中,字体略大。

(2)申诉人和被申诉人的基本情况,包括姓名、性别、年龄、民族、籍贯、职业、住址等。需要说明的是,如果申诉人是在押的刑事案件当事人,则要写明现押处所;如果是被告的辩护人、亲属或其他公民申诉的,则还要写明被告的基本情况以及同被告的关系。

(3)案由和不服原判决或裁定的情况。应当写清楚申诉人是何人,因何案不服何处人民法院的何字何号的判决或裁定,如“申诉人因×××××(案由,即纠纷的性质)一案不服××人民法院(原终审人民法院名称)××××第×号判决,现提出申诉,申诉请求及理由如下”。

(4)请求的目的。概括地把请求人民法院所要解决的问题、自己所要达到的目的和诉求明白地表示出来,如要求撤销、变更原裁判或要求查处或再审等。

(5)申诉的事实与理由。这是申诉状的关键部分,在申诉的事实上要求全、求实、求准;列出具体的人证、物证或书证;并指出原裁决所适用法律的不当或原裁决违反诉讼程序等问题。

(6)结尾。有三项内容:申诉状所递交的单位,如“此致××人民法院”;申诉人的姓名与签章;具状日期(年、月、日)。最后还可列出附件,如申诉状副本的份数等。

【同步案例 10-4】

申诉状(有删节)

申诉人:刘××(原审原告),女,××××年×月×日生,汉族,××省××县人,系××市××小学教师,住××大学附属医院,申诉人史××的法定监护人,电话:×××××××。

申诉人:史××(原审原告),男,××××年×月×日生,汉族,系××市××中学在校学生。

委托代理人：刘世全，男，××市××局退休职工，系刘××之父。

被申诉人：史××（原审被告），男，××××年×月×日生，汉族，××省××县人，无固定职业，现住××市××区，电话：×××××××××。

被申诉人：史××（原审被告），男，××××年×月×日生，汉族，××省××县人，系××市×××有限公司经理，住××县××镇××村，电话：×××××××××。

被申诉人：史××（原审被告），男，××××年×月×日生，汉族，××省××县人，农民，住该县××镇××村。

被申诉人：史××（原审被告），男，××××年×月×日生，汉族，××省××县人，系××市××局退休职工，现住××市，地址不详。电话：×××××××××。

申诉人不服××市中级人民法院（××××）×中民初字第××号民事裁定，现请求：

一、申诉事项

1. 依法改判二审法院对被申诉人史××返还其侵占原×××公司（现名为××××公司）的剩余资产××万元的判决。

2. 依法判令被申诉人史××返还其侵占原×××公司中申诉人的股东权和经营权，并恢复公司的原有名称。

3. 依法判令被申诉人史××赔偿两原告的精神损失费各×万元。

申诉人于××××年×月×日将上述诉求上诉至××市中级人民法院（二审法院），该院于××××年×月×日做出终审判决。申诉人现就二审法院判决书中不真实事实和理由向贵院提起申诉。

二、事实和理由

1. 一审法院违背证据交换原则和法定程序，证据时隐时现且前后矛盾。

……

2. 证据的形式、来源不符合法律规定。

……

3. 被申诉人的证词说明其侵权事实。

……

4. 被申诉人的借款条据证明申诉人合法权利的存在。

……

三、关于精神损失费的问题

……

四、关于申诉人刘××、史××的股东权、经营权返还及恢复××××公司名称的问题

……

此致

××省高级人民法院

申诉人：刘××、史××

××××年×月×日

附送：

1. ××省××市中级人民法院民事判决书（××××）×中民初字第××号。

2. 被申诉人史××提供的×张欠货款证明复印件。

3. 被申诉人史××借款条据×张的复印件。

4. 被申诉人史××提供的还款证明的复印件。

5. ××市××区人民法院的判决书和××市中级人民法院的裁定书。

6. 被申诉人史××、史××、史××的答辩书复印件。

申诉状是当事人针对已生效的有错误的裁决而提出的。要使申诉状递交后能发生审判监督程序，就必须实事求是地、集中全力地说明原裁判的不当之处。因此，在写法上，申诉状主要可采用下列两种写法：

（1）证明的方法。证明的目的是辨别是非，使真相大白。利用实践（新证据）证明和逻辑证明来论断证实申诉主张的正确性。

（2）反驳的方法。和证明的方法结合使用，在申诉状中指出原裁决的错误，这是在申诉状中最常用、最有效的方法。

3. 申诉状的写作要求

（1）申诉状应用钢笔、毛笔书写或打印机打印，格式要规范。

（2）请求事项应分条分段写，要求文字朴实，语言简明扼要。

（3）所列事实真实可靠，理由有根有据。

（4）按被申诉人人数提交申诉状副本份数。

【知识链接 10-5】

十级工伤赔偿标准

工伤赔偿标准，又称工伤保险待遇标准，是指工伤职工、工亡职工亲属依法应当享受的赔偿项目和标准。未参加工伤保险期间用人单位职工发生工伤的，由该用人单位按照《工伤保险条例》规定的工伤保险待遇项目和标准支付费用。具体赔偿标准如下：

一级工伤赔偿标准：

1. 保留劳动关系，退出工作岗位（如未退出工作岗位则继续享受原工资待遇），从工伤保险基金中支付一次性伤残补助金，标准为 24 个月的本人工资。

2. 从工伤保险基金中按月支付伤残津贴，标准为工资的 90%。伤残津贴实际金额低于当地最低工资标准的，由工伤保险基金补足差额。

3. 工伤职工达到退休年龄并办理退休手续后，停发伤残津贴，享受基本养老保险待遇。基本养老保险待遇低于工资标准的，由工伤保险基金补足差额。

二级工伤赔偿标准：

1. 保留劳动关系，退出工作岗位（如未退出工作岗位则继续享受原工资待遇），从工伤保险基金中支付一次性伤残补助金，标准为 22 个月的本人工资。

2. 从工伤保险基金中按月支付伤残津贴，标准为工资的 85%，伤残津贴实际金额低于当地最低工资标准的，由工伤保险基金补足差额。

3. 工伤职工达到退休年龄并办理退休手续后，停发伤残津贴，享受基本养老保险待遇。基本养老保险待遇低于工资标准的，由工伤保险基金补足差额。

三级工伤赔偿标准：

1. 保留劳动关系，退出工作岗位（如未退出工作岗位则继续享受原工资待遇），从工伤保险基金中支付一次性伤残补助金，标准为20个月的本人工资。

2. 从工伤保险基金中按月支付伤残津贴，标准为工资的80%，伤残津贴实际金额低于当地最低工资标准的，由工伤保险基金补足差额。

3. 工伤职工达到退休年龄并办理退休手续后，停发伤残津贴，享受基本养老保险待遇。基本养老保险待遇低于工资标准的，由工伤保险基金补足差额。

四级工伤赔偿标准：

1. 保留劳动关系，退出工作岗位（如未退出工作岗位则继续享受原工资待遇），从工伤保险基金中支付一次性伤残补助金，标准为18个月的本人工资。

2. 从工伤保险基金中按月支付伤残津贴，标准为工资的75%，伤残津贴实际金额低于当地最低工资标准的，由工伤保险基金补足差额。

3. 工伤职工达到退休年龄并办理退休手续后，停发伤残津贴，享受基本养老保险待遇。基本养老保险待遇低于工资标准的，由工伤保险基金补足差额。

五级工伤赔偿标准：

1. 从工伤保险基金中按伤残等级支付一次性伤残补助金，标准为16个月的本人工资。

2. 保留与用人单位的劳动关系，由用人单位安排适当工作。难以安排工作的，由用人单位按月发给伤残津贴，标准为本人工资的70%，并由用人单位按照规定为其缴纳应缴纳的各项社会保险费。伤残津贴实际金额低于当地最低工资标准的，由用人单位补足差额。

3. 经工伤职工本人提出，该职工可以与用人单位解除或终止劳动关系，由用人单位支付一次性工伤医疗补助金和伤残就业补助金。具体标准由省、自治区、直辖市人民政府规定。

六级工伤赔偿标准：

1. 从工伤保险基金中按伤残等级支付一次性伤残补助金，标准为14个月的本人工资。

2. 保留与用人单位的劳动关系，由用人单位安排适当工作。难以安排工作的，由用人单位按月发给伤残津贴，标准为本人工资的60%，并由用人单位按照规定为其缴纳应缴纳的各项社会保险费。伤残津贴实际金额低于当地最低工资标准的，由用人单位补足差额。

3. 经工伤职工本人提出，该职工可以与用人单位解除或终止劳动关系，由用人单位支付一次性工伤医疗补助金和伤残就业补助金。具体标准由省、自治区、直辖市人民政府规定。

七级工伤赔偿标准：

1. 从工伤保险基金中，按伤残等级支付一次性伤残补助金，标准为 12 个月的本人工资。

2. 劳动合同期满终止，或者职工本人提出解除劳动合同的，由用人单位支付一次性工伤医疗补助金和伤残就业补助金。具体标准由省、自治区、直辖市人民政府规定。

八级工伤赔偿标准：

1. 从工伤保险基金中，按伤残等级支付一次性伤残补助金，标准为 10 个月的本人工资。

2. 劳动合同期满终止，或者职工本人提出解除劳动合同的，由用人单位支付一次性工伤医疗补助金和伤残就业补助金。具体标准由省、自治区、直辖市人民政府规定。

九级工伤赔偿标准：

1. 从工伤保险基金中，按伤残等级支付一次性伤残补助金，标准为 8 个月的本人工资。

2. 劳动合同期满终止，或者职工本人提出解除劳动合同的，由用人单位支付一次性工伤医疗补助金和伤残就业补助金。具体标准由省、自治区、直辖市人民政府规定。

十级工伤赔偿标准：

1. 从工伤保险基金中，按伤残等级支付一次性伤残补助金，标准为 6 个月的本人工资。

2. 劳动合同期满终止，或者职工本人提出解除劳动合同的，由用人单位支付一次性工伤医疗补助金和伤残就业补助金。具体标准由省、自治区、直辖市人民政府规定。

【情境总结】

起诉状亦称诉状、起诉书等，是指公民或法人因自身合法权益遭受侵害而向人民法院提起诉讼请求的文书。起诉状主要包括三个方面的内容：(1)原被告双方当事人的基本情况(如姓名、出生日期、身份证号码、住址等)；(2)诉讼请求和所根据的事实与理由；(3)证据和证据来源，证人的基本情况(姓名、工作单位、住址等)。另外还要写明管辖的人民法院名称及附件等。

思考题

一、实践题

针对本教材第三章“同步案例 3－1”中所列例子，要求：

1. 以新疆某公司为原告写一份起诉状。

2. 以李某为被告写一份答辩状。

二、单项选择题

1. 在法律文书、司法文书和诉讼文书中，内容与范围最广泛的是(　　)。

A. 法律文书　　B. 司法文书　　C. 诉讼文书　　D. 仲裁文书

2. 起诉状的正文部分由(　　)和事实与理由两部分组成。

A. 当事人的基本情况　　B. 诉讼请求

C. 原告名称　　D. 具状日期

3. 起诉状可以分为民事起诉状、行政起诉状和(　　)等形式。

A. 企业起诉书　　B. 刑事自诉状　　C. 刑事公诉书　　D. 仲裁决定书

4. 民事案件中上诉人对判决提起上诉的期限为(　　)日。

A. 10　　B. 15　　C. 30　　D. 60

5. 无行为能力的当事人本人不能提起上诉,一般由其(　　)提起上诉。

A. 直系亲属　　B. 指定代理人　　C. 委托代理人　　D. 法定代理人

三、多项选择题

1. 答辩状中的答辩人可以是(　　)。

A. 被告人　　B. 被上诉人　　C. 原告人　　D. 申诉人

2. 下列各项中,属于司法文书的特点的有(　　)。

A. 哲理、事理、法理、文理四者的统一性

B. 当事人的唯一性

C. 落款部分必须签章

D. 结构上事实、理由、结论排列的顺序性

3. 下列标题中错误的有(　　)。

A.《申诉状》　　B.《关于对××的起诉》

C.《对原告答辩的话》　　D.《起诉书》

4. 上诉状中的诉讼请求一般有(　　)。

A. 撤销二审裁决　　B. 变更二审裁决

C. 重新审理　　D. 赔偿经济损失

5. 写作申诉状事实与理由的方法主要有(　　)。

A. 证据证明　　B. 逻辑证明　　C. 语言反驳　　D. 公式推理

四、判断题

1. 申诉状是在经济纠纷诉讼活动中,被告人或被上诉人针对起诉的事实和理由,或上诉的请求和理由进行答复和辩解的一种司法文书。(　　)

2. 答辩状的重点不在"答",而在于"辩"。(　　)

3. 司法文书如起诉书等可以打印,也可以用钢笔或铅笔书写。(　　)

4. 上诉状中上诉人和被上诉人之后要用括号注明其在原审中的地位。(　　)

5. 申诉是对二审已经生效的判决、裁定不服而向人民法院提出的诉求。(　　)

大连出版社教学支持说明

为了建设立体化精品教材，秉承为高校教师提供全方位的教学支持理念，我们将向使用本套教材的高校教师免费提供教学课件和教材参考。

为确保此资源仅为教师教学使用，烦请授课老师清晰填写如下开课情况证明，并邮寄(传真)至以下地址，我们据此给您提供。谢谢您的合作！

地　　址：大连市西岗区长白街 12 号　大连出版社

邮　　编：116011

电　　话：0411 – 83620416　83621075

传　　真：0411 – 83610391

电子信箱：hjj@ dlmpm. com

证　　明

兹证明________________大学________________系/院第________________学年开设的____________________________课程，采用大连出版社出版的____________________作为本课程教材，授课老师为________________，学生________个班共________人。

授课教师需要与本书配套的教学课件和教学参考为：

____。

地　　址：________________

邮　　编：________________

电　　话：________________

电子信箱：________________

系/院主任：________________(签字)

(系/院办公室盖章)

20________年________月________日